全国应用型院校学前教育专业新形态规划教材

总主编 李姗泽 孙亚娟

学前儿童科学教育

主　编 黄健毅 张　丽

副主编 陈巧妹 罗　璇 胥　萍 郑艳华

编　委 潘　栎 廖梅芳 陆玉洁 唐玉婷

刘萍萍 吴　莉 卢春霞

本书配有丰富教学资源

西南大学出版社

国家一级出版社 全国百佳图书出版单位

图书在版编目(CIP)数据

学前儿童科学教育 / 黄健毅，张丽主编. — 重庆：西南大学出版社，2022.8
ISBN 978-7-5697-1328-2

Ⅰ.①学… Ⅱ.①黄… ②张… Ⅲ.①学前儿童—科学教育学 Ⅳ.①G613

中国版本图书馆CIP数据核字(2022)第145620号

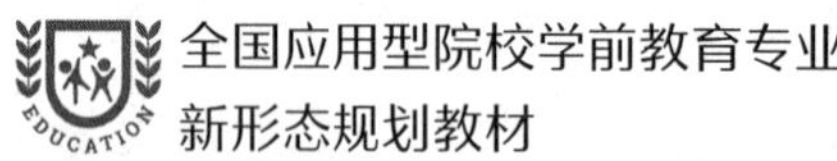

全国应用型院校学前教育专业
新形态规划教材

学前儿童科学教育

XUEQIAN ERTONG KEXUE JIAOYU

黄健毅 张丽◎主编

陈巧妹 罗璇 胥萍 郑艳华◎副主编

责任编辑：任志林　伯古娟
装帧设计：汤　立
排　　版：杜霖森
出版发行：西南大学出版社（原西南师范大学出版社）
地　　址：重庆市北碚区天生路2号
网　　址：http://www.xdcbs.com
邮　　编：400715　市场营销部电话：023-68868624
经　　销：全国新华书店
印　　刷：重庆市正前方彩色印刷有限公司
幅面尺寸：185 mm×260 mm
印　　张：20.5
字　　数：402千字
版　　次：2022年8月 第1版
印　　次：2023年4月 第2次印刷
书　　号：ISBN 978-7-5697-1328-2

定　　价：59.00元

总序

学前教育是每个儿童接受集体教育的开始，是每个人终身学习的开端，是国民教育体系的重要组成部分。进入新时代，人民群众对优质教育的需求不断提升。实现幼有所育，成为满足人民群众日益增长的优质教育需求的重要举措。党中央、国务院高度重视学前教育事业，党的十八大提出“办好学前教育”，党的十九大要求“在幼有所育上不断取得新进展”，党的二十大提出“强化学前教育普惠发展”。2018年，中共中央、国务院发布了《关于学前教育深化改革规范发展的若干意见》，强调把发展学前教育摆在更加重要的位置，明确要大力加强幼儿园教师队伍建设，办好一批幼儿师范专科学校和若干所幼儿师范学院，支持师范院校设立并办好学前教育专业，扩大有质量教师供给。2021年，教育部等九部门印发《“十四五”学前教育发展提升行动计划》，提出要全面提升保教质量，提高教师专业素质和实践能力。由此可见，教师队伍是提高保教质量的关键，是保证学前教育质量的基石。

推动普通本科高校向应用型转变，是党中央、国务院的重大决策部署，是教育领域人才供给侧结构性改革的重要内容。创新应用型技术技能型人才培养模式，建立以提高实践能力为引领的人才培养流程，是实现应用型高素质人才培养的关键。2011年10月，教育部颁布《教师教育课程标准（试行）》，并发文要求各地按照《教师教育课程标准（试行）》的学习领域、建议模块和学分要求，制定有针对性的幼儿园、小学和中学教师教育课程方案。幼儿园教师职前教育课程要帮助未来教师充分认识幼儿阶段的特性和价值，理解“保教结合”的重要性，学会按幼儿的成长特点进行科学的保育和教育；理解幼儿的认知特点和学习方式，学会把教育寓于幼儿的生活和游戏中，创设适宜的教育环境，保护与发展幼儿探究、创造的兴趣，让幼儿在愉快的幼儿园生活中健康成长。

为了适应我国学前教育大发展的改革趋势和高素质应用型人才培养的要求，我们坚持培养实践性、应用型人才的理念，立足于学生学习与发展的需要，增加了学科相关前沿研究以及社会热点问题的讨论，将理论知识与实践案例相融合，同时加强了实训内容；实现理论体系向教材体系转化、教材体系向教学体系转化、教学体系向学生的知识体系和价值体系转化，使教材更加体现科学性、前沿性，以进一步增强教材的应用性和实效性。在开展充分调研的基础上，我们组织了一批业务能力强、理论知识和实践经验丰富的专家、一线教师开展教材编写和建设工作。丛书包括《学前教育学》《学前儿童心理学》《中外学前教育史》《学前教育研究方法》《学前儿童游戏》《学前教育评价》《学前教育管理学》《学前儿童卫生学》《学前儿童体育与健康教育》《学前儿童语言教育》《学前儿童社会教育》《学前儿童科学教育》《学前儿童艺术教育》《幼儿园环境创设》《幼儿园玩教具设计与制作》《幼儿行为观察与评价》《幼儿园课程》《学前儿童文学》《学前教育政策法规与师德修养》等。

本套教材紧密结合《教师教育课程标准（试行）》《3~6岁儿童学习与发展指南》《学前教育专业师范生教师职业能力标准（试行）》等最新国家政策文件精神，立足于应用型院校学前教育专业高素质人才的培养，涵盖学前教育专业的核心课程、基础课程、学科课程和拓展课程。本套教材除了满足内容充实、完整，结构清晰、合理，语言得体、流畅等基本要求外，还力求克服国内已有教材的不足，努力打造自己的优势和特色。

第一，课程思政与育人为本相结合。本套教材的编写注重主流价值观引领，挖掘和拓展课程的育人价值，充分体现了不同课程的特色与优势，形成了特色鲜明、优势突出、交叉互补的教材内容体系，实现了课程思政与立德树人的结合。

第二，理论与实践相结合。本套教材强调深入落实《教师教育课程标准（试行）》“实践取向”的精神，以学生发展为根本，以学习产出为导向，注重实践性教学内容，关注解决教育实践问题。在板块设计上，除了正文的理论阐述，还辅以案例破冰、拓展阅读、人物介绍、经典研究介绍、思考与实训、专题探讨等实践板块，引导学生将理论运用于实践。

第三，基础性与时代性相结合。本套教材吸纳教育学、心理学、学科教学的最新研究成果，坚持呈现各学科领域的基本知识、基本原理，为学生搭建一个全面而扎实的知识体系；及时跟进社会及行业的最新发展动态，将最新、最权威、最具代表性的成果引入教材，实现了基础性与时代性的结合。

第四，学术性与应用性相结合。本套教材既注重学术性，也注重应用性，为支持“立体化”教学，教材编写团队立足于学前教育专业应用型人才培养的需求，注重资源的应用性和实用性，形成了以知识图谱、教学计划、多媒体课件、案例库、习题库、教学视频、教学动画、微课等构成的课程教学资源体系，打造了“纸质教材+数字化教材+在线课程”协同互补的新形态教材体系；形成了教材、文本和网络技术相互交叉、相互融合、相互支撑的立体化、网络化、互动化教学方式，能有效提升教学质量，以期成为学前教育专业学生喜读、乐读的学习素材。

本套教材的编写人员较多，教材的编写与出版是一项艰巨的工程，能顺利付梓得益于所有参编人员的辛勤工作，也得益于西南大学出版社编辑的积极协调与沟通。在此向所有参与此次编写与出版工作的作者及编辑人员表达我们的敬意。由于编者的学术视野及学术能力的限制，本套教材难免存在不足之处，我们将在使用中进一步总结反思，不断修订完善，欢迎广大学界同人和读者朋友不吝赐教，多提宝贵意见。

李姗泽　孙亚娟

2022年6月

前言

科学被看成是人类文化最高、最独特的成就。科学以及直接受到科学影响的技术所组成的科学技术在人类的每一个角落都发挥着重要的作用。科学技术是第一生产力，也是社会发展的重要推动力。发展科学教育是世界各国的重要课题。发展科学技术不仅需要广大科技工作者在各自的领域取得新的成就，更需要提高全体国民的科学文化素养。科学领域作为学前儿童学习与发展的五大领域之一，逐渐受到人们的关注。学前儿童科学教育是幼儿园教师必备的能力，也是学前教育专业师范生的必修课程。但过去对学前科学教育的重视度不够，致使适合使用的教材较匮乏。为此，我们邀请了高校学前教育专家、幼儿园名特优教师，以培养实践型、应用型人才为编写理念，立足于学前教育专业师范生学习与发展的实际需要，编写了此教材。

本教材坚持应用型为导向，全书分为理念与理论、目标与内容、方法与实施三大部分，旨在让学前教育专业学生在掌握足够理论知识的基础上具备较强的实操技能。其中第一部分含学前儿童科学教育的概述与特征、学前儿童科学教育的理论基础两章内容，第二部分含学前儿童科学教育的目标、学前儿童科学教育的内容两章内容，第三部分含学前儿童科学教育的途径与方法、学前儿童科学探究的设计与实施、学前儿童数学认知的设计与实施、学前儿童科学教育活动的统整、学前儿童科学教育环境与材料的支持、学前儿童科学教育的评价六章内容。每章的章前提出学习目标与重难点，并以案例进行破冰；正文强调运用案例解释分析理论知识，并以拓展资料、经典研究等方式融入前沿研究；章后以本章小结、思考与实训、专题探讨辅助学习。本教材突出课程思政特色，通过对我国传统科技文化元素的挖掘增强学生的文化自信，增强学生对我国传统文化的热爱之情，培养学生的家国情怀。教材的附录增列了20个适合于学前儿童阶段的科学小实验，便于指导和帮助幼儿教师更好地组织开展学前儿童科学教育。

本教材由黄健毅、张丽任主编，负责全书的策划与构思、审阅与统稿。具体的编写人员及分工如下：黄健毅(第一章、第十章、动手做科学小实验)，陈巧妹(第二章)，潘栎(第三章)，张丽(第四章、第五章)，胥萍、廖梅芳(第六章)，郑艳华、陆玉洁、唐玉婷、刘萍萍(第七章)，卢春霞(第八章)、吴莉(第九章)、罗璇(其他教学资源)。本教材得到了广西民族师范学院、广西科技师范学院、西南民族大学、广西幼儿高等专科学校附属幼儿园、广西大学第二幼儿园、西南大学出版社等多家单位的大力支持，科学小实验视频资源还得到了姚能静老师以及广西民族师范学院教育科学学院多名同学的协助。在此一并感谢！

尽管全体编写人员用心编撰，并数易其稿，但书中难免存在疏漏，敬请专家学者及广大读者批评指正。

目录

第一章 学前儿童科学教育的概述与特征

学习目标

- 了解国内外学前儿童科学教育的概况。
- 理解科学、科学教育、学前儿童科学教育的内涵。
- 理解学前儿童科学教育的价值。
- 理解学前儿童科学教育的特点。

学习重难点

- 重点:学前儿童科学教育的特点。
- 难点:学前儿童科学教育的内涵。

案例破冰

科学教育从什么时候开始最合适?

2021年6月25日国务院印发了《全民科学素质行动规划纲要(2021–2035年)》,习近平总书记指出“科技创新、科学普及是实现创新发展的两翼,要把科学普及放在与科技创新同等重要的位置”。2020年我国具备科学素质人口的比例为10.56%,《全民科学素质行动规划纲要(2021–2035年)》提出到2035年我国公民具备科学素质的人口比例要达到25%。科学素质的提升,对于增强国家自主创新能力和文化软实力、建成社会主义现代化强国,具有十分重要的意义。全民科学素质的提升究竟从哪儿开始?从什么时候开始?从中学、小学开始？还是从更早的学前教育就应该开始？

请对“科学教育从什么时候开始最合适？”的问题进行思考，并展开讨论。

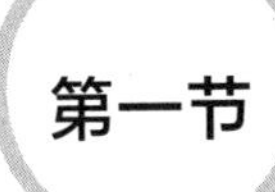

第一节　科学的本质与学前儿童科学教育的内涵

随着科学技术的进一步发展，以高新科技为依托的知识经济迅速崛起，科学技术在社会发展中起着举足轻重的作用，世界各国也因此纷纷加强了能促进科技进步的科学教育的力度。国务院2021年6月颁布的《全民科学素质行动规划纲要（2021-2035年）》提出了科学素质提升的目标和任务。因此，探讨科学教育的问题具有重要的意义。

要想组织开展好学前儿童科学教育，必须要对科学、科学教育的本质及内涵有较好的把握。本章从什么是科学谈起，分析学前儿童科学教育的内涵、价值与特性，为学前儿童科学教育的实施打下基础。

一、什么是科学

我们先从词义上进行分析。从词源上看，"科学"一词属于舶来品，最早由康有为从日本引入中国，在丁酉年（1897）冬由上海大同译书局出版的《日本书目志》中列出《科学入门》《科学之原理》的书目而首次被使用。在日本，"科学"则由西周时懋在1874年介绍西方文化时把英文的"science"翻译而来，意为"分科之学"，是实证主义哲学创始人孔德科学分类观念的产物。英文"science"可追溯至拉丁文"scientia"，为"学问或知识"之意。这也是科学一词最基本的含义。此意在古代中国相当于源于《礼记·大学》中的"格物致知"中的"格致"之意。自宋代理学家程颐开始，"格物致知"便成为我国认识论所讨论的重要问题，朱熹发展了程颐的思想，进一步提出了系统的认识论及方法，把"格物致知"作为联结认识主体和认识客体的主要方法。但值得注意的是，朱熹的"格物致知"思想在概念上并非手段与目的的区别，"格物致知"只是从不同的对象和要求而言的，"致知是自我而言，格物是就物而言""格物是物物上穷其理，致知是吾心无所不知。格物是零细说，致知是全体说"。[①]故"格致"也称"经学格致"。而到明

① 朱子：《语类》卷十五。

末清初，徐光启、利玛窦（Matteo Ricci，1552—1610）使用的“格致”更强调西方科学，强调自然知识与技术，故也称为“西学格致”，更接近于“science”。康有为引入“科学”后，“科学”代替了“格致”成了“science”的译文。

若对科学词源的考辨是研究科学之“名”，对科学本质的探析则是研究科学之“实”。科学的本质自科学产生以来就一直被哲学家们思考着，按照观点的差异，可概括为如下几类。

第一，经验主义科学观。经验主义科学观以哲学上的经验论为基础。哲学上的经验论最早在公元前5世纪由古希腊居勒尼学派的哲学家提出，他们强调“感觉是真理的标准”。弗朗西斯·培根在感觉的基础上提出知识、科学的构建体系，他指出“我要直接以简单的感官知觉为起点，另外开拓一条新的准确的道路，让心灵循以行进”。[①]约翰·洛克(John Locke，1632–1704)也认为“知识来自感觉和反省这两个源泉，归根到底来自感觉经验”。[②]乔治·贝克莱(George Berkeley，1685 –1753)、大卫·休谟(David Hume，1711 –1776)也提出了类似的观点，他们指出“知识的理想形式是实证科学或经验科学，感性观察是知识的最初来源以及最终的裁定者”。[③]经验科学主义观在近代以来的很长一段时间里产生了巨大的影响，成了近代普遍流行的、主导的科学观，并在19世纪由以奥古斯特·孔德、约翰·斯图亚特·穆勒、赫伯特·斯宾塞为代表的实证主义学派推向极致。实证主义在20世纪20年代由维也纳学派的莫里茨·石里克、奥托·纽拉特、维克托·克拉夫特等人融合了原子主义发展成为逻辑实证主义。虽说逻辑实证主义科学观十分重视对知识进行逻辑分析，并运用科学语言、科学命题建立科学体系，但其起点与经验主义科学观一致，均来自经验。换句话说，所谓的科学就是经验。

第二，理性主义科学观。理性主义科学观认为知识并非来源于感觉和经验，而是源于理性所显示的公理，理性就是科学。早在古希腊哲学家柏拉图时代，知识就被认为是人类理性的产物。柏拉图认为“感性的认识能力是一种总是变化的东西，因此我

① [英]培根：《新工具》，许保骙译，商务印书馆1984年版，第2页。
② 刘大椿等：《一般科学哲学史》，中央编译出版社2016年版，第44页。
③ 刘大椿等：《一般科学哲学史》，中央编译出版社2016年版，第76页。

们不能通过观察和感官的方式获得真正的知识”。[①]勒内·笛卡尔也认为感官知觉的知识是可以被怀疑的，而我们的“怀疑”是有真实性的，并非虚假的产物，由此他提出了著名的哲学命题——“我思故我在”。笛卡尔是典型的二元论者，一方面是不能怀疑的、以思维为其属性的独立的精神实体，另一方面是以广延为其属性的独立物质实体，二者都是有限实体。[②]伊曼努尔·康德(Immanuel Kant，1724 -1804)说：“如果不能被接纳到意识里边，那么，一切直观对于我们就等于什么也没有，就跟我们毫不相干。它们可以直接或间接进入意识，只有这样，才可能有知识。”黑格尔(Hegel，1770 -1831)认为“理性就是实在的本质，所有的客体仅仅是理性异化于自然界的观念而已，所以，科学认识的对象就是理性自身”。[③]

第三，历史主义科学本质观。无论是经验主义科学观还是理性主义科学观对科学的说明都过于零碎，它们把注意力集中在理论与观察命题之间的关系上，而并未能把握重要的理论发展模式的复杂性。[④]故，它们受到了托马斯·库恩(Thomas Kuhn，1922-1996)的重大挑战，他认为，经验主义和理性主义虽然是对立的观点，但都有一个重要的共性，就是都局限于对科学进行逻辑分析，把科学当作一种既定的事实。而库恩认为，科学的进步具有革命性，并可用“前科学——常态科学(normal science)——危机——革命——新的常态科学——新的危机”的模式来说明其发展过程。[⑤]对于“什么是科学”的问题，库恩提出了“范式”予以解决，他认为我们当作谬误、偏见、不科学的那些东西在过去并不会比我们今天认为科学的观念缺失科学性，“这些不同学派之间的差别，不在于方法的这个或那个的失效——这些学派全都是科学的——差别在于我们将称之为看待世界和在其中实践科学的不可通约的方式”。[⑥]而这些不可通约的方式被库恩称为“范式”，范式还被库恩作为科学的划界标准和开展很多科学的基础、作为科学共同体的形成机制、作为科学认识的工具、作为科学革命的内在动力。[⑦]在这个观点下，科学就是大家约定俗成的一些规则。

---

① 刘大椿等:《一般科学哲学史》，中央编译出版社2016年版，第25页。
② [英]W.C.丹皮尔:《科学史》，李珩译，中国人民大学出版社2010年版，第150页。
③ 刘大椿等:《一般科学哲学史》，中央编译出版社2016年版，第73页。
④ [英]A.F.查尔默斯:《科学究竟是什么》，鲁旭东译，商务印书馆2007年版，第104页。
⑤ [美]T.S.库恩:《科学革命的结构》，李宝恒、纪树立译，上海科学技术出版社1980年版，第5页。
⑥ [美]托马斯·库恩:《科学革命的结构》，金吾伦、胡新和译，北京大学出版社2003年版，第1页。
⑦ 尚智丛、高海兰:《西方科学哲学简史》，山西教育出版社2012年版，第108—111页。

第四，后现代主义科学观。与前面所述的几种科学观不同，后现代主义科学观不是何种确定的“理论模式”，也无固定的“组织形态”，而是一种具有烙着后现代主义印痕的、“无形”的思想趋向或方法论。从科学哲学的历史进程上看，后现代主义科学观的三个主要的论点是：认识的基础论、语言的表征论、理论建构的原子论。[①]后现代主义强调对“真理论”的颠覆、对“整体”的解构，而突出个体的体验、知识的建构。理查德·罗蒂通过对基础主义的抨击宣布传统哲学的终结，他提出后现代主义就是要“克服人们以为人生最重要的东西就是建立与某种非人类的东西（某种像上帝或柏拉图的善的形式，或黑格尔的绝对精神，或实在主义的物理实在本身，或康德的道德律这样的东西）联系的信念”，而“认识可能存在有‘知识基础’（一切知识，在过去、现在、将来的每一个领域中的知识）或‘再现理论’的看法，依存于如下假定：存在有某种先验的制约因素”。[②]以马克思·霍克海默、赫伯特·马尔库塞、尤尔根·哈贝马斯为代表的法兰克福学派直接对工具理性进行批判，“理性成了用来制造一切其他工具的一般工具，它为固定的目的服务，它像生产出对人毫无用处的产品的所有物质生产活动一样，厄运重重。最后，它实现了它的抱负，即实现目的的单纯机关”[③]。后现代文化反思科学大军的旗手米歇尔·福柯通过对知识史的研究、对知识与权力关系的研究，主张从话语实践的角度来看待知识和科学，认为现代权力是一种共生的知识——权力，并通过把人变成主体而全面控制人，使现代社会成为规训社会。[④]以大卫·布鲁尔为代表的英国爱丁堡学派、以蕾切尔·卡逊为代表的生态主义学者、以路易斯·佩尔森为代表的后殖民主义学者等组成的社会建构论者通过对社会因素的详细分析和考察，发现科学并非如正统科学哲学所说的那样具有不容置疑的客观性、普遍性、实在性，恰恰相反，主观性、地方性、建构性才是科学最为基本的特征。[⑤]

到此，我们仍无法对“科学”总结出一个确切的定义，正如A.F.查尔默斯所言“不存在这样一种关于科学和科学方法的普遍主张，它可以适用于所有科学和科学发展的所

① 尚智丛、高海兰：《西方科学哲学简史》，山西教育出版社2012年版，第108—179页。

② [美]理查·罗蒂：《哲学和自然之镜》，李幼蒸译，生活·读书·新知三联书店1987年版，第6页。

③ [联邦德国]马克斯·霍克海默、特奥多·威·阿多尔诺：《启蒙辩证法》，洪佩郁、蔺月峰译，重庆出版社1990年版，第26页。

④ 刘大椿等：《一般科学哲学史》，中央编译出版社2016年版，第406页。

⑤ 刘大椿等：《一般科学哲学史》，中央编译出版社2016年版，第435页。

有历史阶段”，J.D.贝尔纳更是借用中国《道德经》中的名句“道可道，非常道”之“道”来说明科学具有在一定的结构内永无休止变化的性质，他还告诫我们“无须下一个严格的定义，因为科学或科学学正是此类性质的活动”。[①]

但今日之所谓科学，是在十六七世纪以来形成的一种特定的意识形态，包含着对事物特定的看法、处理问题特定的方法、知识制造特定的机制；它为人类规定了如何看待自然、研究自然、征服和改造自然的方式。[②]而这种意识形态——即科学精神早在古希腊时期就开始萌芽，并在十六七世纪随着近代科学的诞生得以凸显，在随后的科学启蒙、科学普及中在西方得到广泛传播。虽然专门论述“科学精神”的西方文献专著并不多见，只在部分著作或论文中提到过科学精神，但卡尔·皮尔逊在其科学哲学著作《科学的规范》中提出科学的一些特质和精神要素包括普遍性、客观性、实证性、合理性、怀疑性、简单性、审美性、一致性、进步性、公有性、公正性、为善性等。他还将这些要素提升，并称之为科学精神、科学的心智框架、科学的心智习惯。[③]布鲁诺乌斯基也从科学和人的价值中，揭示出了科学的求真精神、创新精神、民主自由精神以及宽容精神等。[④]罗伯特·K.默顿在1942年发表的《科学的规范结构》一文中则指出普遍性、公有性、无私利性、有组织的怀疑构成了现代科学的精神特质。[⑤]而波普尔把“疑”作为科学精神的核心，库恩认为“求”才是科学精神的核心。

我国对科学精神的关注则是从“科学”一词引进到国内后才开始的，并在“五四”前后进入一个鼎盛时期。时任中国科学社社长的任鸿隽被认为是我国首次明确提出科学精神概念并提倡“弘扬科学精神”的人，他认为科学精神至少有五个特征：崇实、贵确、察微、慎断、存疑（任鸿隽，1916）。[⑥]胡适等人认为科学精神就在于“求是”，在于“追求真理”。梁启超（1922）认为科学精神包括三层面：“求真知识”“求有系统的真知识”“可以教人的真知识”。[⑦]竺可桢（1941）提出：“近代科学的目标是什么?就是探求真理。科学方法可以随时随地而改换，这科学目标——蕲(通“祈”)求真理也就是科学的精神

① [英]J.D.贝尔纳：《科学的社会功能》，陈体芳译，商务印书馆1982年版，第13页。
② 吴国盛：《科学的历程》，北京大学出版社2002年版，第55页。
③ [英]卡尔·皮尔逊：《科学的规范》，李醒民译，华夏出版社1999年版，第9-11页。
④ 秦元海：《论科学精神——兼论我国科学精神的缺失与培养》，复旦大学2006年版，第10页。
⑤ [美]R.K.默顿：《科学社会学》（上册），鲁旭东、林聚任译，商务印书馆2003年版，第363—364页。
⑥ 任鸿隽：《科学救国之梦—任鸿隽文存》，上海科学技术出版社2002年版，第353—360页。
⑦ 夷夏：《梁启超讲演集》，河北人民出版社2004年版，第4页。

是永远不改变的。”[①]20世纪末21世纪初，我国又掀起了一股宣传和探讨“科学精神”的热潮，科学精神成为学界研究的热点。李醒民(2007)认为，“科学精神是伴随近代科学的诞生，在继承人类先前思想遗产的基础上，逐渐发展起来的科学理念和科学传统的积淀，是科学文化深层结构(行为观念层次)中蕴含的价值和规范的综合。”他还指出：“科学精神以追求真理作为它的发生和逻辑的起点，并以实证精神和理性精神构成它的两大支柱。在两大支柱之上，支撑着怀疑批判精神、平权多元精神、创新冒险精神、纠错臻美精神、谦逊宽容精神。”[②]叶福云著《科学精神是什么》专门论述科学精神，他指出：“所谓科学精神，是指人的意识、思维活动和一般心理状态。它是反映科学发展内在要求的、形成于科学活动之中的、体现在人们身上的一种勇于探索和唯实、求真、创新的精神状态。”[③]王滨在《科学精神启示录》中对学术界关于科学精神含义的不同表述做了系统的归纳：从价值观角度将科学精神定义为人类在进行科学研究和技术开发的过程中所形成的世界观和价值观；从行为方式角度将科学精神定义为是为了追求科学真理而顽强不懈地工作，甚至为此而献身的决心和行动；从科学活动角度将科学精神定义为科学精神是对科学之本质的理解和追求，其内容是由理性精神和实证精神所支撑的“求真”；从科学家角度将科学精神定义为是科学家群体行为规范所体现的一种理想的精神气质，它不能依靠任何学术定义规定而只能通过了解科学规范而理解。[④]黄瑞雄认为科学精神包含怀疑意识、批判理性和谦虚态度。[⑤]王树恩、柳洲认为科学精神由求实精神、理性精神、创新精神、竞争精神、批判精神和自由开放精神六大因素构成。[⑥]王鸿生提出，科学精神的要素包括质疑的意识、批判的理性、谦虚的心态。[⑦]综合上述，科学精神是科学主体(科学家)在长期的科学活动中积淀而成的意识形态，这种意识形态以“求真”为核心，表现为“质疑”“实证”和“开明”。从心理活动的过程来看，“质疑”是“求真”意识心理活动的引起，“实证”是“求真”意识心理活动的过程，而“开明”是对“求真”意识心理活动结果的接受，核心在于“实证”，但“质疑”和“开明”也

① 竺可桢：《竺可桢文录》，浙江文艺出版社1999年版，第33—41页。
② 李醒民：《科学精神的规范结构》，载《物理通报》2007年第5期。
③ 叶福云等：《科学精神是什么》，江西高校出版社2003年版，第2页。
④ 王滨：《科学精神启示录》，上海科学普及出版社2005年版，第28页。
⑤ 黄瑞雄：《科学、科学评判标准和科学精神》，载《广西师范大学学报(哲学社会科学版)》2002年第2期。
⑥ 王树恩、柳洲：《科学精神结构的多维探析》，载《自然辩证法研究》2003年第7期。
⑦ 王鸿生：《科学精神三要素及其人文意蕴》，载《科技导报》2000年第1期。

不可少,三者共同构成了“求真”。在日常用语中,常以“科学”指代“科学精神”,如科学的方法,实意为具有“科学精神”的方法。

由此可见,科学是一个立体的概念,包含着丰富的内容。从静态的结果上看,科学对应于“知识”,是人们在长期的探索中逐渐形成的关于自然界、社会和思维的知识体系。从动态的过程上看,科学对应于“求知的过程”,是人们探索自然界、社会和思维过程中形成的一套行之有效的方法。我们在理解科学时,不应片面地理解,应该全面地、立体地去理解科学的静态的结果和动态的过程。

拓展阅读

格致[①]

“格致”源于“格物致知”,“格物”的关键在“格”,最早见于甲骨文,其本义“格,长条儿”,树木的长枝条,所以,从“木”“各”声由此派生出多义:①“到”“至”之意;②因“到”“至”而“感通”;③“纠正”;④“穷究”,此义即是“格物”之本义,也就是“推就事物的原理”之义。在中国古代儒家思想中,“格物致知”是一个重要概念,其最早出自《礼记·大学》:“古之欲明明德于天下者,先治其国;欲治其国者,先齐其家;欲齐其家者,先修其身;欲修其身者,先正其心;欲正其心者,先诚其意;欲诚其意者,先致其知,致知在格物。物格而后知至,知至而后意诚,意诚而后心正,心正而后身修,身修而后家齐,家齐而后治国,国治而后天下平。”

二、什么是科学教育

科学教育,简言之就是关于科学的教育。前面已经分析了科学的内涵,接下来我们需要分析教育的内涵,如此,我们才能对科学教育有准确的理解和把握。

我国汉语中,“教育”一词最早出现在《孟子·尽心上》中的“得天下英才而教育之,三乐也。”[②]但“教育”二字在20世纪之前很少合用,大多都是分开使用,“教育”在当时并没有一个确切的含义,而多以“教”字与“育”字单独使用。许慎的《说文解字》解释道

① 尹后庆:《我所看到的法国“做中学”科学教育活动》,载《上海教育科研》2002年第3期。
② 全国十二所重点师范大学联合编写:《教育学基础》,教育科学出版社2002年版,第2页。

"教,上所施,下所效也","育,养子使之作善也"。"教育"一词成为常用词是在19世纪末20世纪初的事情。鸦片战争之后,中国受到极大的压迫,清政府不得不兴学育人,培养经世致用的新型人才。甲午战争之后去日本留学的一些人开始翻译日文教育学书籍,有关"兴学"的活动和理论就称之为"教育"和"教育学"。民国之后,正式改"学部"为"教育部"。此后,"教育"一词就取代传统的"教"与"学"成为我国教育学的一个基本概念。这是我国教育现代化和传统教育学范式现代转换的一个语言学标志。可见,"教育"与传统意义上的"学"有着直接的联系,是从不同的角度和表达来描述同一活动。在现代英语中,教育是"education";在法语中,教育是"éducation";在德语中,教育是"erziehung",三者均起源于拉丁文"educare"。"educare"是个名词,它是从动词"educere"转换来的。"educere"是由前缀"e"与词根"ducere"合成的。前缀"e"有"出"的意思,而词根 ducere"则为"引导",二者合起来就是"引出",意思就是采用一定的手段,把某种本来就潜藏于人身上的东西引导出来,使其从一种潜质转变为现实。①

虽然我们通过词源分析了教育的本质与内涵,但想要给教育一次下一个让所有人都完全赞同的定义是不可能的,也没有这个必要。因此教育是复杂的、立体的,涉及与教育相关的众多方面。但"教育是培养人的活动"得到了较大的认可。广义的教育泛指一切有目的地影响人的身心发展的社会实践活动,狭义的教育主要指学校教育,即教育者根据一定的社会要求和受教育者的发展规律,有目的、有计划、有组织地对受教育者的身心施加影响,期望受教育者发生预期变化的活动。

科学教育作为教育的一个分支,同样也承担着培养人的所有任务,科学教育主要是关于自然科学的教育,并在自然科学的教育上体现出特色,是一种以传授基本科学知识为手段(载体),发展科学思维方法和科学探究方法,培养科学精神与科学态度,建立完整的科学知识观与价值观,进行科研基础能力训练和科学技术应用的教育。通常认为,科学教育有广义和狭义之分。狭义的科学教育是指学校科学教育,通常以课程的形式进行科学教育,学校内各类有关生物、化学、地理或地球科学等的教学,以及与这些教学有关的一切课程、教材、教法、教具、师资和评估的研究与活动都是科学教育。广义上讲,科学教育则指人类科学文化传承的学校内外的一切活动,既包括学校科学

① 全国十二所重点师范大学联合编写:《教育学基础》,教育科学出版社2002年版,第2页。

教育，又涵盖校外的科学教育(如科学传播、科学普及等)，是培养全体国民的科学知识、态度、方法与精神的过程或活动。科学教育是传授科学知识，培养科技人才的一项社会活动，是一种潜在的科学能力。

三、什么是学前儿童科学教育

学前儿童科学教育即以学前儿童为对象的科学教育。学前儿童科学教育的概念是在国家颁布《幼儿园工作规程》前后出现的。随后，幼教界一直交叉使用着“科学教育”和“常识教育”这两个概念。当时，人们对学前儿童科学教育的看法主要有两种，一种观点认为“科学教育”与“常识教育”没有什么区别，“科学教育活动”就是原来“常识课”的替换词；另一种观点认为，“科学教育”比“常识教育”增加了现代科技、环境保护等新内容，注意让幼儿了解事物间的关系，增加幼儿的亲身活动和动手操作。后一种观点比前一种观点进了一步，但仍然没有揭示学前儿童科学教育的本质特征，致使学前儿童科学教育存在认识模糊、观念陈旧、教育实践没有改观，多数教师仍然用上常识课的方式对幼儿进行科学教育。

在2001年颁布的《幼儿园教育指导纲要(试行)》中，“科学”成为幼儿园五个领域的教育内容之一。随后，幼儿园有关科学领域的各种学习活动都被称为“科学教育活动”。围绕着学前儿童科学教育进行的理论探讨和实践研究也在不断增加。尽管对科学教育的定义有多种，但核心内涵基本一致。我们可以把学前儿童科学教育定义为：教师引发、支持和引导幼儿主动探究，经历从探究到发现，获得有关周围物质世界及其关系的经验的过程。这里蕴含着使幼儿乐学、会学这种有利于幼儿终身发展的长远教育价值。学前儿童科学教育的内涵应包含以下几个重要方面。

1.学前儿童科学教育是引导幼儿主动学习、主动探索的过程。主动性是幼儿终身学习和发展的动力，社会的发展要求教育要培养人的主动性和创造性。不仅如此，人原本就是一个能动的个体，学习是学习者主动建构的过程。学前儿童科学教育必须成为幼儿主动学习、主动探索的过程。

2.学前儿童科学教育是支持幼儿亲身经历探究过程、体验科学精神和探究解决问题策略的过程。科学教育最重要的价值是使幼儿学会如何去获取知识，如何学习。学前儿童科学教育应成为教师支持幼儿通过自己的探索获取知识、解决问题的过程。

3.学前儿童科学教育是使幼儿获得有关周围物质世界及其关系的感性认识和经验的过程。幼儿认识事物的特点决定了学前儿童科学教育不应要求幼儿掌握严格的科学概念,而应引导、支持幼儿通过自身与周围物质世界的相互作用获得真正内化的经验。

学习研究

学前儿童科学教育的目标

请结合你对科学本质与内涵的理解,谈一谈学前儿童科学教育的目标应该包含哪些方面。

第二节 学前儿童科学教育的价值

学前儿童科学教育是教育系统的一个组成部分,它也有着同其他教育一样的价值。但学前儿童科学教育又有着自身特殊的价值和特征。

一、学前儿童科学教育有什么价值

(一)学前儿童科学教育对社会发展的作用

21世纪,以高科技为依托的知识经济迅速崛起,成为一个以知识创新和应用为特征的知识经济时代。在21世纪,不仅科技人才的竞争成了国与国之间竞争的核心因素,且每个公民的科学素养也直接影响着国民的生活水平和国家的综合实力,没有一定科学素养的公民在科技发展日新月异的时代里将变得非常困难。因此,普及全民的科学教育,提高所有民众的科学素养,已经成为世界各国的新任务。过去的一段时间里,我国公民的科学素养落后于世界先进国家,近年来,我国十分注重公民科学素养的提升,而科学素养提升的最主要途径是科学教育的普及。

学前教育处于正式教育体系的最早期,虽然不像教育的尾端职业教育、高等教育那样直接培养出智能型劳动者、科技人才,但学前教育是人的启蒙教育,对个体的成长有着至关重要的作用,间接影响着社会的发展。学前儿童是社会未来的潜在劳动力,要把潜在的劳动力转化为现实的劳动力,就必须依靠教育,自然包括学前教育。且学前教育为儿童今后进一步转化奠定基础,一个接受过良好学前教育的儿童会拥有健康的身体、良好的习惯和丰富的经验,这对他们进一步的成长无疑会起正面作用。学前儿童科学教育是对儿童进行科学启蒙的教育。通过科学教育,学前儿童能积累对客观世界的初步经验,掌握一些初步的科学方法,萌生良好的科学态度,能为学前儿童的科学素养和终身发展打下良好的基础,进而促进社会的发展。

(二)学前儿童科学教育对学前儿童个体发展的作用

学前儿童科学教育对社会发展的作用通过学前儿童个体去实现,没有学前儿童个体的提升和发展,社会发展的作用将无法实现。那么,学前儿童科学教育对于学前儿童个体而言,究竟有何作用?

因为探知未知世界的需要,学前儿童有着与生俱来的好奇心和探究欲望,但这种好奇和探究往往具有盲目性和偶然性的特点。这种与生俱来的好奇心和探究欲需要后天环境的保护和发展,现实中我们看到许多相反的例子,“你不能这样”“不要再搞破坏了”“你要乖乖地坐好”。这无形中压抑和消磨了学前儿童的好奇心和探究欲。而良好的科学教育可以保护并利用幼儿的好奇心和探究欲,学前儿童科学教育活动可以使他们的探究过程成为具有明确的目的并能够达到一定结果的学习过程,从而进一步激发他们的好奇心和探究欲。纵观古今中外伟大的科学家的成长经历可以发现,童年时期成人对学前儿童好奇心的保护和重视对他们后来取得伟大科学成就起到重要作用。

具体而言,学前儿童科学教育对学前儿童科学探究和数学认知的发展有着重要的意义。前者是儿童对自然界中事物和现象进行探索并形成解释的过程,后者是儿童基于自然环境中事物和现象的认识进一步形成的对其逻辑关系的理解,两者构成了儿童对自然环境和客观世界的认识。大自然以及周围生活中的各种事物是最能引起幼儿的好奇心和探究欲的,也是幼儿掌握事物特征,概括、分类和寻求事物之间关系等思维活动发生最集中的领域。学前儿童科学教育活动是教师引发、支持和引导学前儿童主动探究,经历从探究到发现的过程。探究过程本身就是运用科学方法获取知识的过程,这有利于提高幼儿概括、分类和分析问题、解决问题的能力。所以,在科学探究的过程中,学前儿童除了获得生活经验之外,也会学到一些科学方法,儿童的观察能力、思维能力、解决问题的能力和动手操作能力等都得到了提高。另一方面,学前儿童科学教育活动不仅给了学前儿童探究和认识客观世界的机会,也尊重和引导学前儿童自发的探究活动,这有利于培养学前儿童的情感态度和价值观,培养学前儿童的良好个性品质。

拓展阅读

科学素养的含义

目前对公民科学素养含义的理解和表述有以下几个代表性的表述。

1.国际经济合作组织(OECD)认为:科学素养能力是运用科学知识,确定问题和做出具有证据的结论,以便对自然世界和通过人类活动对自然世界的改变进行理解和做出决定的能力。

2.国际学生科学素养测试大纲(PISA)中提出:科学素养的测试应该由三个方面组成:科学基本观念、科学实践过程、科学场景,在测试范围上由科学知识、科学研究的过程和科学对社会的作用三个方面组成。

3.美国学者米勒认为:公众科学素养由相互关联的三部分组成:科学知识、科学方法和科学对社会的作用,具体说就是,具有足够的可以阅读报刊上各种不同科学观点的词汇量和理解科学技术术语的能力、理解科学探究过程的能力、关于科学技术对人类生活和工作所产生的影响的认识能力。

4.欧盟国家科学素质调查的领导人J·杜兰特认为:科学素养由三部分组成:理解基本科学观点、理解科学方法、理解科学研究机构的功能。

二、学前儿童科学教育有什么特性

(一)对兴趣的依赖性

从心理学的角度看,注意是心理活动的开端,因为任何心理活动的开端,总表现为我们的注意指向这一心理过程所反映的事物。注意是维持心理活动必不可少的因素,它对学前幼儿的感觉、知觉、记忆、思维等心理过程有着直接的影响。我们平常说的“聚精会神”“目不转睛”等都是注意的一种外在表现,人的注意不是一种独立的心理过程,而是伴随着感觉、知觉、记忆、思维等心理过程,是其他心理过程的前提和基础,没有了注意,其他心理过程难以引起、难以维持。注意具有两个基本特征:一是指向性,即人们的心理活动在某一时刻有选择地指向一定的对象;二是集中性,即人们的各种心理活动聚集在所选择的对象上,非分散的。[①]然而,注意的产生对于幼儿来说有较大的难度。虽然新生儿已经对刺激物有一定的选择性反应,黑斯(Haith)等人早在1980年

① 但菲、冯璐:《儿童发展》,高等教育出版社2016年版,第83页。

对婴儿视觉活动进行了一系列研究，认为新生儿已经具备一种对外部世界进行扫视的能力，罗伯特范兹(RobertFantz)的研究也表明新生儿对简单、鲜明的图案和人脸有偏好。随着幼儿的成长，注意力也得到了快速的提升，与新生儿相比，幼儿的无意注意有了较大的发展，但仍以无意注意为主。所谓无意注意，是指没有预定目标，也不需要做出意志努力的注意。无意注意的产生有两个特点，一是刺激物的强烈性，二是刺激物的兴趣性。高强度的刺激物、活动着的刺激物、新异刺激物都能引起幼儿的无意注意。比如，大自然中鲜艳的花朵、在地上爬动的虫子、有趣的科学小实验都会深深地吸引着幼儿。但是个体心理活动的持续不仅是依靠注意的引起，注意的持续对于心理活动的持续起着更为重要的作用。且随着幼儿年龄的增长，幼儿活动范围的扩大，幼儿经验的积累，幼儿形成了自己的兴趣和喜好。而对于符合兴趣和喜好的事物，幼儿会表现出极大的投入度。一个幼儿对玩具挖掘机感兴趣，一旦在他的视线里出现挖掘机，他会立即停止其他活动而将注意力转移到挖掘机上。因此，学前儿童科学教育需要利用好学前幼儿的心理特点，根据幼儿的兴趣组织开展教育，才能取得良好的效果。

心理学家们普遍认为，动机是人类大部分行为活动的基础。个体内在兴趣、好奇心或成就需要等内部原因引起的动机称为内源性动机。[①]它与外在动机一起成为唤醒和维持个体情绪与意识，以产生各种学习行为原因的动机。直接兴趣性是幼儿探究和认识事物的一个重要特点，他们的科学探究活动是由自身的好奇心和兴趣直接驱动。[②]在传统知识观和便利性取向下，大多数幼儿教师未能结合幼儿的兴趣点来选择和编排科学探究的内容，造成幼儿在科学探究活动中主动性的缺失，直接影响科学教育活动的效果，此类案例在实践中经常出现。从个体的心理发展阶段上看，由于幼儿具有注意力、自控力等发育不成熟的年龄特点，学前幼儿无法自觉完成教师要求的学习任务，但对周围世界中神秘、新颖的事物充满好奇和兴趣。幼儿周围世界中有大量的人、事、物和科学现象，教师要善于关注幼儿生活中感到好奇又充满疑惑的问题和现象，并从中选取适宜的科学教育内容。

---

① 皮连生:《教育心理学》(第三版)，上海教育出版社2004年版，第331页。
② 刘占兰:《学前儿童科学教育》(第2版)，北京师范大学出版社2008年版，第111页。

(二)内容的生活性

教育活动的产生和持续需要教育者、受教育者和教育中介,其中教育中介的核心是教育的内容,也就是选择出来的、将给予教育对象的知识、经验等。《幼儿园教育指导纲要(试行)》(以下简称《纲要》)和《3-6岁儿童学习与发展指南》(以下简称《指南》)都提出学前教育的内容包括健康、语言、社会、科学、艺术五大领域。此外,《指南》中明确提出"幼儿的学习是以直接经验为基础",这意味着学前幼儿的学习内容需要贴近生活。从行为主义心理学的角度来看,学习是由练习或经验引起的相对持久的行为变化。[①]当然,还有其他的学习心理学家对学习下了不同的定义,虽然对学习所下的定义不完全一致,但将学习看成是人的心理内部的活动的观点是一致的。可见,学习的过程少不了将客观的事物映射到学习个体的大脑中,以便大脑进行下一步的加工,假如少了此步骤,个体的学习将无法完成。对于学前儿童个体而言,将客观世界的事物投射到大脑中并非易事,这是由于他们的生理发展水平以及由此带来的心理发展水平所决定的。因此,对于学前幼儿的学习而言,学习需要更多的重复和耐心,学前幼儿的学习内容和资料需要与生活有着更多的联系。依据《指南》的主要精神,中国教育科学研究院刘占兰老师和华东师范大学周欣老师将幼儿对周围事物和现象的认识主要概括了七个方面的主要内容:常见的动植物、常见的物体、常见的物理现象、天气与季节变化、科技产品和环境及其与人们生活的关系、数学认知。

《指南》提出亲近自然、认识周围事物与现象是幼儿科学教育的重要目标,自然资源和实际生活机会自然就成了幼儿科学教育的主要资源。《纲要》亦指出,环境是重要的教育资源,应通过环境的创设和利用,有效地促进幼儿的发展。幼儿园的自然物质环境是最生动、最直观的教育课堂,幼儿园的自然物质环境包括幼儿园中各种自然条件的总和,如:花草、树木、阳光、雨露、沙石和虫鸟等都是幼儿园科学教育活动可以直接利用的资源。幼儿在主动学习中,几乎对任何动态的环境都感兴趣,他们会自发地运用各种感官参与其中,通过眼看、耳听、口尝、手摸,了解各事物的特性,幼儿在与幼儿园自然物质环境的接触中,会生发许多的问题。除此以外,幼儿园之外的大自然如公园、动物园、植物园、农场等,以及幼儿在幼儿园的一日生活、在家庭与社区的生活中

① 皮连生:《教育心理学》,上海教育出版社2004年版,第38页。

所接触的事物和现象都可以成为科学探究中教师为幼儿提供的有效材料。幼儿园以外的大自然具有更全面、更宽广的特点，还可以弥补幼儿园环境中人为创造带来脱离大自然的缺陷。而幼儿园内的一日生活、家庭与社会的日常生活可以让幼儿接触和了解人类社会的科技产品、常见的物理与化学现象、常见的物体和材料，同样是材料的重要来源之一。

值得注意的是，所有客体材料作用的发挥依赖于幼儿与客体材料的互动和幼儿对客体材料的真正应用。反之，再多的材料呈现于幼儿面前，也不会形成有助于幼儿发展的刺激。因此，幼儿对材料意义的理解进而有意义地使用显得格外重要。奥苏泊尔(Ausubel，1968)根据学习材料与学习者原有知识结构的关系，将学习分为意义学习和机械学习，并且特别重视意义学习。幼儿的意义学习离不开其对客体材料的理解，教师所提供的材料必须是有意义的。当前，不少幼儿教师无法把握幼儿身边的客体材料的意义，企图依赖于市场上现成的材料，购买现成的科学探究材料以供幼儿进行探究。这起码有两个不利的影响：其一，购买现成的材料需要一定的经费，当幼儿园无法提供足够的经费时，经费不足即成了教师不组织开展科学探究的原因；其二，现成的科学探究材料在生产的过程中必然尽量远离自然与日常生活，以增加加工的分量而增加利润，使得科学探究的材料与幼儿的生活产生距离，不利于科学探究目标的达成。因此，教师既要根据幼儿的兴趣确定科学探究的主题内容，还要在幼儿的周围世界选用适宜的材料，并能准确把握材料的意义，了解材料与材料之间的结构、材料与主题内容、科学概念等之间的关系。

(三)过程的活动性

《指南》中明确提出“幼儿的学习是以直接经验为基础，在游戏和日常生活中进行”，可见，幼儿学习的主要方式是在做中学、在玩中学、在生活中学。通过幼儿参与做、玩、生活等活动，使其亲身感受、体验、操作，不断对客观世界、自我产生联系，进行有意义的建构。不同的个体、针对不同的问题，探究的途径或方法千差万别，不存在固定的、统一的途径或方法。在哲学家对哲学问题探究的过程中，逻辑思维的推导是其探究的主要途径和方法；而对于理工技术人员而言，他们对自身领域问题的探究则更倾向于动手的操作。相对而言，儿童的逻辑思维能力远差于成年人，皮亚杰对儿童思维发展进行了专门的研究，提出了儿童思维发展的感知运动阶段、前运算阶段、具体运算阶段和形式运算阶段的四阶段论，他进而提出了知识在本源上既不是从客体发生，也不是从主体发生，而是主体与客体之间的相互作用中发生的，而真正的教育是设置充满智慧刺激的环境，让儿童自行探索，主动学到知识。只有当儿童运用事物和感知来支配他的身体、协调他的活动时，才能使儿童得到发展。[①]可见，幼儿对事物的实践操作是以具体形象思维为主的儿童发展的主要途径，倘若丧失了身体与事物的互动，儿童的发展将无从谈起。此外，探究途径与方法的差异也使得探究被以多种不同的范式理解着，让教师无法领会其真意。

美国国家研究理事会在2011年发布的《K-12年级科学教育框架：实践、跨学科概念和核心概念》中的首位关键词从“探究（inquiry）”变成了“实践（practices）”，以强调学生在课堂中动手、动脑、动嘴（笔）。[②]但遗憾的是目前大多数教师把科学探究活动课变成了科普知识课，幼儿成为一名被动的听众，无须思考，只需按照教师的要求端正坐着听课，如此一来，教师是轻松了，可是幼儿的积极性大打折扣。因此，一堂好的科学探究活动课，不仅要有幼儿感兴趣的内容，还应该结合探究内容，使用适宜多样的教学方法，要让幼儿在一节活动课里面运用不同的探究方法，经历发现、分析和解决问题的过程，从而获得探究能力，幼儿的科学探究主动性才得以发挥。如在一个“颜色变变变”主题活动中，教师可以设计一个小魔术作为活动导入吸引幼儿：用塑料瓶装好用黄色颜料调好的颜料水，盖顶上有蓝色颜料，用力晃动瓶子，让瓶盖中的颜料充分溶于水中，使水变绿了。再向孩子们提问“为什么黄色变成了绿色呢”，从而引发幼儿的思考和探究欲望，并通过“刚刚你们看到的是黄色的水，因为老师在瓶盖内放有另外一种颜色的颜料，究竟是什么颜色呢”，进一步降低问题的难度，并为孩子们提供红色、黄色和蓝色三种颜料和棉签、调料盘、卡纸，让孩子们通过操作材料，探究颜料混合带来的颜色变化。教师通过观察、实验、交流、记录、游戏等方法，让幼儿与探究内容产生互动，体验运用不同方法进行探究所带来的乐趣。多种方法的运用，可以让幼儿更多元地体验探究内容，激发探究热情，进而培养他们对科学的兴趣，幼儿通过亲历探究过程体验

① [美]约翰·杜威：《我们怎样思维·经验与教育》，姜文闵译，人民教育出版社2005年版，第185页。

② 唐小为、丁邦平：《“科学探究”缘何变身“科学实践”？—解读美国科学教育框架理念的首位关键词之变》，载《教育研究》2012年第11期。

事物的变化、世界的神奇，并在潜移默化中构建起自己对于世界的理解。皮亚杰提出动作是感知的源泉和思维的基础，婴儿通过对物体的抓取、摆弄等动作获得关于物体的知识，从而认识物体。[①]幼儿在进入形式运算阶段之前，幼儿的逻辑符号尚未形成，需要操作客体以完善客体在大脑中的反映而发展逻辑符号，为形式运算的开展打下坚实基础。

经典研究介绍

皮亚杰的活动理论[②]

皮亚杰认为认识来源于动作，认识是从活动开始的，活动是思维发展的基础。活动在儿童的智力和认知发展中起着重要的作用。认知结构发生的起点是以活动来作为主客体相互作用的唯一可能的联结点，即由内部活动(运算)和外部活动(实物性动作)的相互作用而完成的。知识的获得不是简单的摹写，而是要对它施加动作。儿童是经由活动动作在实际摆弄物体中而认识世界。经验活动导致对客体性质的抽象，从而形成物理知识；逻辑数学活动则造成对活动本身的抽象，其结果是使活动协调内化为符号的运算即逻辑数学结构。例如：一个玩卵石的儿童，通过对卵石的抓、摸、掷等活动，发现卵石是硬的、有重量的等等，这就是所谓的物理知识。同时，这个儿童用各种不同的次序把卵石排成一排，摆成圆圈或其他形状，通过计算，儿童发现无论把卵石摆成什么形状，其总数都是不变的，而且卵石在排列中的次序是可转换的，这就是所谓的逻辑——数学经验。在这里卵石的次序(可转换性即可逆性)和总数(守恒性)都不是卵石本身的特性，而是来源于儿童的活动协调。也就是说总数和顺序的特性是通过活动动作而赋予物体的，使儿童能从数数和排列的顺序的活动动作中，把所观察到的情况抽象出来。从起源发生的角度来讲，认识总离不开儿童自己的活动。

---

① 彭聃龄：《普通心理学》(修订版)，北京师范大学出版社2004年版，第516页。

② 罗婉文：《试论皮亚杰的活动教学理论对活动课程建设的启示》，载《广西师范大学学报(哲学社会科学版)》1999年第2期。

第三节 国内外学前儿童科学教育概述

一、主要发达国家的学前儿童科学教育

随着16世纪近代科学在西方的兴起,现代意义上的科学教育随之产生。学前儿童科学教育在西方主要国家也得到较好的发展,作为亚洲的代表,日本的学前儿童科学教育也是一个典范。因此,有必要借他山之石以促进我国学前教育的发展,本章选取了美国、英国、法国、德国和日本五个国家进行介绍。

(一)美国的学前儿童科学教育

美国的学前儿童科学教育早在19世纪50年代就开始了,先后受到了斯宾塞思想、自然学习运动以及杜威实用主义的影响。[①]19世纪70年代至20世纪初,美国进步主义教育改革运动的代表人物杜威等人创立了各种实验学校,强调学校要以活动为中心,改革传统的教育方法。杜威要求教育者应为幼儿创设一个有利于活动的环境,以激发幼儿的思维。而最主要的做法就是"做中学",给学生一些事情做,不是给他们一些东西去学。1957年10月,苏联成功发射了世界上第一颗人造卫星,美国教育界受到了极大的冲击,并开始对科学教育进行改革。经过20世纪60年代科学教育的大规模改革,美国的科学教育取得一系列的成果,注重了学科的基本概念、知识结构和科学系统,有利于学生智力的开发,但过于强调学科理论的科学教育并没有取得预期的效果。20世纪80年代,美国又进行了更为彻底的改革。为了使美国儿童能受到更加理想的科学、数学和技术教育,具备更加良好的科技素养,能满足21世纪对一个普通公民的科技文化基本要求,美国科学促进协会联合美国科学院、联邦教育部等12个机构,于1985年启动了一项面向21世纪、致力于科学知识普及的中小学课程改革工程,当年恰逢哈雷彗星临近地球,改革计划又是使美国的儿童能适应2061年彗星再次临近地球的那个时期科学技术和社会生活的急剧变化,所以取名为"2061计划"。"2061计划"充

① 夏力:《学前儿童科学教育活动指导》(第三版),复旦大学出版社2014年版,第4页。

分考虑到从幼儿园到大学的这一教育系统中的所有学生、所有年级和所有方面。计划是将注意力集中在科学素质上，而不是集中在比较狭隘的“科学学科”上。“2061计划”通过1989年的(面向全体美国人的科学)报告对科学素质所下的定义，以及随后在1993年的《科学素质的衡量标准》中为各年级学生（幼儿园到高中）制定的学习目标，已经把美国人改革的努力引向了共同的方向。为了指导管理者和教师更好地实现“2061计划”提出的学生学习目标，1991年美国科学教师协会(NSTA)和美国国家研究院(NRC)协同出版了《国家科学教育标准》。《国家科学教育标准》明确规定了从幼儿园到高中各个年级科学教育的教学目标、教学内容和评价标准。《国家科学教育标准》把“科学探究处于核心地位”，《国家科学教育标准》倡导的科学探究有三个方面的含义。其一，科学探究是学习内容。《国家科学教育标准》把“作为探究过程的科学”作为内容标准不可或缺的一个部分，是与“物质科学”“生命科学”“地球与空间科学”“科学与技术”等类别相提并论的。其二，科学探究是学习方式。学习科学应该成为一种能动的过程，不能由别人代劳。以探究的方式学习科学，既是动手的活动，也是动脑的活动。其三，科学探究是教学指导思想。科学教学如何促进学生的探究学习，不是一种具体的教学方法，而是科学教学的一个指导思想。学生们有效的科学探究，需要训练有素的专业教师，需要足够的上课时间，需要丰富多彩的学习材料，需要条件适宜的学习空间，需要学校以及各界人士所提供的人力、财力、物力方面的支援等。

对世界复杂性的认识使得美国人逐渐意识到科学及科学教育在美国人生活中的重要地位，从而要求所有学生——不管他们是否成为医院里的技术员、高科技制造业的工人，或者是博士研究者，都必须接受可靠的K-12年级科学教育。但是，美国原有的科学、技术、工程和数学（Science，Technology，Engineering，Mathematics，STEM）人才培养渠道有漏洞，只有很少的学生能从事这些领域的专业和事业，且很少有人拥有相关高等教育证书或者博士学位。因此，美国迫切需要新的标准来激发和重建学生对STEM的兴趣。在这一背景下，美国《新一代科学教育标准》（Next Generation Science Standards，NGSS）（以下简称《标准》）于2013年应运而生。该标准在幼儿园阶段的基本要求以维度和主题两种方式进行编排，其核心为学科核心观念，体现了融合性、以学科核心观念为中心、与其他学段的连贯性等特征。基本要求归为三个维度：科学和工程实践(Science and Engineering Practices，SEPS)、学科核心观念(Disciplinary Core Ideas，DCIs)和跨学科概念(Crosscutting Concepts，CCs)。其中学科核心观念是三个维度的核心。《标准》提出了涵盖此阶段幼儿需要掌握的学科核心观念以及在此过程中需要发展的科学工程实践和跨学科概念的三个主题:(1)力和力的相互作用:推和拉;(2)生态系统中相互依存的关系:动物、植物和它们所在的环境;(3)天气和气候。[①]在该标准的带动下，美国STEM科学教育得到迅速发展，成为世界各国争相学习的科学教育典范。STEM教育的核心特征包括有意义的学习、创造力与高阶思维、跨学科学习、设计与反思、合作学习几方面。[②]

人物介绍

约翰·杜威(John Dewey)

约翰·杜威(John Dewey，1859年—1952年)，美国著名哲学家、教育家、心理学家，实用主义的集大成者，也是机能主义心理学和现代教育学的创始人之一。杜威的思想曾对二十世纪前期的中国教育界、思想界产生过重大影响，也曾到访中国，见证了五四运动并与孙中山会面，培养了包括胡适、冯友兰、陶行知、郭秉文、张伯苓、蒋梦麟等一批国学大师和学者。

(二)英国的学前儿童科学教育

20世纪末，英国就将学前教育纳入了终身教育体系，但由于地方教育局与学前机构自行规范的长期分离，英国始终缺乏统一的学前教育体系，各地政府与社会成员对其角色定位、功能效益见解不同，公平与效率、规模与质量成为其发展的主要困境。[③]据1971年统计，5岁以下儿童入园率仅占同龄儿童的35%;1980年，入园儿童只占2~5岁学前儿童的18%。[④]进入21世纪以来，英国政府对于学前教育的重视程度日益提高，

① 沈吟:《美国〈新一代科学教育标准〉对我国学前儿童科学教育的启示》，载《台州学院学报》2015年第5期。
② 王子玉:《美国STEM教育及其对我国学前教育发展的启示》，载《文教资料》2018年第15期。
③ 赵梦雅、武翠红:《英国学前教育的再出发——基于2017年〈早期基础阶段法定框架〉的分析》，载《外国教育研究》2019年第4期。
④ 周采、杨汉麟:《外国学前教育史》，北京师范大学出版社1996年版，第212页。

学前教育得到了快速发展。在2000年,英国颁布了《基础阶段课程指南》,该指南主要针对3~5岁幼儿教育机构中的儿童学习、教师教学做了规定。2005年英国又颁布了《早期基础阶段规划》,2008年英国的儿童、学校和家庭事务部又颁布了《早期基础阶段法定框架》,主要针对0~5岁幼儿,该文件在2012年和2014年又做出了相应的调整与修改。[①]基于2008年、2012年以及2016年先后颁布的《早期基础阶段法定框架》(简称EYFS),结合当前的政治经济意识形态与学前教育自身发展困境,2017年4月,英国政府颁布了最新版《早期基础阶段法定框架》,文件重新审视了英国学前教育公平、教育质量以及教育目标的具体内涵和改进策略,首次明晰以"知识转向"保护弱势儿童兴趣与发展,促进公平效益;全面整顿学前教育与义务教育体系的评价标准,打造高质量的学前教育;厘清享受世界的最高教育需求,激发他们认识世界和改造世界的目标。包含语言表达、身体发展、个人、社会和情感的发展、读写能力、数学概念、了解世界、富有表现力的艺术创作七个领域的学习和发展要求,着重强调以统一化的知识体系、多样化的教学手段以及更高层次的教育需求贴近儿童学前阶段的发展要义,着重体现了公平而卓越的目标指向。其中数学概念包括大小、重量、容量和位置等数学概念对儿童来说比较抽象,因此教育规划中提出1至20的符号加减运算需要结合具体的实物进行,引导儿童回答添加或者减去一至两个单位的具体运算。除了书本教学,还需要结合日常生活了解空间方位,如运用数字将周围事物进行量化,学会运用身体部位进行简单的测量、排序和分类,通过数字游戏引导儿童寻找目标物,并用数字描述其特征。了解世界首先在家庭内部家长引导儿童了解过去和现在发生的事情,以此建立亲密的联系;其次扩大儿童认识事物的范围,家长带领儿童熟悉周边的社区环境,引导儿童谈论周边发生的事情,在交谈过程中了解并尊重每个人的喜好;同时激发他们对周边环境和生物的观察能力,建立与大自然亲密的联系,学会尊重生命;最后对传媒技术要有适当的了解,在活动过程中采用新媒体教学,开阔儿童眼界,掌握先进技术为自己服务。英国教育非常重视儿童认识世界的能力,提倡在对自然环境和社会环境的探索中求真务实。2017版《早期基础阶段法定框架》中学习与发展的要求不仅强调儿童具备认识世界的能力,更希望儿童以领导者的姿态了解世界,掌握社会资源,在勇于打破陈

① 丘静:《英国学前教育课程评价及启示》,载《现代中小学教育》2016年第10期。

规，积极探索的过程中，享受克服困境后的满足感。儿童的学习与认知不再局限于自身的发展，以认识世界为中心，而是要学会置身于集体之中，关注外在世界的变化，对客观事件进行理性的选择和评价，在改造规则的过程中享受生命创造的成就感。[①]

（三）法国的学前儿童科学教育

在法国，最早对儿童进行学前托管、教育的是教堂组织的、具有慈善性质的幼儿托管中心。之后，这种托儿所式的托管机构便在全法国扩展开来。从19世纪初的"编织学校"到之后的"儿童收容所"，都在以不同的形式收容、管理穷人家庭中2至7周岁的学前儿童，并教授儿童编织、识字、书写、唱歌等技能。1828年，法国政府对这些由贵族、善人、教堂捐赠或由政府公费筹建的儿童收容所进行统筹管理，使得此类学前教育机构在产生初期就具有浓厚的社会慈善色彩。[②]19世纪末，法国已基本确立起近代学前教育制度，创办幼儿学校，并将所有幼儿教育机构统称为"母育学校"，一律由教育部管辖。之所以把幼儿学校称为"母育学校"，是因为法国人认为使幼儿幸福乃是"母亲之责"。他们说，"母育学校"并不是取代母亲，而是当他们的母亲不在时，代行母亲的职能。因此，一是要求"母育学校"的教师都必须由妇女来担任，二是要求教师必须受过省立师范学校专门训练，她们必须具有聪明、诚挚和温情的母亲的性格，她们必须像母亲那样实施教育。根据幼儿身心发展的规律，要求教师必须遵循四条教育原则：一是安全，二是温情，三是自由活动，四是"凡是幼儿能做的，让他们自己去做"。"母育学校"的任务有三：补充家庭教育的不足；保持家庭温情和宽容的同时，引导幼儿生活习惯向学校生活方面过渡；它担负着培育人才的任务。[③]母育学校的课程内容主要包括四个方面的活动：身体活动、语言交流活动和书面语言、艺术和美育活动、科学和技术活动。科学与技术活动给儿童探索、发现事物之间的相互关系以及观察周围事物提供机会。[④]

进入20世纪以后，法国的学前教育主要受到两股重要教育思潮，即新教育思潮和教育民主化思潮的影响，对政府的学前教育政策和学前教育的改革产生了积极的影响。二战后，法国政府更加重视学前教育，不断对其进行改革，力图使学前教育更加适

---

① 赵梦雅、武翠红：《英国学前教育的再出发——基于2017年〈早期基础阶段法定框架〉的分析》，载《外国教育研究》2019年第4期。

② 杨阳：《法国学前教育的目标、性质与管理及启示》，载《学前教育研究》2016年第9期。

③ 钱颖：《法国"母育学校"简介》，载《幼儿教育》1984年第2期。

④ 戴莉、陈平：《法国母育学校的教育活动》，载《幼儿教育》1999年第4期。

合社会发展的需要，更能满足学前儿童身心发展的要求，并使学前教育的改革与初等教育的改革协调起来。尤其自20世纪70年代中期以来，法国公立的学前教育取得了许多重大进展。这些改革使法国的学前教育在世界上始终保持领先地位。1992年，法国学者，诺贝尔物理学奖获得者乔治·夏帕克先生在法国开展“动手做”科学教育改革。“动手做”是由美国科学家总结出来的教育思想和方法，旨在让学生以更科学的方法学习知识，尤其强调学习方法、思维方法、学习态度的培养。[①]

经典研究介绍

法国做中学的案例[②]

法国南部的马孔市贝尔兹幼儿园的“豚鼠喜欢吃什么食物”的教学活动过程如下。

老师让一组孩子们围在放着豚鼠的网篮边，让孩子们猜想豚鼠喜欢吃什么食物。孩子们提到喜欢吃生菜、苹果、面包、胡萝卜等，不吃糖果、巧克力、奶酪等，老师拿出制作好的彩图表格，上面食物名称与食物图片一一对应，老师让孩子们分别说出食物名称。接着老师发给孩子生菜、苹果、面包和胡萝卜，让孩子实验。生菜豚鼠吃了，面包和胡萝卜豚鼠不吃，豚鼠起先也不吃苹果，老师把苹果弄碎，豚鼠吃了。然后孩子们用画画来记录刚才的实验，有的孩子在老师准备的食物卡片中选择豚鼠喜欢吃的贴在记录纸上，有的孩子用蜡笔画出豚鼠喜欢吃的食物，老师逐一审阅孩子的记录，在为食物注上法语单词的同时，让孩子说出每一件食物的名称。

另一组孩子讨论“豚鼠怎样寻找食物”。孩子们知道豚鼠喜欢吃生菜，但是不知道豚鼠如何寻觅生菜，有的孩子说，它听见放生菜的声音；有的说，它听见了别的豚鼠吃生菜的声音；有的说，它看见了生菜。老师让大家共同来做实验，她拿来一张绿色的纸，揉皱之后，极像生菜。她把生菜和绿纸同时放进网篮，豚鼠闻了一下绿纸没有吃，然后掉过头来去吃生菜了。老师又把生菜拿走，只是重新放入揉皱的绿纸，豚鼠在绿纸面前东闻西嗅，还是没有吃。老师把绿纸拿走，重新放入生菜，豚鼠等了一会，走过去吃了。老师还让孩子把头凑近网篮，用嘴发出嚼生菜的声音，看豚鼠会不会循声过来觅食。孩子们边做实

① 夏力：《学前儿童科学教育活动指导》（第三版），复旦大学出版社2014年版，第6页。
② 尹后庆：《我所看到的法国“做中学”科学教育活动》，载《上海教育科研》2002年第3期。

验边讨论，课堂气氛非常活跃。做完实验，老师并不总结，而是提出甚为关键的问题，比如，豚鼠不吃绿纸只吃生菜是它闻到了生菜的味道了吗？你怎么知道它是闻到或是听到后才去吃生菜的？孩子们也用蜡笔画出刚才实验的情形。老师认真地与孩子逐个交谈，并在孩子的记录纸上记下孩子的原始想法和问题。

（四）日本的学前儿童科学教育

1876年，日本建立了第一所公立幼儿园，直到20世纪初，公立幼儿园在日本一直占据主导地位。20世纪初，在日本资本主义工业化的背景下，日本一些受西方影响的人士提出了与西方新教育相呼应的自由主义保育思想。1907年日本教育家谷本富在第十四届京阪神联合保育会上做的《怎样办好幼儿园》的讲演中提出幼儿园的保育工作必须以“遵循自然为原则”，幼儿园是自由游戏的场所，应禁止一切课业，应让幼儿随心所欲地去做游戏。该自由保育思想在当时幼儿园工作者中获得很大的反响，并对20世纪初的官方幼儿教育政策一度发生影响。1911年日本文部省对有关幼儿园的条款进行了大幅度的修改，使得教育的内容规定为了游戏、唱歌、谈话和手技4项。[①]

战后的日本十分重视教育，几次修订幼儿园教育大纲，在1964年颁布的《幼稚园教育要领》中，将“自然”列为幼儿园的重要课程，自然的内容包括自然常识、数、理、化以及日常生活知识几个方面，目的主要是让幼儿适应生活。《幼稚园教育要领》明确规定了幼儿园自然教育的任务包括：爱护周围的动植物，热爱自然；对周围的自然现象有兴趣并愿意进行观察和研究；掌握必要的简单的技能，适应日常生活的需要；对数量和图形感兴趣。1990年日本文部省颁布的《幼稚园教育要领》，将原来的“自然”改为“环境”，扩大了原先的范围，原来的“自然”仅包括自然科学，现在的“环境”包括了人和自然，着眼于培养幼儿认识大自然与自己生活的周围环境，培养幼儿积极主动的态度和适应生活的能力。主要内容为：接触自然，注意自然之大、之美、之不可思议；注意随季节的变化，人的生活也发生变化；关心自然等周围的事物和现象，将其纳入自己的游戏；关心、爱护并亲密接触身边的动植物；爱惜周围的东西；使用身边的东西，思考、尝试如何玩；关心玩具和用具的结构；关心日常生活中的数量和图形；对与生活关系密切

① 周采、杨汉麟：《外国学前教育史》，北京师范大学出版社1999年版，第248页。

的信息和设施具有兴趣和关心；在幼儿园内外的庆典活动中热爱国旗。①

2000年，日本颁发并实施新的《幼儿园教育指导纲要》（以下简称《纲要》）。“萌发幼儿的道德心”是这次日本幼儿教育改革的重点之一，“环境”领域的改革重点也体现在这一点上。日本新《纲要》增加了带着亲切感接触身边的动植物，发现生命的宝贵等内容。同时在注意事项中也提出：在幼儿期，自然对幼儿具有重大意义。2008年3月，日本政府公布了修订后的《幼儿园教育要领》，此次修订的主要方向是：①依据修订后的《教育基本法》进行修订；②以“生存能力”为共同的基本理念；③学习基础的、基本的知识和技能；④养成思考能力、判断能力、表现能力等；⑤确保必要的授课时数，以培养扎实的学习能力；⑥提高学习意愿，养成学习习惯；⑦加强指导，以培养丰富的内心世界和健康的体魄。可以说，“生存能力”的形成是日本学前教育的核心理念。因此，学习基础的、基本的知识和技能，养成思考能力、判断能力、表现能力，培养丰富的内心世界和健康的体魄等，都是日本学前教育十分重视的内容。如上所述，新修订的《保育所保育指针》的教育“目标”等与《幼儿园教育要领》采用一样的语言表述，《保育所保育指针》的第3章“保育的内容”中的“教育的目标及内容”，与《幼儿园教育要领》的第2章“目标及内容”的具体内容是一致的，也分为“健康”“人际关系”“环境”“语言”“表现”五个领域。其中的科学教育主要体现在“环境”上。②“环境”的教育目的是培养幼儿对周围各种环境的好奇心和探求心，具有将周围环境与自己的生活紧密联系的能力。具体目标包括：让幼儿接触自然，爱护周围的环境；关心各种各样的事物；主动接触周围的环境，享受发现的乐趣；善于思考，努力将环境与自己的生活相联系；在接触周围事物的过程中，丰富关于事物的性质、数量和文字的感觉。③

二、我国学前儿童科学教育的发展历程

可以说，早期的自然科学教育总是与生产劳动紧密结合，即成人在劳动中传授有关自然和技能的知识，儿童在跟随成人劳动的过程中接受教育，人类什么时候产生，儿

① 夏力：《学前儿童科学教育活动指导》（第三版），复旦大学出版社2014年版，第6页。

② 王幡：《论日本学前教育中的“五个领域”》，载《外国教育研究》2014年第1期。

③ 叶平枝：《日本学前教育的特点及启示——基于对东京七所幼儿园的分析和思考》，载《教育导刊（下半月）》2018年第9期。

童科学教育就从什么时候开始。作为文明古国之一的古代中国,古代科技所取得的成就令世人折服。造纸术、指南针等技术对世界产生重大的影响,英国近代生物化学家、科学技术史专家李约瑟提出“中国的四大发明改变了世界历史的发展进程”。古代中国的科技长期处于世界的领先水平,古代的科学教育起着重要的作用。从甲骨文和古籍记载来看,西周的学校以“六艺”(礼、乐、射、御、书、数)为基本内容,当时的科学教育大多体现在“数”上。春秋战国时期的墨子被认为是古代伟大的科学家之一,《墨经》是墨家进行私学教育的教材,在教学内容上包括数学知识、理学知识和光学知识,而且在教学方法上,也已运用自然观察法,这是物理实验的起源。但是总体上说,古代中国的教育仍以培养统治者为主要任务,科学教育的内容并没有得到足够的重视。

1840年鸦片战争之后,中国逐渐沦为半殖民地、半封建社会,国人的救亡图存、科教兴国的热情也被激起。洋务运动之后,我国正规的、系统的科学教育才开始萌芽。在清代同治年间,我国近代的儿童科学教育通过专门设置的自然课程进修。同时设立了同文馆,同文馆中有“格致”一科的设置,是我国设置自然科学教育课程的开端。1903年颁布了“癸卯学制”(奏定学堂章程),该章程规定了初小和高小都有“格致”的内容,包括动植物、矿物、理、化、卫生等。同一年,我国建立了第一所蒙养院,在《奏定蒙养院章程及家庭教育法章程》内,虽然没有设立专门的学前儿童科学教育课程,但在“手技”这条目中写有“蒙养院附近之庭院内,播草木花卉种于地,灌溉以水与肥料,使观察其自然发生以至开花、结实等各种现象。诸如此类,要在引导学前儿童手眼,使之习用于有用之处,为心之意兴开发之资”。可见,学前儿童的科学教育已在有意识地开始。

国民政府教育部在1932年颁布了关于幼稚教育的指导性文件《幼稚园课程标准》中正式规定了幼儿园的科学教育课程包括音乐、故事和儿歌、游戏、社会和自然、工作、静息、餐点等七项,其中科学教育的课程是社会和自然。1936年7月修正,将“社会和自然”修订为“常识”。1937年《幼稚园常识160课》出版发行,这是一本专供幼稚园教师参考的常识教材教法书籍。

中华人民共和国成立后,在1952年制定了《幼儿园暂行规程草案》(以下简称《草案》),《草案》提出了幼儿园对幼儿进行初步的全面发展的教养工作,主要目标包括:(1)培养幼儿基本的卫生习惯,注意其营养,锻炼其体格,保证幼儿身体的正常发育和健康;(2)培养幼儿正确运用感官和语言的基本能力,增进其对环境的认识,以发展其智力;(3)培养幼儿爱国思想、国民公德和诚实、勇敢、团结、友爱、守纪律、有礼貌等优良品质和习惯;(4)培养幼儿爱美的观念和兴趣,增进其想象力和创造力。同时规定了幼儿活动项目有:体育、语言、认识环境、图画、手工、音乐、计算。1981年颁布的《幼儿园教育纲要试行草案》规定了幼儿园各年龄班常识教育的任务、内容和要求。具体任务包括丰富幼儿关于自然和社会方面粗浅的知识,扩大幼儿的眼界;培养幼儿对自然、社会的兴趣和求知欲望;发展幼儿的智力,形成对待人们和周围事物的正确态度。教育内容包括生活卫生习惯、体育活动、思想品德、语言、常识、计算、音乐、美术等八个方面,按小、中、大三班分别提出。教育要通过游戏、体育活动、上课、观察、劳动、娱乐和日常生活等各种活动完成教育任务,其中游戏是幼儿生活中的基本活动,上课应以游戏为主要形式,设置体育、语言、常识、计算、音乐、美术等科。

2001年,教育部颁布了《幼儿园教育指导纲要(试行)》,明确了我国幼儿园的学习领域包括健康、语言、社会、科学、艺术等五个领域,"科学"正式列入幼儿园教育内容之中,并提出了科学领域的目标、内容和要求、指导要点。2012年,教育部颁布了《3~6岁儿童学习与发展指南》(以下简称《指南》),《指南》从健康、语言、社会、科学、艺术等五个领域描述幼儿的学习与发展,分别对3至4岁、4至5岁、5至6岁三个年龄段末期幼儿应该知道什么、能做什么,大致可以达到什么发展水平提出了合理期望。同时,针对当前学前教育普遍存在的困惑和误区,为广大家长和幼儿园教师提供了具体、可操作的指导和建议。《指南》还提出:幼儿的科学学习是幼儿在解决实际问题的过程中发现和理解事物本质和事物间关系的过程,主要包括科学探究和数学认知。幼儿在对自然事物的科学探究和运用数学解决实际生活问题过程中,不仅获得丰富的感性经验,充分发展形象思维,而且在感知具体事物基础上初步尝试归类、排序、概括、抽象,逐步发展逻辑思维能力,为其他领域的深入学习奠定基础。幼儿科学学习的核心是激发探究欲望,培养探究能力。

本章小结

本章在介绍科学本质的基础上,介绍了科学教育与学前儿童科学教育的内涵,进而阐述了学前儿童科学教育的价值与特性,并对国内与国外学前儿童科学教育进行概述。科学不仅包含人们在长期的探索中逐渐形成的关于自然界、社会和思维的知识体系——“知识”,还包含人们探索自然界、社会和思维过程中形成的一套行之有效的方法——“求知的过程”。学前儿童科学教育是人类社会发展的要求,也是学前儿童个体全面发展的要求。学前儿童科学教育具有对兴趣的依赖性、内容的生活性、过程的活动性的特点。鉴于学前儿童科学教育的重要价值,世界各国对学前儿童科学教育越来越重视,体系也越来越完善。

思考与实训

1. 简述科学的本质及内涵。
2. 结合实例说明学前儿童科学教育的价值。
3. 请到幼儿园调研当前学前儿童科学教育的现状。

专题探讨

为什么孩子总喜欢问为什么?

孩子长到3岁左右,语言能力逐渐发展起来,又对世界充满好奇,会经常追着你问“为什么”,有时会问到你不知如何回答。其实我们应该高兴孩子爱提问,因为这是孩子思维能力发展的重要标志,意味着他进入了一个新的成长阶段——逻辑思维敏感期,他关注的东西,正逐渐从“是什么”转变成“为什么”。

孩子为什么爱问“为什么”? 一是情绪上的需求。孩子用问题寻求关注或者求得认同,如孩子不想吃饭时,可能会问“为什么要吃饭?”孩子不想妈妈去上班,可能要问“妈妈为什么要去上班?”二是探索了解客观世界的需要。3～10岁的孩子,正是对世界充满好奇的阶段,他们总是用自己的眼睛来发现和理解这个世界。

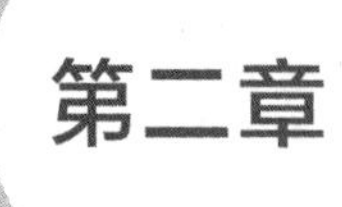

第二章 学前儿童科学教育的理论基础

学习目标

- 掌握学前儿童科学教育各理论的主要观点。
- 将学前儿童科学教育理论灵活运用于学前儿童科学教育的活动实践中。

学习重难点

- 重点：学前儿童科学教育各理论的核心观点。
- 难点：运用学前儿童科学教育的理论，解释学前儿童的科学探索活动，指导学前儿童科学活动。

案例破冰

神奇的磁铁

贝贝和楠楠一人拿着一块磁铁，正在玩磁铁吸物游戏。他们拿着磁铁靠近桌子，没有任何反应；他们拿着磁铁靠近一块塑料积木，没有任何反应；他们拿着磁铁靠近纸，没有反应；他们拿着磁铁靠近桌上的回形针，回形针被吸到了磁铁上；他们拿着磁铁靠近铁质螺丝钉，螺丝钉被吸到了磁铁上；偶然间，他们两人手里的磁铁碰到了，两块磁铁紧紧地吸在了一起，他们费了好大的劲儿才把两块磁铁分开。接着，他们拿着磁铁靠近了一个沙盘，在沙子表面慢慢来回移动，沙子中的铁丝、螺钉、螺帽被磁铁吸了出来，他们感到非常惊讶，于是开始兴致勃勃地在沙盘里玩起了找“宝藏”的游戏。

在幼儿园和日常生活中，我们发现，儿童常常对周围的世界充满了好奇和疑问，他们喜欢用自己的身体去感知和探索周围的世界。儿童的科学概念是怎么发展起来的？儿童的科学探究活动有哪些规律？本章可以帮助我们从理论上更好地理解这些现象和问题。

儿童科学意识的萌发、科学概念的形成、科学探索活动的萌生是一个长期而复杂的过程，伴随着儿童身心的发展和生活经验的累积而发展变化。自出生时起，儿童就开始了与周围世界的互动，通过各种途径和方式观察、了解周围世界中的各种事物和现象。儿童对周围的世界有着他们独特的看法，尽管这些观念与我们所谓的“科学”的理解可能不尽相同，有的观点或行为在成人看来甚至是荒诞的，但儿童却不会轻易放弃自己所形成的对于周围世界的看法。

案例阅读

影子跑了

有趣的影子吸引着幼儿。随着年龄的增长，幼儿有关影子的问题和发现也会越来越多。大部分小班的幼儿不知道影子的“秘密”，不明白光与影之间的关系，于是我们可以观察到幼儿经常与影子玩游戏。一天，阳光明媚，小班的幼儿在户外活动，突然，涛涛发现了地上有影子，而且他们动，影子就动，他们停下来，影子也停了下来。他们开始玩起和影子赛跑的游戏。但当他们跑到室内，发现影子没了。

老师走过来，问涛涛和其他小朋友：“小朋友们，为什么现在影子没有了？影子到哪里去了？”

涛涛：“影子跑了。”

老师：“为什么影子会跑？”

涛涛：“因为影子也是一个人，他也有腿，所以他自己也会跑。”

儿童是如何理解周围的事物和现象的？他们的这些观念又是如何发展成“科学”的观念的？对于这些问题的解答，为我们理解儿童的科学思维、科学活动，开展学前儿童科学教育提供了理论基础。

最早关注儿童科学认识的心理学家是瑞士心理学家皮亚杰。皮亚杰最早提出了认知结构和认知发展的阶段理论，发现儿童的科学认知随着儿童认知发展阶段的演化而发生变化。苏联心理学家维果茨基从概念形成的角度,对儿童科学概念的发展做了丰富的研究。当代,建构主义的心理学家们也开始关注儿童的科学学习问题,朴素理论是其中的代表,他们研究的重点是儿童科学概念的形成与转变。在学前儿童科学教育活动中,学前教育工作者首先要掌握学前儿童科学教育的理论基础。本章将以皮亚杰、维果茨基、布鲁纳等心理学家的学前儿童教育理论为切入点,详细介绍学前儿童科学教育背后的理论基础。

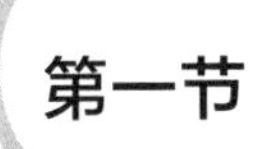

第一节　皮亚杰的认知发展理论

皮亚杰被称为发现“儿童的科学”的第一人。在皮亚杰的理论中，对儿童科学教育产生的影响，开始于20世纪五六十年代西方“重新发现”皮亚杰之时。作为当代著名的心理学家及教育家，皮亚杰毕生都在从事儿童认知发展的研究，建立了新的儿童认知理论。其中关于知识经验的获得、儿童思维发展阶段理论以及学习与发展关系的看法，为研究学前儿童科学教育提供了有益的理论启示。

人物介绍

让·皮亚杰(Jean Piaget，1896年—1980年)，瑞士人，近代有名的儿童心理学家。他的认知发展理论成了这个学科的典范。他一生留给后人60多本专著、500多篇论文。他曾到过许多国家讲学，获得几十个名誉博士、荣誉教授和荣誉科学院士的称号。皮亚杰的成果促进了科学认识论的丰富与深化，推动了儿童心理学的发展，引导了认识论发展方向，其发生认识论对哲学、科学和文化等众多领域有着深刻的影响。

基于皮亚杰的儿童认知发展理论，人们可以了解不同发展阶段儿童认知的一般特点，这对于理解“儿童的科学”及其发展、演变过程具有重要的意义。围绕着“儿童的世界观”，皮亚杰运用临床法开展了一系列的创造性研究，并写成了《儿童的世界观》。通过与儿童的广泛交谈，深入研究儿童所表现出的对自然界各种“异想天开、千奇百怪”的理解，皮亚杰发现了儿童关于自然的理解，他们的科学认识具有“泛灵论”和“人为论”的特点。同时，他从心理逻辑学的角度，对儿童的逻辑思维、因果概念进行了研究，发现了儿童的“前因果”现象。

皮亚杰把儿童比喻为科学家，儿童像科学家一样，通过自身和周围世界的相互作用，自己建构关于客观世界的科学认识。他关注儿童科学认识发展的自发性，描述了儿童的科学认识随着认知发展阶段的演进而改变，同时，也提倡让儿童通过主动的探究活动进行自主式的学习。

一、儿童认知发展阶段理论

皮亚杰把儿童的认知发展概括为一个连续的发展过程，在大量实验的基础上，皮亚杰将儿童的认知发展划分为四个既相互连接，又具有质的差异的四个阶段（参见表2-1）：感知运动阶段（0～2岁）、前运算阶段（2～7岁）、具体运算阶段（7～11岁）和形式运算阶段（11～18岁）。他认为，儿童的认知发展阶段有以下特点：每一阶段都是一个统一的整体，而不是一些孤立的行为模式的总和；每一阶段有它主要的行为模式，标志这一阶段的行为特征；阶段与阶段之间不是量的差异，而是质的差异；前一阶段的行为模式总是整合（或融合）到下一个阶段，每一行为模式源于前一阶段的结构，由前面结构引出后面结构，前者是后者的准备，并为后者所取代。儿童认知发展的阶段不是阶梯式的，而是具有一定程度的交叉重叠。认知发展各阶段出现的年龄，因儿童智慧程度、动机、练习和教育影响，以及社会环境的不同而有差异，可提前或推迟。但阶段的先后次序则保持不变，不能前后互换。

表2-1　皮亚杰儿童认知发展的阶段

	主要特点	主要成就
感知运动阶段（0～2岁）	主要依靠感觉和动作来认识周围世界	获得客体永久性 因果关系的简单推理
前运算阶段（2～7岁）	符号功能的出现，使儿童能够通过表象和言语来表征内心世界和外部世界	表象符号能力 语言符号能力
具体运算阶段（7～11岁）	具有了明显的符号性和逻辑性，能进行简单的逻辑推理，克服了思维的自我中心性，但思维活动仍局限于具体的事物及日常经验，缺乏抽象性	守恒能力的获得 可逆性 去自我中心化 分类和序列

续表

	主要特点	主要成就
形式运算阶段（11岁以后）	思维不再局限于真实的或可观察的事物，开始能够对观念和命题进行心理操作，形成了解决各类问题的推理逻辑	假设——演绎推理能力 归纳推理能力

“运算”是皮亚杰理论中的一个重要概念，其含义是指一种“内化的、可逆的动作”。学前阶段时，儿童的认知发展正好处于前运算阶段，此时他们还不具备逻辑思考的能力。此阶段儿童的认知开始具备符号功能，但是判断还是受直觉思维支配。主要行为特征是能够使用语言表达概念，能进行形象思维，能用符号代表实物，能思维但不合逻辑，存在自我中心倾向，考虑问题不全面。此时的儿童还不能进行可逆运算，也不具备守恒的概念。在前运算阶段，儿童会表现出以下一些现象，如认为“世界因我而存在”、自我中心主义、不能从他人角度思考问题、泛灵论、没有守恒概念、缺少一般性概念、“说谎”等。

经典研究介绍

皮亚杰的糖水实验

皮亚杰向儿童演示了两块方糖在水中溶解的现象，并问儿童以下几个问题：有没有什么东西保存在水里？水的重量有没有改变？水面会不会上升？不同年龄儿童的典型回答详见下表。

儿童的年龄	对实验的反应
7岁以下	糖不见了，也不会再回来了。甚至糖的味道到水里面之后也会消失，就像气味那样。水的重量和水的味道都不会发生改变
7岁	糖还在，但变成液态或糖浆，但这不会改变水的重量或水面的高度
8–9岁	糖变成细小的东西，它越来越小，直到我们看不见为止。但是它们仍然在水里，我们虽然看不见这些微小颗粒，但是能够尝到它。这些微粒不会增加水的重量，也不会占据空间。所以当所有的糖都变成小颗粒的时候，水面还会下降
10岁	糖的微粒有重量，如果单独称量玻璃杯、水和糖的重量，它们的总重量和糖溶解后水杯的总重量应该是一样的
10岁以上	既然每个微粒都要占据空间，那么这些空间加起来应该等于糖加水的空间，所以水面应该上升然后保持不变

资料来源：转引自洪秀敏编著．学前儿童科学教育[M]．北京：北京大学出版社，2015：26.

从上表中可以发现，处在不同认知发展阶段的儿童对于同一现象的理解有巨大的差异。7岁之前处于前运算阶段的儿童，受限于逻辑思维的发展，他们还不能在头脑中将动作内化，即他们无法理解：糖+水=糖水，以及相应的逆运算：糖水-糖=水。在他们的认识里，糖到了水里，就再也不会回来了。而水的重量和水面也不会因为糖的加入而发生改变。[①]

基于皮亚杰的认知发展阶段论，我们可以发现，儿童的科学认识和认知结构的发展是平行的，儿童科学认知的发展取决于他们的认知发展阶段。

二、学前儿童科学概念的发展——“泛灵论”思想

儿童的认识来源于主体与客体之间的相互作用，儿童通过与环境的相互作用主动建构起自己的知识经验。但由于在发展早期，儿童很难区分主客体之间的差别，因此他们的认识常表现出“泛灵论”的特点。所谓“泛灵论”，具体是指将主体的思想和意愿附着在客体身上，从而导致“万物有灵”的思想。

阅读思考

一个孩子在玩过家家的游戏。她正在做汤，但是没有锅盖，她想找一个合适的盖子。她随便拿了一个盖上，不料盖子太小了，掉进了锅里。她又拿了一个稍微大点的，又掉进了锅里。她愣了一会儿，找了一个更大一些的，盖上了，只是还不合适，稍微大了点。她又换了一个小点儿的，这回终于合适了。

在皮亚杰看来，正是通过这种不断的尝试，儿童主体才对外界的客观事物建构起了认识。小到找到一个合适的锅盖，大到学会操作一件复杂的仪器，莫不如此。只有通过儿童自己具体地参与各种活动，才能获得真实的知识，才能形成他们自己的假设，给予证实或者否定，从而形成新的认识结构。

你觉得皮亚杰的这一理论合理吗？

如果不合理，请给出理由；如果合理，从中可以总结出什么样的教育启示？

① 张俊：《幼儿园科学教育》，人民教育出版社2004年版，第23页。

随着生活经验的积累，儿童会不断地将新的经验整合到已有的认知结构中，并促成原有认知的改变，这是通过同化和顺应的过程实现的。同化是指将新经验纳入已有的认知结构中，而顺应则是改变已有的认知结构以适应新的经验。

以“生命”这一概念为例，皮亚杰利用临床法对儿童的“生命”概念进行了研究。他向不同年龄的孩子询问“什么是活的?”，得到了各种有趣的答案。皮亚杰据此发现了儿童“生命”概念发展的不同阶段。

第一阶段(6岁以下)：此时的儿童认为“凡是活着的物体就是有生命的”；

第二阶段(6～8岁)：儿童坚持“凡是运动的物体都是有生命的”；

第三阶段(8～12岁)：儿童认为“生命是一种发生在动植物身上的自发性的运动”。

学前时期，儿童对于生命的认识尚处于第一阶段，他们根据“活动”来界定生命的概念，更为有趣的是儿童始终把“活动是否对人类有作用”作为判断的根据。以下是皮亚杰与威尔的一段对话。

案例阅读

“太阳是活的吗?”

“是的。”

“为什么?”

“因为它会发光。”

“蜡烛是不是活的?”

“不是。”

“为什么呢?”

“噢，是的。因为它会发光。它发光的时候就活着，不发光的时候就死了。”

“自行车是活的吗?”

“不是。它骑的时候是活的，不骑的时候就死掉了。”

“山是不是活的呢?”

“不是。”

“为什么?”

"因为它什么也没有做。"

"树是不是活的?"

"不是,它结果子的时候是活的,树上什么也没有的时候就死了。"

"手表是活的吗?"

"是的。"

"为什么呢?"

"因为它在走。"

"那板凳呢?"

"不是。"

"为什么呢?"

"它只是给人坐的。"

"炉子是活的吗?"

"是的。它会烧茶、做饭。"

"铃铛是活的吗?"

"是的,因为它会响。"

威尔甚至说毒药也是活的,因为它能够杀死我们。①

可见,"活的"这一概念对于这一阶段的儿童而言,就是意味着会做某件事情或会移动,同时它也包括物体不改变位置而引起的变化,比如燃烧的蜡烛、正在做饭的炉子、在响的铃铛等。此外,儿童对于生命的判断还基于该物体是否具有某种力量,比如毒药的例子。

从上面的对话可以看出,儿童早期的"生命"的概念远超于成人的范围,他们将主体的思想和意愿附着在这些客体身上,从而导致了很多"泛灵论"的思想。经常把太阳、月亮、风、云、树等自然实物看成是有生命的,和人一样有思想、有喜怒哀乐。

皮亚杰总结了儿童"泛灵论"思想的三个发展阶段。

第一阶段(延续至5岁前):儿童认为任何事物的活动都是有目的的、有意识的。在这个阶段中,主体和客体完全混淆,相互渗透。现实常常被想象为魔幻般的活动。如认为晚上看不到太阳是因为白天太阳走了一天,走累了,晚上需要睡觉;打雷是因为有神仙在天上敲鼓;花开了是因为花儿喜欢小朋友等。

① 洪秀敏:《学前儿童科学教育》,北京大学出版社2015年版,第28页。

第二阶段(4～6岁到8～9岁):主客体开始区分,但是主观意向仍附着于客体之上。儿童认为主体可以采取某些方式渗透于客体之中(如语言、形象、姿势等)。魔幻和泛灵论依然是构成该阶段的基本成分。

第三阶段(8～9岁到11～12岁):主客体开始分离,儿童开始认识到主体不必追随于客体,魔幻和泛灵论的成分趋于消失。

三、儿童因果关系的发展

皮亚杰在其早年的著作《儿童的物质因果关系》一书中,归纳总结了17种类型的因果解释,并在此基础上揭示了儿童因果概念发展的三个阶段。

第一阶段:儿童对世界的解释归于心理的、魔幻的、现象学及决定论的因素。例如,儿童会告诉你鹅卵石沉到湖底是因为它的颜色是白色的;月亮挂在天空是因为它有一圈黄色的光托着。

第二阶段:儿童对世界的解释转向人为论,即把大自然看作是人类创造的产物,魔幻的解释逐渐消失。例如,在这一阶段,儿童认为太阳会慢慢长大,云彩在漂浮是因为它是活的。

第三阶段:前两个阶段的解释类型进一步消失而代之以更为理智的解释。同样是天上的云彩,此时的儿童意识到云的浮动是由空气流动造成的,已经能够将物体的变化与其所处的环境相联系。

皮亚杰将第一、第二阶段所表现出来的特征称之为"前因果概念"时期,儿童真正获得逻辑的因果认识则是要到具体运算阶段以后。他特别指出,儿童自然观念的发展,取决于他们的认知发展阶段,尽管这些具体认识都受到其生活经验的影响,但是那些并不是根本原因。所以,在学前阶段,即使成人向儿童灌输了一些科学概念,但那也很难改变儿童心目中的泛灵论观点。比如下面这则案例中的例子。

案例阅读

月相的变化

幼儿园大班的孩子在讨论月球的有关知识。通过前期的学习,孩子们已经了解了月球在生活中常被称为月亮,且月球是绕着地球转的,也会背诵一些和月亮有关的诗歌。之后,老师提问幼儿:“我们每天晚上都能看到月亮吗?”孩子们回答说:“不能”。老师问:“为什么有的晚上看不到月亮?”幼儿有的说如果是下雨天就看不到月亮,有的说月亮被乌云遮住了,有的说月亮睡觉去了。老师问:“我们每次看到的月亮形状都是一样的吗?”孩子们回答:“不一样”。老师又问:“为什么我们看到的月亮形状会不一样?”有幼儿说是因为云把月亮遮住了,有幼儿说是有天狗把月亮吃掉了,有幼儿说月亮东西吃得多的时候就胖胖的,吃得少的时候就瘦了。

由此可见,成人的“教导”常常并不能改变幼儿有关周围世界、周围现象的那些“泛灵论”观点,儿童因果关系的发展遵循认知发展阶段的顺序。

四、儿童是主动学习的个体

关于学习能促进儿童认知发展的问题,皮亚杰认为,其关键在于儿童是在成人的指导下被动地学习,还是在其生活情境中自行探究主动学习知识。“我认为,教育的真正目的不是增加儿童的知识,而是设置充满智慧刺激的环境,让儿童自行探索,主动学到知识。如果在发展尚未达到适当水平之前提早教他知识,将会对儿童自行探索主动求知的行为产生不利影响。”皮亚杰把儿童比喻成科学家,意指儿童像科学家一样,通过自身和周围世界的相互作用,用自己建构关于世界的科学知识。他关注儿童科学认识发展的自发性,描述了儿童科学认识随着认知发展阶段的演进而改变的过程,同时力倡让儿童通过主动的探索活动进行自主式的学习。

皮亚杰反对传统的“把知识归纳为外部现实的被动反映”的学习理论。他认为儿童是主动的学习者,这种学习是由学习者自身发起的,而不是由教师传递的,主动学习是学习者创造性的学习。同时,皮亚杰还认为,过早地教给儿童一些他们日后能够发现的知识,会使他们变得无法创造,不能真正理解事物。学习过程是儿童与周围环境相互作用的过程。当他们操作材料、进行实验、探索发现事物并谈论它们是如何出现时，他们就是在进行学习。

探索性强调以问题的形式作为学习的开始，重视学前儿童的学习兴趣和参与活动的主动性，重视知识的获得。学前教育应该为儿童提供实物和环境，保证儿童能够自己动手操作，并通过看、摸、闻、尝、扔、抓、捏等多种方式了解事物的属性。

案例阅读

水中的小船

幼儿都喜欢玩水，而且喜欢把各种物品放进水里，探索物品在水中的变化。某幼儿园大班幼儿在玩游戏之前，老师和幼儿一起事先用同样大小的图画纸、报纸、宣纸折成相同形状的小船，老师鼓励幼儿猜想三种小船哪一种最先沉下去，请幼儿根据自己的猜想在记录表上记录下小船沉浮的顺序。随后幼儿将不同纸折成的小船放进水里，观察它们的变化，并记录下小船下沉的先后。通过操作验证，幼儿发现：宣纸做的小船最先吸上了水，变了颜色，沉到水里去了，然后是报纸船，最后是图画纸做的船。

探究性是学前儿童进行科学活动的主要特点，探究性学习的原则是将学前儿童看成是学习与发展的主体，把学前儿童看成是主动的学习者。实施这一原则，必将使学前儿童在教育的过程中体验到探索的乐趣，并由此养成探究精神和动手实践能力。

显然，案例中的儿童经历了一次有趣的科学探究活动。教师设计的材料和活动引发了儿童的学习兴趣，而儿童在操作的过程中有了新的发现：水具有浮力，有些物体能浮在水面，有些物体则沉在水底。同样大小的小船，为什么有的很快就沉下去了，有的则很久才会沉？这个问题会引导幼儿重复操作，并在操作的过程中不断思考这个问题。经过多次探索和讨论，幼儿排除了船只的大小与船只浮沉的关系，排除了水的多少与船只浮沉的关系，也排除了船只下水先后顺序与浮沉的关系。最后，他们发现是因为纸不同。不同质地的纸，其吸水性不同，因此，纸船下水后沉浮的顺序就不同。这就是儿童的科学。他们对于事物表现出好奇，提出问题，进行探究，寻求解释。这种探究的过程对于孩子的动手操作能力、独立思考与解决问题的能力大有裨益。

五、皮亚杰的观点对学前儿童科学教育的启示

皮亚杰在他的认知发展理论中，通过一些经典的概念，描述了儿童发展的整个过程，不仅揭示了个体心理发展的某些规律，同时也证实了儿童心智发展的内发性和主动性。[①]其认知发展理论、儿童科学概念的发展、因果关系的发展理论，以及儿童是主动发展的个体的观点，对于我们理解和指导学前儿童的科学活动具有重要启示。

（一）科学教育的教学内容应适应学前儿童的认知发展水平

皮亚杰的研究发现，在儿童的精神世界中具有对“科学”的独特的解释，它不同于成人的科学认识。这个发现把教师的注意力从成人的科学转向了有趣生动的儿童科学。教师应当理解、接受乃至欣赏儿童对周围世界的科学认识，即从儿童的角度，用发展的眼光看待儿童的科学认识，这对于今天的学前儿童科学教育仍具有十分重要的参考价值。

（二）要重视和发挥学前儿童的主体作用

皮亚杰将儿童比喻为科学家，儿童像科学家一样，通过自身和周围环境的相互作用，建构关于客观世界的科学认识。皮亚杰关注儿童科学认知发展的自发性，提倡让儿童通过主动的探究活动进行自主式学习。从这点看来，皮亚杰的观点突破了传统的“灌输式”的科学教育方法，并且为当代建构主义的教学理论奠定了基础。

（三）注意学前儿童的个体差异性

皮亚杰认为，认知发展阶段是主导学前儿童科学认知的主要因素，但同时，儿童的科学认知也会受到环境、教育等因素的影响。儿童的科学认知虽然遵循儿童的认知发展阶段的顺序，但并不是所有儿童发展到每一个阶段都会表现出该阶段相应的科学认知和行为，儿童的科学认知以及活动存在个体差异。

当然，联系当今的科学教育理论发展需求和教育实践现状来看，皮亚杰的认知发展理论中也有一些值得我们进一步思考和批判的地方。

首先，皮亚杰理论中更多地强调认知发展阶段对儿童科学认识的影响，而相对忽视了儿童具体的生活经验对于建构自己的科学认识的重要性。皮亚杰早期的研究是

---

① 李槐青、彭琦凡：《幼儿科学教育·科学》，北京师范大学出版社2013年版，第26页。

以瑞士山区的儿童为研究对象的，受地域、文化以及时代的限制，这些研究对象相比于当代处于高度发达的科技文明之中的儿童来说，是一个相对封闭的群体，社会生活环境对当代儿童科学认识的影响远不如今天显著。

其次，在皮亚杰的理论中，他更多地关注儿童认识发展的自发性，相对忽视了教育对促进儿童发展的重要作用。他曾经说过："你教给儿童的越多，儿童自己发现的机会就越少。"由此可见，皮亚杰立场鲜明，主张儿童自主自发的发展，不提倡成人的帮助与干预。

第二节 维果茨基有关儿童科学概念发展的研究

苏联著名心理学家维果茨基对本国心理学的发展乃至西方认知心理学的研究都产生了重要影响。作为与皮亚杰同时代的心理学家,维果茨基在辩证唯物主义观念的指引下,也对儿童科学观念的发展进行了相关研究,不同的是,维果茨基强调教学对于儿童发展的促进作用。

人物介绍

维果茨基(Lev Vygotsky,1896年——1934年),苏联建国时期的卓越的心理学家。主要研究儿童发展与教育心理,着重探讨思维和语言、儿童学习与发展的关系问题。由于他在心理学领域做出的重要贡献,被誉为"心理学中的莫扎特",他所创立的文化历史理论不仅对苏联,而且对西方心理学也产生了广泛的影响。

一、社会文化理论

维果茨基注重社会文化对于个体发展的影响。他认为,个体的学习是在一定的历史、社会文化背景下进行的,是在与他人相互交往的过程中建构和发展自己的,社会可以为个体的学习和发展起到重要的支撑和促进作用。他认为,高级的心理机能来源于外部动作的内化,这种内化不仅通过教学,也通过日常生活、游戏和劳动等来实现。另一方面,内在的智力动作也外化为实际的动作,使主观见之于客观,内化与外化的桥梁便是人的活动。由此,在学前儿童科学教育中,如何为学前儿童创造一个文化环境,一个有利于儿童和同伴交往、合作学习的环境,充分发挥同伴交往和师幼交往对儿童认知发展的作用,是我们应该考虑的问题。

二、"最近发展区"理论

维果茨基还提出了"最近发展区"的理论。他认为，儿童的发展具有两种水平：一是儿童独立活动时所能达到的水平，即现有的发展水平，二是在成人或比他成熟的个体的指导下所能达到的活动水平，即潜在的发展水平，两种水平之间的区域就是最近发展区。

维果茨基认为，"教学不应该把眼睛看着儿童发展的昨天，而应看着发展的明天。""教育、教学应建立在儿童的最近发展区的水平上，促进儿童的发展，"只有在最近发展区域内的教学才是有效的教学。他还强调教师必须在认知活动中与儿童合作，且这些活动是经过认真挑选的，适合儿童的潜在发展水平，这样才能唤醒儿童处于最近发展区的成长潜力。在此过程中，教师扮演着"促进者"和"帮助者"的角色，引导儿童掌握、建构、内化那些使其从事更高认知活动的技能。

案例阅读

空气在哪里？

我们生活在空气里，我们的身边充满了空气，然而孩子们未必知道，即使他们知道，也未必相信。因此，和幼儿一起探究空气，证实空气的存在，是一个十分有趣而又充满挑战性的活动。老师先请幼儿说一说关于空气他们知道些什么，有幼儿说出了我们周围都有空气，我们的生活离不开空气。老师鼓励幼儿想办法证实空气的存在。一开始，幼儿不知道从哪里开始，他们看看四周，没看到；有的用手抓，没抓到；有的用双手捧，没捧到；有的用杯子装，没装到……老师观察到幼儿的表现后，以同伴的身份加入幼儿的活动中。老师拿出了一个塑料袋，把空的袋子打开，手牵着袋口，快速地在空中划过，将空气装进袋子，把袋口用绳子系上，原来空空的袋子装满了空气，变得鼓鼓的。看了老师的操作，孩子们似乎有了主意。有幼儿拧开了瓶盖，学着老师的动作装了一瓶空气，赶紧用盖子盖好瓶口；有幼儿把瓶子放进了水里，水流进瓶子的时候发出了咕咚咕咚的声音……经过收集空气的活动，幼儿感受到了在我们的周围，空气无处不在。

在学前儿童科学教育中，如何创造一个有利于儿童与同伴交往、合作学习的环境，充分发挥同伴交往和师幼互动对于儿童认知发展的作用，是我们应该考虑的问题。教师在选择学前儿童科学教育的内容及指导学前儿童科学活动时，提出的要求应该略高于儿童的现有水平，这样，科学教育活动才能唤起儿童的求知欲望，刺激他们积极思考、克服困难，进行科学探究活动。

三、儿童科学概念的发展

维果茨基认为，学前儿童尚处于概念思维之前的时期，即处于混合思维和复合思维阶段。

这时候他们是根据简单的因果关系或者根据事物表面的属性、功用和情景来总结概念，即儿童是根据组成复合体的各成分之间的具体的和实际的联系，而不是抽象的和逻辑的联系来认识事物。

通过同时性的感觉把偶然的事件联系起来称之为混合思维。我们同时感受到两个或两个以上的事物，在思考中把它们联系起来。它们之间可能既没有逻辑上的联系，也没有功能上的关系，但它们在我们的感觉上有着同时出现的关系。如一个孩子坐在汽车后排的座位上，他看见前面挡风玻璃上的雨刷在来回摆动，也看见父亲正握着方向盘。这个孩子会想：是什么使雨刷动的呢？是父亲握着方向盘使它动的。一会儿，雨刷停了，可是父亲的手仍然在方向盘上。这个孩子又会想：这时父亲肯定没有握住方向盘，所以雨刷不动了。混合思维是思维的第一步，这是幼儿试图解释他们周围世界的那种反射式思维的主要方式。

比混合思维高级的是复合思维。即根据事物的大小、颜色或形状等相同或者相似而把它们联系起来认识。由复合思维而形成的复合体属于具体——实际思维层次，它反映的是直接经验所揭示的广泛多样的、实际而非本质的联系。例如，幼儿把番茄、梨、桃归为一类，因为“能吃、吃起来水多”；把太阳、卷心菜归为一类，因为“都是圆的”；把香蕉、玉米、小麦归为一类，因为“都是黄颜色的”；把太阳、公鸡归为一类，因为“太阳一出来，公鸡就喔喔叫”。

维果茨基将儿童自发产生的概念（或日常生活概念）归因于他们的复合思维。他承认儿童对世界会有许多自发的认识，这些自发概念不同于经由教学过程获得的科学概念，儿童的自发的日常概念与科学概念具有不同的特点。日常概念来源于与物体的直接接触，吸取了丰富的生活经验内容，但使用错误明显；科学概念高度抽象化，能普及运用，但语言空洞。自发概念的发展是由下而上的，从简单的和低级的特性到高级的特性，而科学概念的发展则是由上而下的，从较复杂和高级的特性到较简单和低级的特性。可见二者是相互联系、相互补充，又相互区别的。科学概念是从儿童的自发概念在发展中尚未达到的水平开始形成的，而教学则是促使其发展的关键因素。“科学概念的发展要求自我概念的水平达到一定的高度，这时才能在最近发展区出现认识性和随意性……科学概念改造了自我概念并且将它们提高到高级水平，实现它们的最近发展区。”①

四、维果茨基观点的启示

维果茨基鼓励儿童在解决问题中学习。他认为，学习应当融入对日常生活不断产生的矛盾冲突的解决中，鼓励儿童在解决问题中探索，激发他们的好奇心，引发他们对于问题的深层次理解，通过问题的解决建构对知识的理解，成为解决问题的主人。所以，在学前教育活动中，教师应该给儿童提供丰富多彩、充满刺激的教育环境，从而激发他们探索的欲望。这有利于他们发现问题、搜集资料、提出假设、试验验证，从而成为科学知识的主动探索者。

（一）了解和确定儿童的“最近发展区”

这就要求我们教师要根据幼儿不同的“最近发展区”提供适宜的活动材料，为不同的儿童创造不同的“最近发展区”，使每个儿童的潜能都能得到最大限度的发展，这实际上体现的是一种“因材施教”的思想，即针对不同的儿童实施相应的教育。如，我们为幼儿提供的种子应该尽可能多些种类，如豆类、谷类、菜种、果子类等。从教师提供的材料可以看出材料丰富，有层次性，适合不同发展水平的幼儿活动，通过与材料的互动，帮助每位幼儿寻找相应的“最近发展区”，帮助他们在原有基础上有所提高。

---

① 张俊：《幼儿园科学教育》，人民教育出版社2004年版，第35页。

（二）鼓励儿童在解决问题中学习

教师需要充分考虑师幼互动的方式，全面分析幼儿在教师创设的、对儿童来说具有挑战性的真实问题情境中到底会遇到哪些困难，造成这种困难的原因可能有哪些，以及针对这些困难教师可以提供怎样的帮助。例如，在“蛋壳娃娃站稳喽”的游戏中，幼儿在空蛋壳上进行小制作，刚开始，由于幼儿没有意识到蛋壳易碎的特性，常常是还没开始制作就把蛋壳捏碎了，面对问题幼儿退缩了。在老师的引导、鼓励下，通过一次次的实践，孩子们总结出经验，如水笔比蜡笔更容易上色，只要轻轻地画蛋壳是不会碎的，装饰衣服和头发时选择双面胶固定要比橡皮泥容易。通过师幼互动，问题在学习和探索中得到了解决，帮助幼儿积累了经验，从而培养了幼儿的探索精神。

（三）重视交往在教学中的作用

很多时候幼儿的发展是在模仿和交流当中实现的。因此，混龄和合作的教学组织形式是非常重要的。例如，在小班操作活动“变一变”中，小朋友得到一样的操作材料：橡皮泥、绳子、纸片。在操作过程中体会物体外形的改变这一现象。小朋友在操作过程中经常会观察其他小朋友的操作或者与其他小朋友进行言语的交流。之后，他可能独立地在此基础上根据自己的想法进一步发挥，这种发展是由于同伴间或师生之间的交流产生的。

在长期的教育实践中，人们对维果茨基的观点的理解也存在一些片面性。一方面，很多人把维果茨基强调教学的作用理解为向儿童灌输科学知识，而这其实正是维果茨基所批判的。另一方面就是如何平衡教师的教与儿童的自发性学习之间的关系。对于一些幼小的儿童，当他们的自发性概念还没有发展到一定的水平，还没有做好充分的学习准备时，是否需要教授给孩子准确的科学概念呢？对于这一点，维果茨基强调，幼儿园的科学大纲，应该是“做好接受科学教学的准备”。也就是说，它应该具有一定的过渡性质，要将以下两个方面结合起来：一是儿童“自己的大纲”，指的是要符合儿童的兴趣及其思维特点；二是“教师的大纲”，指学科体系。维果茨基非常强调“将传授知识与使这个大纲变成儿童自己的大纲结合起来”。可惜的是，在实践中，教育者往往过多地考虑传授知识，而不是怎样将其变成儿童“自己的大纲”。

儿童认知发展的途径包含了思维上质的变化。皮亚杰认为这种变化是发展阶段的转换，而维果茨基则认为是由于成人的教导以及语言的运用所导致的思维上的转换。他们二者都看到了儿童作为一个生命有机体的存在，都认识到了儿童独特的思维方式。但是，皮亚杰更关注的是儿童的自发发展，而维果茨基则更加强调教育对儿童发展的促进作用。

第三节 布鲁纳的发现学习法

布鲁纳(J.S.Bruner)是美国著名的心理学家,结构主义教育理论的代表人物。他提出了有关加强科学教育,使得学生尽快接近科学前沿的科学教育理论,这对20世纪60年代世界各国的教育改革均有重要影响。他的“发现学习法”在教育,尤其是科学教育领域,有着非常重要的影响与贡献。

人物介绍

杰罗姆·布鲁纳(Jerome Bruner,1915年—2016年)美国教育心理学家、认知心理学家,对认知过程进行过大量研究,在词语学习、概念形成和思维方面有诸多著述,对认知心理理论的系统化和科学化做出贡献,是认知心理学的先驱,是致力于将心理学原理实践于教育的典型代表,也被誉为杜威之后对美国教育影响最大的人。

一、儿童概念发展的阶段论

布鲁纳的学习理论受到皮亚杰思想的影响。他认为,在发展的每个阶段,儿童都有自己观察世界、解释周围事物的独特方法。人类的概念理解和思想表征有三种不同的方式,分别是动作表征水平、图像表征水平和符号表征水平。这三种表征方式代表了三个发展层次:动作表征是指个体学习时涉及操作活动和直接经验,即通过直接的操作行动来理解事物,或表达对事物的看法,基本不需要语言的帮助,动作表征模式适用于儿童;图像表征是指个体通过视觉媒体的作用,即通过平面形象(如图片、图表等)来理解事物;符号表征是指个体运用语言、文字等抽象符号去表达对事物的看法。

案例阅读

哪个瓶子装水多?

瓶子作为一种容器是幼儿生活中常见的物品,尤其是各种饮料瓶,幼儿更熟悉。瓶子有大有小,有各种不同的造型。探究不同瓶子装水的多少,幼儿非常感兴趣,探究中积累的经验有助于扩展和加深他们对容积的认识。处于动作表征层面的儿童必须通过实际的操作,即真正地把水装进不同的瓶子里来加以比较,他才能知道各种瓶子装水的多少,并且他还会用自己的肢体动作来表达瓶子的装水量。到图像表征水平时,儿童能够直接通过观看不同大小、不同形状的瓶子的图片,就能理解和表达瓶子的装水量。符号表征层次的儿童不必通过具体操作,也不必观看图片,只需向他们描述或提问,他们就能够通过自己的思考,并能以口头语言或文字符号的方式表达他们的理解。

布鲁纳运用认知发展表征的系统论来说明概念的发展。他认为,概念的发展始终是与环境直接互动的。儿童必须先通过操作具体事物来发展概念,进而逐渐发展到以抽象符号表达概念的层次。因此,教学过程中,应当按照儿童个体所适合的观察事物的方式去表现那门学科的知识。

二、发现学习法

"发现学习"就是教师向学生提出问题,引导学生学习、搜集有关资料,通过积极思考,自己"体会"、发现概念和原理。在《发现的行为》一文中,布鲁纳提到"发现不限于那些寻求人类尚未知晓事物的行为,确切而言,发现包括用自己的头脑亲自获得知识的一切形式"。

(一)学习的过程

布鲁纳认为,学习包括习得、转换、评价三个过程,这三个过程几乎是同时发生的。习得是指获得新知识的过程;转换是运用新知识,使之适合于新事物和新情境的过程;评价则是评价和运用已经获得的知识的过程。

从学习的过程可以发现,学习者不是被动的知识接受者,相反,他们是知识的主动学习者、积极的信息加工者。因此,在教学过程中,教师的作用在于创建能够让儿童自己学习的情境，而不是提供预先准备齐全的知识，应当注意发挥儿童的学习主动性。在教育领域，布鲁纳十分提倡“发现学习法”，在教学过程中，要让儿童主动地发现知识，而不是被动地接受知识。

（二）“发现学习”的价值

布鲁纳认为，“发现学习”的优点主要体现在以下四个方面。

第一，有利于激发儿童的智慧潜力。个人的智力发展取决于其是否能不断地使用智力。发现法为儿童提供了便于解决问题的背景信息，帮助儿童学习探索，增进儿童在新环境中探究和解决问题的能力，从而获得智力的发展。

第二，有利于培养儿童的内在动机。儿童成功地解决问题，回答自己的疑惑时，会获得很大的成就感和满足感。这是一种内在的激励作用，它会增加儿童对学习活动的乐趣，而儿童的学习活动也不再是因为一些奖励等外部刺激的激发，他们是因为兴趣、价值等内在动机而学习。

第三，有利于儿童学习发现的技巧。发现问题是科学探索的第一步，是解决问题的前提。因而具有发现的能力是解决问题的关键。通过发现学习，给儿童提供锻炼发现能力的机会，在具体的操作实践中，儿童逐渐掌握探究的方法，这个过程同样有助于培养儿童的学习能力，发展他们的创造能力。

第四，有助于儿童记忆的保持。研究表明，与灌输知识的教学方法相比，儿童通过自己探究发现所获得的知识，保持的时间更为长久。因此，布鲁纳认为，只要时间允许，都应该给儿童机会，让他们自己去发现概念，允许学习者发现信息与组织信息是学习解决问题的技巧所必需的。

（三）发现学习法的启示

“发现学习法”引发了人们对学习过程的思考，人们开始重新审视掌握科学的性质和科学知识的过程。在儿童的科学认知和科学探究活动中，“发现学习法”具有重大的指导意义。

1.激发儿童的学习兴趣，培养儿童学习的内在动机是关键

布鲁纳发现学习的核心在于让儿童体验科学家从发现过程中所获得的情感，从而激发儿童学习科学的动机，而且儿童可以通过发现的过程了解科学的性质，从而形成

科学的认识。由此，在学前儿童科学教育实践中，教师应着重加强对儿童的引导，创设有吸引力的环境，提供丰富的材料，提出有趣的探究主题，激起儿童科学认知的兴趣，激发儿童科学探究的积极性、主动性。

2.注意儿童对学习方法的掌握和思维的训练是重点

布鲁纳认为，儿童是主动的、积极的学习者。因此，在教学过程中，教师应注重发挥儿童学习的主动性，让儿童主动地发现知识。学前儿童科学教育不是教给儿童现成的科学知识，而是教给儿童科学的学习方法，鼓励儿童积极思考、主动探索。

3.培养儿童的迁移能力

布鲁纳的"发现学习法"最终的目的是帮助儿童学习探索，增进儿童在新环境中探究和解决问题的能力，也就是实现学习的迁移。由此，在教学中，教师应为儿童创设问题情境，提供解决问题的机会，鼓励儿童提出不同的解决问题方法。

布鲁纳的"发现学习法"虽然对学前儿童科学教育有诸多借鉴，但这种方法也存在一些不足之处。例如，在发现学习的过程中，一些现实的、实证的方法受到青睐，但却缺少对话等言语工具的使用；发现的方法更多关注的是事物的存在，而忽视事物与事物之间的联系等，需我们辩证地看待。

第四节 建构主义理论

建构主义,也称结构主义,是认知理论的一个重要分支。建构主义者认为,世界是客观的,但是对于世界的理解和意义赋予却是由每个人自己决定的,个人是以自己的经验为基础来建构现实。当代认知心理学家多持建构主义的知识观,他们从儿童是一个"信息加工者"的前提出发,相信儿童从很早开始,就具有一种获取并加工外界信息的能力,并认为儿童是基于自己的经验建构知识的。当代心理学家关注儿童"能够理解什么",以及成人应该怎样帮助儿童获得这种理解。许多的研究都证实了儿童并不像皮亚杰所说的那样幼稚,他们能表现出很多惊人的能力。

一、儿童朴素理论

朴素理论(Native Theory)是人们对世界的内在解释机制,是帮助我们认识世界的非科学理论、非正式理论。朴素理论是与科学理论、成熟正规的理论相对而言的,也可以称为天真理论、似理论(theory-like)、直觉理论(intuitive theory)和前理论(pre-theory)等。从这个意义上讲,朴素理论不仅仅存在于儿童,每个人都拥有朴素理论。儿童朴素理论是儿童对日常生活中事物、现象的非正式、非科学的理解和解释。儿童正是通过自主地建构自己的内部理论——朴素理论,来解释周围的事物,认识自己的生活环境,丰富自己的认识。儿童主要拥有三大朴素理论:朴素物理学(naive physics)、朴素心理学(naive psychology,或称心理理论 theory of mind)和朴素生物学(naive biology)。

下面是孩子们猜测的纸的制造的过程。虽然说孩子的想法是天马行空,不符合科学和逻辑,但正是孩子的这种猜想过程,以及逐步地寻求答案验证的过程促进孩子各种能力的发展。

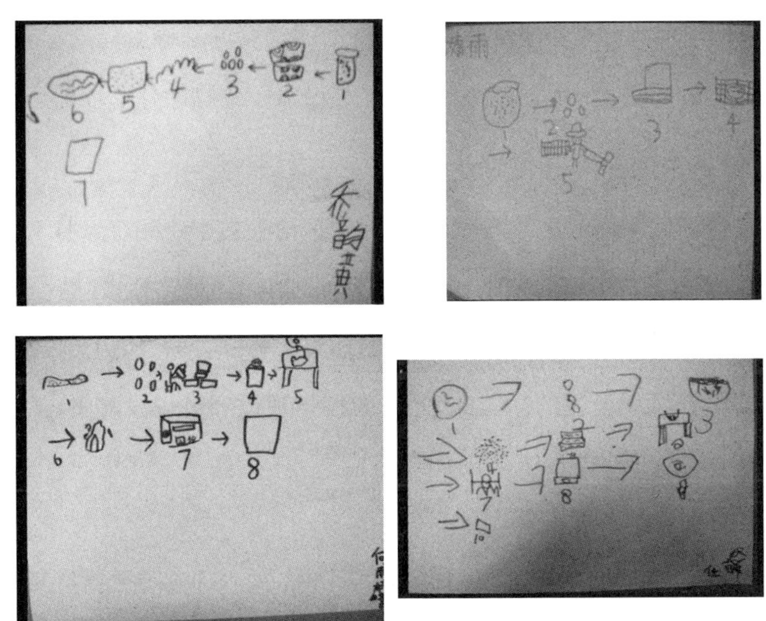

图2-1　大班幼儿关于纸的制造过程的猜测图

(一)朴素理论的内涵

作为朴素理论的代表人物,韦尔曼和格尔曼认为,朴素理论是指人们对一组信息、事物、现象等的日常理解。[①]例如,我们看到乌云密布,就知道快要下雨了,这就是一种朴素理论,是朴素天文学。也有人认为,朴素理论是指相互关联的概念体系,且该体系能对某一特定领域的经验产生预测和解释。

儿童是通过自己的经验来建构知识的。当代认知心理学认为,儿童具有理解世界的一种强烈的、天生的愿望,即使是特别小的儿童也会组织来自外部的各种信息。在他们自身经验的基础上,结合个人的经历、气质、个性以及文化,每个儿童都会形成自己独特而持久的关于世界及其变化的理论。然而,儿童的认识常常不符合事实或科学的理解,因而他们的这种理论被称为朴素理论,他们所形成的概念被称为"迷思概念",区别于正规的成熟理论。例如,学前儿童可能会注意到,自己周围的人都会说话,小猫、小狗、小鸡、小鸭都会叫,是不是它们的叫声也是它们在说话呢？在此基础上,他们可能还会想到,花草树木是不是也会说话呢,自己的玩具娃娃应该也会说话。于是,在生活中,我们可以观察到,有的儿童会和自己的玩具娃娃聊天,会和小猫小狗甚至和大

① 鄢超云:《儿童的朴素理论及其学前教育意义》,载《上海教育科研》2003年第4期。

树说话。对于儿童来说,这个理论是在他们自己的经验的基础上建立起来的,而且已经足够让他们解释现实了,于是他们就形成了自己对于生物的朴素理论。

(二)儿童朴素理论的形成与发展

从朴素理论的概念理解出发,可以发现朴素理论存在于每一个人身上。一方面是因为大多数人都不是科学家,他们对周围世界的理解也都是“朴素”的。即使是科学家,对其研究领域之外的其他事物也是朴素的理解。另一方面,从历史发展的角度看,科学理论本身是在发展变化的。因此,此时的科学理论经过一段时间之后,可能就不是成熟的、正确的了,成了当时人们的朴素理论。

1. 儿童朴素理论的形成条件

儿童有着自己对世界的理解,这是儿童的理论。这些理论与严格意义上的科学理论、成人的理论有着较大的区别,因而仅仅是一种朴素理论。儿童的认知发展变化,实质上是儿童朴素理论的发展变化。然而需要注意的是,儿童的朴素理论并不是自然而然地诞生的,它的产生需要一定的条件。

第一,儿童能够在这个领域和那个领域之间做出本体论的区分。儿童应该认识到两个领域是不可比的,如儿童能认识到“心理”和“物理”这两个领域不可比,比较它们所犯的错误是一种类别错误,而不是一种“对”或“错”的错误,因此不能说“思想比铁轻”;儿童知道“动物的运动是受他们的信念、愿望支配的,而非生物的运动则不是。”

第二,儿童的概念具有内聚性、连贯性。即某一理论需要有一组概念,而且这些概念是相互关联地被使用的。比如,儿童将运动分为强迫运动和自然运动(如水的流动、烟的飘动、物体下落、天体运动等),认为强迫运动需要另外的物体,需要施加力,自然运动则是它们自己到它们“未来的地方”去。

第三,儿童有一套因果解释机制。即“为什么”的问题,涉及理论的预测、解释和说明等功能。如关于花儿为什么会开,儿童可能会回答“因为它喜欢我”,问“为什么花儿喜欢你”,幼儿可能会回答“因为我很可爱”。

2. 儿童朴素理论的发展过程

儿童的朴素理论的发展并不是一蹴而就的,它需要时间。在这一发展变化的过程中,“反例”起着十分重要的作用。当儿童面对反例时,他们并不能很快地改变自己原有的理论,以便适应新的事实或情境,往往会经历一个“忽视反例”的阶段。

当儿童面对反例之处以及随后一段时间,儿童往往会忽视这些反例,并把这些反例当成噪音,认为不值得关注。当反例出现时,儿童常常是在理论之外寻找解释,而不是质疑理论本身的正确性。这种特性具有两面性,其优势在于加强了理论的稳固性,保证了理论的功能与作用,善变的理论不具有指导意义;另一方面,它会阻碍理论的修正发展,使得理论的发展过程变得缓慢。

案例阅读

有趣的平衡

石头和天平在我们的生活中是常见的。在学前儿童科学活动中,给幼儿提供不同大小、不同材质的石头和天平,通过鼓励幼儿使用天平称量不同大小、不同材质的石头,使幼儿对平衡有一个初步的感性认识。4岁和5岁儿童很容易地完成这个任务,他们在天平的一边放上一块石头,在另一边通过增减石头或调整石头的大小,直至天平平衡。相反,6~7岁的儿童每次都试图在天平的两边放上大小相同的两块石头,除材质和大小完全相同的石头外,他们很难找到适合的石头以实现平衡。8~9岁的儿童和最年幼组一样,在称量石头实现平衡的活动中都较容易取得成功。

从上述案例中,6~7岁的儿童仅能称量那些大小和材质一样的石头,使天平实现平衡,因而他们拥有的“中心平衡理论”导致他们做出“将大小和材质相同的石头放在天平的两边,天平就会平衡”的预测。这种理论在一定范围内是实用的。但在实践中,出现了“反例”,而儿童并没有因为有反例就立即改变自己的“中心平衡理论”。相反,他们毫不怀疑他们的理论,而是在理论以外去寻找“反例”的原因。比如,他们在他们的行动中去寻找原因、在天平上寻找原因,但就是不在理论自身上寻找原因。当仍然找不到原因时,他们就把这些石头当作是意外,不予考虑。由此可见,儿童朴素理论的发展变化需要一个相对漫长的过程,不可能一蹴而就。

(三)儿童朴素理论的基本特征

1. 儿童的朴素理论是一种框架性理论

强调儿童的朴素理论是一种框架性理论,更多的是为了阐明儿童的朴素理论与科学理论之间固然存在着一定的区别,但儿童的朴素理论是具有理论的特性的。虽然在具体的理论内容与细节上,儿童的朴素理论与成人的成熟理论之间不一定具有在文化认同上的科学性,但是在所采用的认知结构上、在理论的总体构成等诸多方面,它们却是相似的。儿童的朴素理论具有理论发展的特点,他们在运用自己的朴素理论解释世界时,会不自觉地排除"反例",并通过自己的经验验证自己理论的正确性。比如,3~4岁的儿童建立起了一种"动物有脚"的理论,当论证一个动物照片时,虽然它没有表现出脚,儿童说"我能看见它的脚";在指一个明显有脚的塑像的照片时,儿童说"它不能活动,它没有脚"。对那些看不到脚的动物,儿童的解释是"它有脚,我们看不到""被挡住了"等。

2. 儿童的朴素理论强调概念间的相互关系

儿童的朴素理论,不仅仅是零散的知识。朴素理论的实体不是单独的,而是以某种特殊的结构系统地组织在一起,各个部分之间是有其内在的逻辑联系的。对儿童朴素理论的研究,主要集中于朴素物理学、朴素心理学和朴素生物学三大核心领域。例如,在朴素心理学领域中,研究内容主要涉及儿童对信念、愿望和行为关系的认识。儿童在2岁时,其理论属于"愿望心理学",即人的行为受到愿望的影响;3岁时,儿童的理论属于"愿望—信念心理学",认为人的行为不仅受到愿望的影响,还会受到其他因素的影响;4岁及4岁以上的儿童则认为人的行为受到其信念的影响,特别是可能根据其错误的信念行动,而并不是根据客观实际行动,此时他们的理论属于"信念—愿望心理学"。

3. 儿童的朴素理论具有预测、解释的功能

儿童会根据自己的理论预测将要发生的事情、可能发生的事情,不同于日常中的随意猜测。预测功能是指儿童能根据自己的朴素理论预测将要发生的事情,这种预测可能是正确的,也可能是不正确的。解释功能是指儿童根据朴素理论解释某一现象为什么会发生。朴素理论的解释和预测功能,使得儿童能够以他们自己的方式去认识周

围的世界。这样,对于儿童个体而言,整个世界不再杂乱无章,而是井然有序了。比如,8岁左右的儿童建立起了一种“当你把一样东西放到另一样东西上面时,上面的东西会给下面的东西施加压力,而且会观察到结果”的理论,将一个重的物体放到海绵上,海绵会凹进去。此时,坚持这一理论是容易的。但当将一根铁条放到坚硬的木头上时,对儿童的理论将是一个巨大的威胁,此时的儿童往往会声称他们看见“缩进去一点点,很快就再平起来了”,以此解释他们的预测、解释。

儿童朴素理论的功能可以比较明显地反映到儿童的行为上。如果儿童对某一现象的理解处于随机水平,表明儿童对这一现象尚未建立理论,如果儿童总是做出某一方面的判断、预测或解释,则表明儿童具有了这一方面的解释。因为他是根据理论进行预测、解释的,具有一致性。需要注意的是,拥有不同理论的儿童对同一现象的解释、预测也是不一样的。

(四)儿童朴素理论的教育意义

了解儿童的朴素理论是什么、有何特点、是如何发展变化的等问题,是教师开展教育教学工作的基础和前提。不同的年龄、能力、性别、文化,其朴素理论有很大程度的相似。比如,不同年龄的儿童都拥有一种“运动需要力”“力可以被消耗”“物体由运动到静止是因为力被用完”的认识;而不同文化背景下的儿童,对地球、重力的认识,都要经历大致相同的过程。

1. 教师要成为理论的学习者、运用者以及质疑者,帮助促进儿童朴素理论的发展

在早期教育的过程中,儿童朴素理论的合法性地位一直没有得到确立。尽管我们常讲“要了解儿童”,备课要注意“备学生”,但仔细分析会发现,教师了解的是儿童掌握了多少成人文化,而不是儿童自己的理论,我们所了解的儿童,是根据我们自己的头脑里的儿童观建构出来的儿童。因此,首先我们需要承认儿童朴素理论的存在。这不仅是对儿童的尊重,对儿童发展规律的尊重,也是对人类认知过程的尊重。

2. 将儿童看作是理论的“建构者”,注重科学教育中儿童主动性的激发

承认儿童朴素理论的存在,需要我们认识到他们的理论是朴素的。具体是指这是一种发展中的理论,是不完善的理论,是适合范围有限的理论。儿童有自己的朴素理论,其意义在于当儿童走进教室时,他们并不是一块任由教育工作者随意涂抹的“白

板”，他们对周围的世界有自己的见解。他们的这种朴素理论也并不都是等待老师的纠正。相反，儿童运用这些朴素理论有效地解释和预测着他们自己所面对的现实世界。通过这些理论，儿童能解释和预测一些日常生活中的现象。这对儿童的教育，尤其是科学教育具有重要的意义。

3.给予儿童表达和交流理论的机会，让儿童交流和表达自己的理论

儿童先前了解的知识和正式教学中呈现的知识监护作用，可能产生很不一样的、意料之外的学习结果。比如，儿童拥有“重的东西比轻的东西落得快”的朴素理论，教师当场做了一个实验，结果两个东西同时落地。一个儿童说“事实上两个东西是以不同的速度下落的，但由于下落的距离太近，所以根本看不出来它们的速度不同”，另一个儿童说“它们的重量一定是相等的”。在科学教育过程中，教育内容应基于经验并挑战经验，充分给予儿童发挥、表达的机会，不刻意要求学生接受老师所传授的“科学”理论，鼓励儿童大胆交流、表达自己的看法，锻炼儿童思维的广度。

二、概念转换理论

有关儿童科学概念形成的理论一直是科学教育的重要依据，基于建构主义的概念转化理论在该领域极具代表性。所谓概念转换，即对原有的概念进行修正和改变。它在个体原有的概念和科学概念之间架起一座桥梁，通过教学的催化作用，使学习者的内部概念框架和知识系统重组和建构，以保持学习者知识和概念的动态平衡发展。

（一）幼儿的头脑不是“白板”，他们有自己的“科学理论”

朴素理论表明，儿童具有“发明理论”的能力。即使很小的婴儿，也有对周围世界的理解能力，拥有自己的“理论系统”，他们用自己的理论系统来解释和保持对周围事物和现象的看法，儿童的这种“理论系统”被称为朴素理论，这些朴素的知识系统和概念来自儿童早期的生活经验，很多是日常概念和科学概念的糅合，它们在幼儿早期的生活中扮演着重要的角色，即使幼儿在进行科学学习后，也依然会继续坚持先前的认识和观点。即使不适用的情境，他们仍然会坚持自己的观点，而拒绝其他的解释，坚持原有的“迷思概念”。儿童迷思概念的产生有多方面的原因，既与儿童的认知发展水平相关，也受到成人的错误引导以及教师过多采用讲述式教学法的影响，如关于宝宝从哪里来的，有的父母就告诉孩子是从垃圾桶里捡来的。

（二）儿童的科学概念不是与生俱来的，而是以经验和前概念为基础自主建构的

随着经验的积累，儿童会发现，许多客观事实和自然现象与他们自身所拥有的概念系统并不相符，甚至是相矛盾的。儿童在面对新的与原有概念不同的现象时，可能会出现以下几种反应：第一，忽视、拒绝或排斥新现象；第二，对原有观念做出修正和调整以使其能够解释新现象，或者重新解释新的现象以使其符合原有概念框架，即对原有概念和理论的坚持；第三，修改自己原有概念框架中的核心观点，形成新的概念和理论框架，即进行概念转换。由此可见，儿童原有的认识和概念在科学概念的建构中起着重要的作用，正是在原先迷思概念的基础上，才进一步实现了科学概念的转换，促进了儿童概念的发展。

美国学者波斯纳认为，要想使儿童的概念发生转变，需具备以下四个条件：其一，儿童不满足于自己已有的概念；其二，儿童对于新概念必须要有初步的了解；其三，新概念必须是有点合理的；其四，新概念必须是解释得通而且有预测力的。[①]因此，教师不能一味地向儿童灌输“正确”的概念，这样反而会导致儿童对于科学概念的不理解。正确的做法应当是，教师要关注儿童的迷思概念，并为儿童提供一种以研究为基础的、以探究为中心的经验，以建构他们的经验基础，帮助儿童通过自己的经历、通过新旧经验之间的相互作用，更正原本的概念，从而实现概念的转变。

科学知识不可能简单地传递到儿童的头脑中，儿童科学知识的建构是一个复杂的过程。这已经成为当代研究者的共识。拉塞尔（Russel）在其“选择性概念”理论中，提出了一个科学知识的表征框架。他强调知识建构的过程是在更为广泛的背景（社会学、人类学、心理学）中进行的。他提出，在通常情况下，我们的经验来自两方面因素的相互作用，即直接经验和日常文化渗透。而在教学条件下，知识表征的框架更为复杂，它来自直接经验、日常文化渗透和正式教学三个来源之间的相互作用。[②]

拉塞尔的理论启示我们，科学教学要分析知识表征的各个不同的来源，也就是个人经验的不同来源。教学应该为儿童提供一种理解知识表征的空间，同时也是为儿童

① 张俊：《幼儿园科学教育》，人民教育出版社2004年版，第38页。
② 张俊：《幼儿园科学教育》，人民教育出版社2004年版，第39页。

提供一种选择知识表征的机会。这样才能使儿童获得真正的科学知识,而不是表面上追求教学和儿童直接经验、社会文化之间的联系与结合。

三、建构主义理论对儿童科学教育的启示

当代认知心理学的研究从信息加工的理论框架出发,从分析儿童科学学习中的具体问题入手,较好地整合了皮亚杰和维果茨基的理论观点:它既关注儿童认知能力和学习经验的不足以及由此产生的迷思概念,同时更关注教学促进儿童概念转变方面的作用。

基于当代认知心理学发展中建构主义的观点,在科学教育中,教师要承认、理解和接受儿童已有的经验的认识,并以此作为教学的起点;教师不仅要了解儿童已有的日常经验,也要在教学中着眼于丰富儿童的经验,将科学教学的内容和儿童的生活经验结合起来,让儿童在真实的解决问题的情境中获取知识。

(一)创设基于问题的学习情境和任务

建构主义的学习观强调通过学习者的思维活动实现学习,学习者要不断思考,对各种信息观念进行加工转换,形成新的假设,并通过一定的方式对其加以验证。在问题中学习,教师针对学前儿童所要学习的科学内容设计出具有思考价值的、有意义的问题,让学前儿童去思考、去尝试解决问题。儿童通过综合运用原有的知识经验,查阅相关资料,独立思考,形成对问题的解决。

(二)鼓励儿童在沟通、交流、合作中学习

建构主义认为,每个学习者都有属于自己的经验世界,不同学习者的原有经验以及对问题的理解都不相同。因此,一方面,创设的学习环境要有利于沟通、交流、合作,这有助于儿童之间学会表达自己的见解,学会聆听并理解他人的看法,进而学会接纳、分享。另一方面,教师也要从传统的权威者转变为学习的支持者、合作者、儿童意义建构的促进者。

(三)支持儿童在自我调节中学习

21世纪的教育改革提倡培养善于学习的终身学习者。因为,在学前儿童的科学

教育中，教师不仅要为儿童设计活动任务，还要引导儿童对自己的学习进行评价、反思，让儿童逐渐学会自主管理自己的学习，对自己的探索活动负责，从而成长为一个能够自主监控的学习者。教师要相信幼儿自己最了解自己的需要，允许幼儿用自己的方式和材料去探索问题，成为学习的主人。

不过，需要注意的是，认知心理学的研究关注的只是怎样让儿童改变自己的认识，教给他们正确的科学知识。但知识的学习只是科学教育的一部分，它还关系到一个价值观的问题，即儿童能够学习的科学知识，是不是就是他们一定需要学习的知识？特别是对于年幼的儿童来说，当我们想尽办法将科学知识传授给他们的同时，我们更要考虑，这些知识对于他们来说是否真的重要、是否值得学习？这些知识是否将引导他们以更适当的方式看待他们的生活、周围的世界？

本章小结

本章旨在探寻学前儿童科学教育的理论基础，皮亚杰、维果茨基、布鲁纳、韦尔曼等人对于学前儿童科学教育的发展具有重大贡献。认知发展理论、建构主义学习理论以及脑科学的发展都极大地推动了科学教育，尤其是学前儿童科学教育的进步。

皮亚杰理论中关于知识经验的获得、儿童思维发展阶段理论以及学习与发展关系的看法，为研究学前儿童科学教育提供了有益的启示。作为与皮亚杰同时代的心理学家，维果茨基在辩证唯物主义观念的指引下，也对学前儿童科学观念的发展进行了相关研究，并认为教师应该以同伴的身份支持儿童实现最近发展区内的“飞跃”。建构主义者从儿童是一个“信息加工者”的前提出发，相信儿童从很早开始，就具有一种获取并加工外界信息的能力，并认为儿童是基于自己的经验建构知识的，儿童具有属于自己的“朴素理论”，并运用于对周围世界的解释、预测，这种理论会形成“迷思概念”，教师有效的指导策略可以促进儿童概念的转换。

思考与实训

1. 皮亚杰的认知发展理论对于学前儿童科学教育有哪些启示？
2. 在学前儿童科学教育中，如何体现布鲁纳的“发现学习法”？
3. 朴素理论中儿童对周围世界的认识是如何发展的？

专题探讨

我们需要给幼儿讲“科学”道理吗?

夏天的夜晚,灌木丛间、草丛里,有时可以见到一盏盏飞动的小“灯”。如果抓住它一看,发现它不过是一只不显眼的小昆虫——萤火虫。在农村,如果能抓住许多只萤火虫,把它们关进透明的小玻璃瓶里,就能做成一盏不用电池的活“电灯”。

幼儿也可能听老师或爸爸妈妈讲过一个和萤火虫有关的故事。相传我国古代有位非常用功的读书人,名字叫车胤,家里贫穷买不起灯油,他就抓了许多萤火虫,关在透明的纱布口袋里,晚上用来照明读书。这就是囊萤夜读的故事。近年来,萤火虫引起许多科学家的兴趣,他们积极研究萤火虫发光的秘密。

看到萤火虫发光,幼儿会觉得非常惊讶、有趣,他们会问、会思考为什么萤火虫会发光。当被问到萤火虫为什么会发光时,有的幼儿说那是萤火虫的电灯;有的幼儿说因为萤火虫晚上出门,什么都看不见,所以提着灯笼;有的幼儿说萤火虫打着手电筒;有的幼儿说是萤火虫的尾巴燃起来了……面对幼儿各种“奇怪的”“不科学”“不合理”的解释,成人往往急于“纠正”他们的“错误”观点,认真、严肃地告诉幼儿“科学”的道理。真的有必要吗?

第三章 学前儿童科学教育的目标

学习目标

- 领会学前儿童科学教育目标确立的依据。
- 了解当前学前儿童科学教育目标的发展趋势。
- 理解学前儿童科学教育目标结构的分类。
- 掌握学前儿童科学教育总目标的要求与指导要点。
- 了解学前儿童科学教育各年龄阶段目标的具体要求。

学习重难点

- 重点:学前儿童科学教育总目标的要求与指导要点。
- 难点:学前儿童科学教育各年龄阶段目标的具体要求、教育建议。

案例破冰

大班集体科学教育记录

1.活动名称:《好玩的磁铁》[①]

2.活动目标:①喜欢参加科学活动,愿意大胆动手实验;②感知磁铁吸铁的现象,知道磁铁能吸铁,并认识各种不同类型的材料;③学会记录自己实验的结果,能够和老师同伴交流自己的发现。

3.活动准备:①铁钉、积木、塑料玩具、花布、橡皮泥和磁铁若干;②记录表

① 李艳苹、李卓:《幼儿园科学探究活动中深度学习的个案分析——以一次大班集体活动为例》,载《课程教育研究》2018年第39期。

(每个幼儿一张)。

4.活动过程:

①材料投放:活动开始之前,教师给每个桌子上都投放一份材料包。

②提问导入:教师:小朋友们,桌子上的这些材料你们都认识哪些?那么小朋友们知不知道,磁铁为什么要叫磁铁呢?下面让我们用实验来回答这个问题。

③教师示范:教师拿磁铁、铁钉和积木,为幼儿演示磁铁能够吸引铁钉但不能吸引积木,并在记录表的相应位置分别打了“√”和“×”,把记录表展示给幼儿看。

5.幼儿操作:幼儿尝试着用磁铁一次吸引两种不同的材料,某幼儿无意中发现磁铁隔着布料也能吸引铁钉,但由于时间原因教师叫停了他的实验。大多数幼儿都完成实验,但是记录表填写错误较多。

你觉得以上活动的目标设置合理吗?学前儿童科学教育的目标应该如何确定?其目标的层次与结构是什么样的?在本章的学习中,我们将围绕这些问题进行展开。

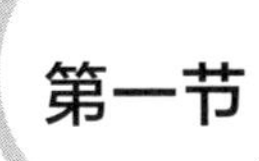

第一节　确定学前儿童科学教育目标的依据

教育目标是教育活动的出发点和归宿。科学教育目标是时代、社会对一般发展水平的儿童的基本要求，是教师进行科学教育的指导方向。我国儿童教育的总目标是：对儿童实施德、智、体、美等全面发展的教育，促进其身心和谐发展。一般来说，确定学前儿童科学教育的目标，除了要依据学前儿童教育总目标之外，还要依据三个因素：第一，学前儿童科学教育活动的特性；第二，儿童的认知特点；第三，当代社会的发展需要。

一、依据学前儿童科学教育活动的特性

儿童科学教育活动的特性，是制定学前儿童科学教育活动目标的基本依据。

（一）教育内容的生成性

教育内容的生成性，是指教育内容超越事先的计划性，根据学习者的需要和兴趣在即时的情境、突发事件中，或根据学习者在活动中的需要、兴趣和提出的问题，临时做出的安排。儿童的学习是一个主动建构的过程，只有当儿童积极主动地学习，他们才能获得真正内化的科学知识和经验。儿童有自己的需要、兴趣特点，只有他们感兴趣的东西，他们才会积极主动。教师尊重儿童，就要尊重他们的需要和兴趣特点，开发和利用儿童感兴趣的事物和想要探究的问题，扩展成为儿童科学教育的内容，从而生成科学教育活动。可见，学前儿童科学教育目标必须考虑教育内容的生成性。

（二）教育过程的探究性

自然科学研究的内容都是自然界看得见、摸得着、能直接感知和探究的物质和现象。科学的本质在于探究，儿童天生好奇，有探究的本能。好奇是探究的内在动机，探究能满足好奇。另外，儿童认知水平低，思维以直觉动作思维、具体形象思维为主，他们只有通过感官观察、动手操作和动脑思考，才能获得真正内化的科学知识。所以，科

学探究是儿童科学教育的核心。在科学教育中,如果没有儿童的探究过程,就不存在科学教育的过程。儿童的探究过程一般有以下三个环节:

首先,产生疑问。产生疑问是探究过程的第一步。儿童有了疑问,并想消除疑问,主动探究才进入真正的准备状态。

其次,进行猜想。有了疑问,儿童会运用自己有限的知识、经验,对问题和疑问进行猜想、解释。这是儿童调动原有的经验和认识的过程,它为儿童认识的主动建构提供了可能。

最后,进行验证。儿童按自己的想法进行实验,如果实验的结果与他们的猜想一致,将强化他们原有的认识,提高他们原有经验的概括程度。如果实验结果与他们的猜想矛盾,将促使他们调整自己的认识,形成新的解释。①

以插座圆柱体为例,如果一个小朋友想要将不同的圆柱体放回到他相应的插座中,在这个过程中只要放错一个圆柱体,剩余的圆柱体就无法放回。因此,他需要通过观察、感知、尝试才能够将不同的圆柱体放回到相应的插座中。儿童在操作的过程中产生疑问,并尝试找寻哪里出了问题,不断地进行猜想。在这样一遍又一遍的验证过程中,儿童其实就是在不断地加深自己的专注力、秩序感、协调性和独立性。在学前儿童科学教育目标的制定中,应突出幼儿的探究性,避免只注重知识结果的获得。

经典研究介绍

生活中的扩散现象②

一次,我带小朋友在户外活动时,萌萌走过来对我说:“老师,我在这里闻到了带鱼的香味了,咱们离饭店那么远,怎么就闻到了鱼的香味呢?”涵涵急着解释说:“香味是被风吹过来的。”“那我怎么没看见呢?”“只能闻到,看不见。”看他们讨论得多激烈。为了保持幼儿的兴趣欲望,满足幼儿强烈的好奇心,使他们了解抽象的气体扩散的科学道理,回到教室后我拿来了颜料倒在纸上,用吸管吹来吹去,告诉他们颜色可以扩散、气味也可以扩散的道理,在实验中幼儿的思维一直处于活跃的状态,真实地体验了科学家的研究过程。

① 马壮、许东红:《幼儿科学教育与活动指导》,首都师范大学出版社2019年版,第23页。

② 彭息琴:《让科学与幼儿共成长——〈一日生活中渗透幼儿科学教育的探索〉》,载《考试周刊》2012年第25期。

幼儿周围生活中存在着无数有趣的自然现象，它们具体、直观、生动的形象每时每刻都吸引着幼儿，激发起幼儿探索的兴趣和欲望。因此，要把教育自然地渗透在幼儿的生活实际中，让幼儿在潜移默化中受到熏陶。

（三）教育结果的经验性

科学经验是指儿童在科学探究过程中，通过亲自操作、凭自身感觉器官获取的具体事实和第一手经验。它可以是对事物外部特征的认识，如对蜗牛的外部特征的认识；也可以是对科学现象的理解，如对迎春花早开的理解等。科学经验是最低层次的科学知识，它是与具体事物和现象联系在一起的，离开了具体的事物和现象不可能获得科学经验。尽管科学经验的层次较低，但它对儿童非常重要，是他们认识事物的必经之路，科学经验能为儿童形成抽象的科学概念提供大量的概括材料。学前儿童科学教育目标的制定不应完全地统一，应留有一定的空间，以体现幼儿的经验性。

二、适应儿童认知发展的特点

儿童科学教育活动目标的制定，必须依据儿童身体和心理发展的特点。不同发展阶段的儿童认知发展特点不同，其学习科学的心理特点也不一样。要确保儿童科学教育活动目标的科学性、可行性、实效性，要求我们在制定儿童科学教育活动目标的时候，必须从儿童认知发展的特点出发，并从他们身边的事物与现象中选择他们能够理解和体验到的内容开展科学教育活动，并根据不同的内容确定教育的具体目标。

（一）0~3岁婴幼儿的认知特点

1.感觉发展特点

婴儿出生不久就有各种感觉，如环境中突然发出的巨响可引起惊吓；强光会引起眨眼、转头等反应。0~3岁婴幼儿的感觉发展很迅速，在视觉上他们能够逐步辨别各种基本颜色(如红、黄、蓝、绿)；触觉上，逐渐能够更好地辨别客体的各种不同属性，如软的、硬的、冷的、热的等。

2.知觉发展特点

空间知觉上，婴幼儿逐渐有了简单的空间知觉，尤其是两岁以后，在游戏和日常生活中能够辨别一些物体的大小、形状。如,搭积木时选取最大的放在底层,而后依次堆上较小的木块。

3.思维发展特点

0~3岁婴幼儿的思维属于直观行动思维,即依靠直接感知和实际动作来进行思维,离开了动作和实物,思维也就停止了。此阶段他们是在操作实物的过程中认识事物,获得科学经验。虽然,婴幼儿常常不善于用语言来表达他们的好奇心,但是我们可以从他们的行动中、表情和眼神中"读出"他们对世界的惊奇和疑问。

(二)3~6岁幼儿的认知特点

1.感觉发展特点

在视觉发展上,此阶段的幼儿视力越来越好,逐渐能分辨细小物体或远距离物体的细微部分;辨色能力发展到能辨认混合色与近似色,还能运用各色颜料调出需要的颜色,并且能正确地说出黑、白、红、蓝、绿、黄、棕、灰、粉红、紫、橙等颜色的名称。在听觉发展上,此阶段的幼儿纯音听觉感受性不断提高,言语听觉也在发展。同时,运动觉和皮肤觉的感受性也在不断提高,这两种感觉的结合,可以使幼儿在触摸中感知物体的大小、形状、轻重、软硬、弹性、光滑和粗糙等属性。

2.知觉发展特点

在空间方位知觉发展上,主要以自身为中心辨别上下、前后、左右,逐渐过渡到能以其他客体为中心辨别上下、前后、左右。幼儿在掌握空间方位的过程中,最早分出的是垂直轴的上下方向,然后是对水平面的前后、左右。

幼儿的形状知觉在此阶段逐步发展,他们掌握八种形状的难易顺序依次为:圆形、正方形、三角形、长方形、半圆形、梯形、菱形和平行四边形,圆形最易被幼儿掌握。这一阶段的幼儿还能认识一些基本的立体图形,做到正确地命名并知道它们的基本特征。

这个阶段知觉发展的最重要变化是知觉逐渐发展为独立的、有相对稳定方向性的过程,也就是开始形成有意的、自觉意识的观察过程。这个阶段的幼儿初步具备一定的观察力,但总体水平不高。观察的目的性和有意性逐渐发展,观察的顺序由紊乱逐渐发展到能按照一定的顺序来观察;观察的细致性由不细致、只注意面积大的和突出的部分发展到观察时不再遗漏主要部分。

3.儿童思维发展特点

具体形象思维是这个阶段儿童思维发展最主要的特点。具体形象思维是一种依靠事物的具体形象或表象来进行的思维,表现在以下方面:①

(1)思维内容是具体的。他们能够掌握代表实际东西的实物概念和代表实际动作的动作概念。不易掌握抽象概念,而且他们掌握的概念更多属于日常概念。

(2)根据感知到的表面形象或头脑中的表象来理解或解释自然界的事物和现象。他们常常根据自己的生活经验,来理解和解释自然界的事物和现象,表现出不合逻辑的想法和做法。

(3)数概念是一种比实物更抽象的概念,因而数概念的掌握迟于实物概念。在数概念的发展上,这个阶段处于数词和物体数量之间建立联系的阶段。

(4)逐渐学会口手一致地数物体,即按物点数,然后能说出物体的总数,开始出现数的"守恒"现象。

(5)能按数取物。这阶段的前期,儿童能分辨大小、多少;中期能认识第几和前后顺序。

(6)逐步认识数与数之间的关系。如有了数序的观念,能比较数目大小,能对10以内的数进行数的组成和分解。

(7)能做简单的运算。

此外,儿童有着与科学家一样强烈的好奇心,他们总是不断地探索身边及周围事物,以寻求问题的解答,表达他们对周围世界的疑问。儿童的问题从"是什么"逐渐扩展到"为什么"和"怎么样"。他们的好奇心几乎遍及每个科学领域的现象和事物,无论是天上飞的小鸟,还是地上爬的小虫,都会引起他们的好奇心。仔细地观察儿童的行为,就会发现儿童的"主动探索""提出疑问""尝试想象""重复操作""乐于表现"等特质,正如同科学家运用"观察""假设""推论""实验""沟通"等探究方法。

---

① 马壮、许东红:《幼儿科学教育与活动指导》,首都师范大学出版社2019年版,第27页。

三、着眼于当今社会发展的需要

当今世界，国家实力的竞争逐渐演变为科技实力的竞争、教育的竞争、人才的竞争。学前教育培养的是当代和未来社会的建设者，所以教育目标的确立必须从社会发展的宏观角度，考虑当代和未来社会需要具备什么样的社会成员。

信息技术的迅速发展促进了信息在人们生活中的广泛应用，在知识领域，信息时代的到来导致了知识的激增。尽管人们的知识范围在不断扩大，但相对于日益加快的知识更新速度仍会感到应接不暇。在信息社会，仅仅依靠十几年的学校教育已无法适应当代的社会生活，必须终身学习。只有具备了终身学习的兴趣和能力，才能主动获取新信息和新知识，不断改变自己的知识结构，适应社会的发展。作为人生起始阶段的儿童教育，要担负起培养终身可持续发展所需要的基础素质的任务。

我们不应让儿童被动地接受知识，而要激发儿童主动求知的欲望，使其乐学。不应片面追求获取知识数量的多少，而应培养儿童获取知识的能力和创新知识的能力，使其会学。如果我们通过科学教育在学前期培养起儿童对学习和探究的兴趣，那么，儿童就有了终身学习和发展的动力机制；如果我们通过科学教育使儿童学会了学习，获得了探究解决问题的方法，他就能运用这些方法不断地去寻求尚未知晓的知识，并不断探求各种解决问题的方法。

因此，在儿童科学教育活动目标中，我们不应对儿童应该掌握的科学知识做量上的规定，而要强调科学情感的培养和科学方法的获得。

第二节　学前儿童科学教育目标的趋势与结构

一、学前儿童科学教育目标的趋势

21 世纪是一个国际化、科技化、信息化的社会，对人的科学素质提出了更高的要求。世界各国为迎接 21 世纪的挑战，纷纷调整科学教育目标以造就适应 21 世纪需要的合格人才。学前儿童科学教育的发展趋势体现为以下两个方面。

（一）教育目标以科学素质为出发点培养儿童的完整人格

科学素质主要由科学情感和态度、科学方法和技能、科学知识和经验三个方面所构成，具有全面性和整体性。《美国国家科学教育标准》中说，我们大家，无论作为个人还是作为社会，同科学素质都是利害攸关的。热爱科学，你才可能领略到你在领悟自然界的事理时油然而生的充实之感和兴奋之情。有良好的科学技能，你才有可能运用科学的原理和方法去做个人的各种决策，去参加关乎全社会的各种科学问题的讨论。有扎实的科学知识基础可以强化日常所用的许多能力，诸如创造性地解决问题的能力、运用判断进行思维的能力、在集体中协同工作的能力、有效地运用技术的能力、懂得终身学习的价值等等。

纵观科学教育的发展历程，大致经历了知识本位、方法本位和人本位三个阶段。在知识本位阶段，科学教育的重心在于科学知识，教师们信奉斯宾塞的名言——“科学知识最有价值”。随着科学技术的发展，社会变革日益加速，科学教育等同于科学知识教育的情况受到了挑战，教育者从信奉“科学知识最有价值”的立场转到了“方法比知识更重要”的立场。

在科学情感和态度中，对未知领域的好奇心和探究热情成为学前儿童科学教育追求的核心价值。在此基础上，进一步强调发展儿童的探究能力和设计创新能力。培养儿童的探究能力、探究意识以及通过各种探究活动而获得的个人经验作为培养儿童完整人格的科学素质要素。探究是联结儿童科学素质要素的主线，也是儿童科学教育的本质追求。

经典研究介绍

"中国的爱迪生被你枪毙了"

有一天，一位朋友的夫人来看陶行知先生。陶先生热情地让她坐下，又倒了一杯茶给她，问道："怎么不带儿子一起来玩？"

这位夫人有点气呼呼地说："别提了，一提就叫我生气。今天我把他结结实实打了一顿。"

陶先生惊异地问："这是为什么？你儿子很聪明，蛮可爱的哩！"

朋友的夫人取出一个纸包，里面装着被拆得乱七八糟的一块手表。这表成色还很新，镀金的表壳打开了，玻璃破碎，连秒针也掉了下来。她生气地说："陶先生，这表是才买的，竟被我儿子拆成这样，您说可气不可气！他才七八岁，就敢拆表，将来大了恐怕连房子都敢拆呢！所以我打了他一顿。"

陶先生听了笑笑说："坏了，恐怕中国的爱迪生被你枪毙了！"

夫人有点愕然："为什么呢？难道我这样做不对吗？"

陶先生摇摇头。

夫人又接着问："陶先生，您是大教育家，您说对这样的孩子该怎么办呢？"

陶先生把拆坏的表拿过来，对夫人说："走，我们上你家去，见见这个小'爱迪生'。"

到了朋友家里，陶先生见到那个孩子正蹲在院子的大树下，聚精会神地看蚂蚁搬家。夫人一见又来了气，正要骂他，陶先生立即劝住了。

陶先生把孩子搀起来，搂在怀里，笑嘻嘻地问："你为什么要把妈妈的新表拆开来呢？能告诉我吗？"

孩子怯生生地望了妈妈一眼，低声说："我听见表里的嘀嗒嘀嗒的声音，想拆开看看是什么东西在响。我错了，不该把手表拆坏，惹妈妈生气。"

陶先生说："想拆开看看是什么东西在响，这没有错。但你要跟大人说一声，不能自作主张。来，你跟我一起到钟表店去好吗？"

孩子又望望妈妈，说："去店里干什么？"

陶先生说："去看师傅修表啊，看他怎么拆，又怎么修，怎么装配，你不喜欢吗？"

孩子高兴得跳起来："我去！我去！"

陶先生拿着那只坏表，带着孩子一起到了一家钟表店。修表师傅看了看坏表，说要一元六角修理费。

陶先生说："价钱依你，但我带着孩子看你修，让他长长知识。"师傅同意了。

陶行知和孩子站在旁边，满怀兴趣地看师傅修表。看他怎样拆开，把零件一个个浸在药水里；又看他加油后，把一个个零件装配起来。从头到尾，整整看了一个多小时。全部装好后，师傅上了发条，表重新发出清晰的嘀嗒声。孩子高兴地欢叫起来："响了，响了，表修好了！"

陶先生临走又花一元钱买了一只旧钟，送给孩子带回去拆装。孩子连声说："谢谢伯伯！谢谢伯伯！伯伯真好！"

陶先生把孩子送到家后，孩子立即跟妈妈说："妈妈，伯伯买了一只钟，让我学习拆装呢！"

那位朋友的夫人不解地问："还让他拆吗？"

陶行知笑笑说："你不是问我对这样的孩子该怎么办吗？我的办法就是，把孩子和表一起送到钟表铺，请钟表师傅修理。这样修表铺成了课堂，修表匠成了先生，令郎成了速成学生，修理费成了学费，你孩子的好奇心就可得到满足，或者他还可以学会修理咧。"

陶先生停顿了一下，接着说："孩子拆表是因为好奇心，孩子的好奇心其实就是一种求知欲，原是有出息的表现。你打了他，不是把他的求知欲打掉了吗？与其不分青红皂白地打一顿，不如引导他去把事情做好，培养他的兴趣。我们应该学习爱迪生的母亲，那么理解、宽容孩子，那么善于鼓励孩子去动手动脑，这样，更多的'爱迪生'们就不会被打跑、赶走了。"

夫人听了恍然大悟，她不好意思地笑了一下，诚恳地说："陶先生，您说得对，太谢谢您了，我今后一定照您的办法去做。"

（二）教育内容以现代社会生活为背景构建儿童的探索领域

随着科学技术向社会生活领域的广泛渗透，科学教育内容进一步更新和拓展，具有鲜明的时代特征——以人为中心，以"科技"和"生态"为载体。

教育内容，涉及生命科学、地球与空间科学、科学与技术、科学与社会挑战等方面，极大地扩展了科学教育的内容范围。"生命科学"不仅介绍有关生命体的特性以及生命周期的科学知识，更强调生命体与其环境共生共存的关系，所有的生命体都引起他们所生存的环境的变化。人类依赖于他们的自然环境和人为环境。人类改变自然环境的方式对人类本身和其他生命体来说可能是有利的，也可能是有害的。在"科学与技术"中，以设计为特点的技术同以探究为特点的科学是相互并存的。技术，即科学的运用，如今被看作是除科学知识和科学探索过程之外的第三个方面。“科学与社会挑战”更是集中体现了科学在解决和处理人类社会发展进程中出现的种种新问题的巨大影响力，科学始终是社会挑战的产物。

未来社会是一个高度现代化的社会，科技的高速发展将成为其主要特征，因此，对人的创造力和科学意识的要求也越来越高。因此，对儿童进行科学教育，培养其对科学的兴趣及主动探究、发现问题并创造性解决问题的意识和能力，这将成为未来社会发展的必然要求。

二、学前儿童科学教育目标的结构

学前儿童科学教育的目标体系，是按一定的有序结构组织起来的。从纵向角度看，学前儿童科学教育目标具有一般的层次结构。从横向角度看，学前儿童科学教育目标具有不同的分类结构。

（一）学前儿童科学教育目标的层次结构

学前儿童科学教育的目标按其层次，可以分解为学前儿童科学教育的总目标、年龄阶段目标、单元目标和活动目标等四个层次。[①]

1.学前儿童科学教育总目标

学前儿童科学教育的总目标，是学前阶段科学教育总的任务要求，它原则性地指出在学前阶段进行科学教育的范围和方向，是科学教育所期望的最终结果，具有较强的特殊性和相对的独立性。学前儿童科学教育的总目标是学前教育总目标的一个组成部分，与总目标在方向上是一致的、相辅相成的。学前儿童科学教育的总目标，是在整个学前教育阶段中，通过一系列的科学教育活动的过程来实现的，因此，在学前阶段进行科学教育都应以总目标为指导思想。

2.学前儿童科学教育年龄阶段目标

学前儿童科学教育的年龄阶段目标，指的是根据学前儿童科学教育总目标确立的、按幼儿年龄阶段划分的中短期发展目标。它一般分为例如2～3岁、3～4岁、4～5岁、5～6岁各年龄班的科学教育目标。学前儿童科学教育的年龄阶段目标是总目标在各

① 施燕：《学前儿童科学教育与活动指导》（第3版），华东师范大学出版社2014年版，第47—48页。

阶段上的具体体现，是总目标的具体化，它把科学教育的总目标按不同年龄儿童的发展水平做了具体的划分，因此，年龄阶段目标的要求在指导思想和总目标上是完全一致的。年龄阶段目标是学前儿童发展的年龄特征在科学教育目标中的体现，它反映了不同年龄阶段儿童的目标要求的差异性。儿童的年龄不同，其身心特点、需求兴趣也不同，这就决定了我们必须根据他们的年龄特点，提出不同于其他年龄阶段的适宜的目标，以适应儿童的发展需求。另外，科学教育的各年龄阶段目标之间是具有连续性的，这种连续性反映了学前儿童发展的连续过程，这正是达到总目标的必经之路。

3.学前儿童科学教育单元目标

学前儿童科学教育的单元目标一般有两种：一种是“时间单元”，是在一段时间内，如一个月或一周内要达到的目标，相当于“月计划”或“周计划”中的科学教育目标；另一种 是“主题活动单元”，是在一组有关联的科学教育活动全部结束后所要达到的目标。在目前的整合课程模式之下，前一种“时间单元”的目标模式已不多见，但还是会在一些幼儿园看到在一个阶段的教育活动中，融入时间单元的科学教育目标的做法。而后一种“主题活动单元”的做法就比较多见。

4.学前儿童科学教育活动目标

学前儿童科学教育活动目标一般是指一次具体的科学教育活动所要达到的目标，它是根据学前儿童科学教育总目标和年龄阶段目标或单元目标，并且结合具体教育活动内容的特点，以及儿童的特点制定的具体的、可操作的目标。虽然是具体教育活动的目标，但也应该能反映儿童科学教育总目标和年龄阶段目标的要求。而且教育活动目标应该体现和上层目标之间的联系，是上层目标的具体化。

以上四个层次，构成了一个金字塔式的学前儿童科学教育目标的层次结构。各阶段性目标之间是相互衔接的，体现了学前儿童心理发展的渐进性。下层目标与上层目标之间、局部目标与整体目标之间是协调一致的。每层目标都是上一层目标的具体化，低层次目标的实现最终能达到高层次目标的实现。

学习研究

学前儿童科学教育目标的层次结构

结合所学内容，联系实际，谈一谈学前儿童科学教育总目标、年龄阶段目标、单元目标和活动目标四者之间的联系与区别。

（二）学前儿童科学教育目标的分类结构

学前儿童科学教育目标的分类结构是指教育目标的组合构成，它是从学前儿童科学教育总目标中横向分解出来的，可以从各种角度去划分。科学教育的总目标是培养具有科学素养的人，因此，科学素养的划分就成为制定科学教育目标的主要依据之一。国际上通行的考察国民科学素养的标准包括三个方面：对科学技术术语和概念达到基本的了解；对科学的研究过程和方法达到基本了解；对科学的社会影响达到基本了解。国内外科学教育课程设计都非常重视受教育者的科学素养的养成。学前儿童阶段养成对科学的兴趣应该是终身学习的重要基础。根据学前儿童身心发展的特点以及当代社会发展的需要，学前儿童科学素养主要包括三个方面：科学知识经验的获得、科学方法的学习，以及科学情感态度的培养。

以此依据来分类，学前儿童科学教育目标可以分成以下几个方面。①

1. 科学情感和态度教育目标

在科学教育中强调科学态度方面的目标具有重要的意义。一方面科学态度目标体现了对科学内涵的完整把握。科学不是冷冰冰的知识体系，而是体现了人类对未知世界的渴望和不懈追求的科学精神。另一方面，科学态度目标是促进儿童全面发展、培养良好个性的保证。学前儿童科学教育的目标不仅在于促进儿童对科学知识的掌握，更重要的是培养儿童的科学素养，促进儿童素质的全面提升。科学态度方面的目标正是达成这一目的的重要保证。

培养儿童对科学、对自然界的积极情感和态度，将影响其一生。在教育实践中，教师既要保护和发展儿童的好奇心、求知欲，鼓励儿童的探究行为，培养儿童的自主探究兴趣，也要注重培养儿童热爱自然、尊重生命的情感态度，引导儿童关注科学技术及其

① 施燕：《学前儿童科学教育与活动指导》（第3版），华东师范大学出版社2014年版，第49页。

对社会的作用，形成正确的科学价值观。

2.科学方法教育目标

科学的重要特征之一，是其方法的科学性。科学方法，一般是指实证的方法，及通过科学观察到的事实和建立在事实基础上的合乎逻辑的推理获取知识的方法。具体地说，科学方法是指收集客观信息、整理加工信息和表达信息、交流信息的方法。科学方法方面的目标要求儿童具有初步的探究能力。这是因为科学的核心在于探究。儿童从很小的时候就已经开始了对周围世界的探究，这是他们理解周围世界的基础。他们会通过观察获取周围世界的信息，会通过操作、摆弄和尝试来理解周围事物之间的联系和关系，这些都是最早的科学方法。随着年龄的增长，儿童开始逐渐意识到证据对于其形成结论的意义，会寻找证据证明自己的想法，表现出科学思维的萌芽。而教师在教育实践中引导儿童体验探究过程，帮助儿童掌握初步的探究能力，是其发展的重要条件。

在学前儿童科学教育中，探究方法或技能常常被比喻成“点金术”，以说明它的重要性。的确，科学探究方法或技能的掌握比起单纯获得科学知识更有意义。这是因为，教师所能给予儿童的科学知识是有限的，但如果给予儿童获取知识的方法或技能，那么儿童则逐渐能够在没有教师的帮助下自行获取更多的知识。从长远来看，教是为了不教，也就是说教育要使儿童在将来脱离学校教育以后，仍能独立地向前迈进。儿童只有掌握了必备的科学探究技能时，才能真正成为自主、自动的学习者。

3.科学知识教育目标

科学知识也是科学教育目标的重要方面。离开了科学知识，科学方法和态度也就没有意义了。学前儿童科学教育不是不要科学知识，重要的是要什么样的科学知识，以及如何获得这些科学知识。

儿童早期的科学知识，可以帮助其理解周围世界，是其一生知识的重要基础。例如，很小的婴儿就已经建立起他们朴素的物理学，他们能够预测物体运动的方向和速度，并做出适当的反应。这些早期的知识，不仅保护了儿童的生命安全，同时也是儿童对世界最初的理解，这些知识最终被整合到他们的知识体系中。

儿童在探究中能够认识的事物和现象包括动植物、物质和材料、天气和季节、科技与环境等。这些事物和现象是儿童科学探究的载体,不同年龄的儿童对同一事物和现象的认识程度是不同的。总体来说,从小班到大班,儿童对周围事物和现象的认识遵循由近及远、由表及里、由浅及深的原则。

需要指出的是,虽然上述三个方面的目标是各不相同、各有侧重的,但是这三个方面是不可分割、相互依赖的整体。科学知识和经验是儿童科学的基础,科学方法是儿童通过自主探究获取科学经验的必备手段,科学态度是儿童具有科学素养,获得全面发展的重要保证。这三个方面是相互促进、缺一不可的。每一个方面都对儿童的科学学习起到重要的作用,因此,三个方面同等重要,没有谁更重要的问题。

第三节　学前儿童科学教育的总目标与分目标

学前儿童科学教育目标是构成科学教育实践活动的第一要素和前提，它是教师进行科学教育的指导思想和制订计划的依据。学前儿童科学教育目标既是学前教育总目标的有机组成部分，又是学前阶段科学教育的特殊要求。

学前儿童科学教育是学前儿童全面发展教育的一个重要组成部分。学前儿童科学教育的目标，是根据学前教育的总目标，结合科学教育的特点而制定的，是学前教育总目标在科学教育中的具体体现。

一、学前儿童科学教育的总目标

（一）科学领域的总目标

在教育部2001年7月颁布的《幼儿园教育指导纲要(试行)》(以下简称《纲要》)中，“科学”与“社会”“语言”“健康”“艺术”被明确地列为五大领域。[①]

《纲要》中对学前儿童在科学领域的目标规定如下。

（1）对周围的事物、现象感兴趣，有好奇心。

（2）能运用各种感官，动手、动脑，探究问题。

（3）能用适当的方式表达、交流探索的过程和结果。

（4）能从生活和游戏中感受事物的数量关系并体验到数字的重要性和有趣。

（5）爱动物、植物，关心周围环境，亲近大自然，珍惜自然资源，有初步的环保意识。

（二）学前儿童科学教育的要求

《纲要》中对学前儿童科学教育的要求如下。[②]

（1）引导儿童接触自然环境，使之感受自然界的美与奥妙，激发儿童的好奇心和认识兴趣。

① 中华人民共和国教育部:《幼儿园教育指导纲要(试行)》，北京师范大学出版社2001年版，第5页。

② 中华人民共和国教育部:《幼儿园教育指导纲要(试行)》，北京师范大学出版社2001年版，第5页。

(2)结合和利用生活经验,帮助儿童认识自然环境,初步了解自然与自己生活的关系。

(3)引导儿童注意身边常见的科学现象,感受科学技术给生活带来的便利,萌发对科学的兴趣。

(4)引导儿童利用身边的物品和材料开展活动,发现物品和材料的多种特性和功能。

(5)为儿童提供观察、操作、实验的机会,支持、鼓励儿童动手动脑,大胆探索。

(6)引导儿童关注周围环境中数、量、形、时间、空间的关系,发现生活中的数学。

(7)在解决问题的过程中帮助儿童理解基本的数学概念,发展思维能力。

(8)鼓励儿童用多种方式来表现自己的探索过程和结果,表达发现的愉快并与他人交流、分享。

(三)学前儿童科学教育的指导要点

《纲要》中对学前儿童科学教育的指导要点如下。[①]

(1)儿童的科学教育是科学启蒙教育,重在激发儿童的认识兴趣、探究欲望,帮助儿童学习运用观察、比较、分析、推论等方法进行探索活动。

(2)学习科学的过程应该是儿童主动探索的过程。教师要让儿童运用感官,又动脑去发现问题、解决问题。鼓励儿童之间的合作,并积极参与儿童的探索活动。

(3)儿童的科学活动应密切联系儿童的实际生活,教师应充分利用儿童身边的事物与现象作为科学探索的对象。

二、学前儿童科学教育的各年龄阶段目标

学前儿童科学教育年龄阶段目标,指的是根据学前儿童科学教育总目标确立的,按幼儿年龄阶段划分的幼儿中短期发展目标。《指南》中目标部分分别对3~4岁、4~5岁、5~6岁三个年龄段末期儿童应该知道什么、能做什么、大致可以达到什么发展水平提出了合理期望,指明了幼儿学习与发展的具体方向;教育建议部分列举了一些能够有效帮助和促进幼儿学习与发展的教育途径与方法。

① 中华人民共和国教育部:《幼儿园教育指导纲要(试行)》,北京师范大学出版社2001年版,第6页。

幼儿的科学学习是在探究具体事物和解决实际问题中，尝试发现事物间的异同和联系的过程。幼儿在对自然事物的探究和运用数学解决实际生活问题的过程中，不仅能获得丰富的感性经验，充分发展形象思维，而且能初步尝试归类、排序、判断、推理，逐步发展逻辑思维能力，为其他领域的深入学习奠定基础。

幼儿科学学习的核心是激发探究兴趣，体验探究过程，发展初步的探究能力。成人要善于发现和保护幼儿的好奇心，充分利用自然和实际生活机会，引导幼儿通过观察、比较、操作、实验等方法，学习发现问题、分析问题和解决问题；帮助幼儿不断积累经验，并运用于新的学习活动，形成受益终身的学习态度和能力。

幼儿的思维特点是以具体形象思维为主，应注重引导幼儿通过直接感知、亲身体验和实际操作进行科学学习，不应为追求知识和技能的掌握，对幼儿进行灌输和强化训练。

（一）科学探究

《指南》中对幼儿科学探究提出的目标之一是亲近自然，喜欢探究。其对应年龄及具体要求如表3-1所示。[①]

表3-1　亲近自然，喜欢探究

3~4岁	4~5岁	5~6岁
1.喜欢接触大自然，对周围的很多事物和现象感兴趣	1.喜欢接触新事物，经常问一些与新事物有关的问题	1.对自己感兴趣的问题总是刨根问底
2.经常问各种问题，或好奇地摆弄物品	2.常常动手动脑探索物体和材料，并乐在其中	2.能经常动手动脑寻找问题的答案
		3.探索中有所发现时感到兴奋和满足

资料来源：中华人民共和国教育部《3~6岁儿童学习与发展指南》

教育建议：

1.经常带幼儿接触大自然，激发其好奇心与探究欲望。

（1）为幼儿提供一些有趣的探究工具，用自己的好奇心和探究积极性感染和带动幼儿。

（2）和幼儿一起发现并分享周围新奇、有趣的事物或现象，一起寻找问题的答案。

① 中华人民共和国教育部：《3~6岁儿童学习与发展指南》，首都师范大学出版社2012年版，第32页。

(3)通过拍照和画图等方式保留和积累有趣的探索与发现。

2. 真诚地接纳、多方面支持和鼓励幼儿的探索行为。

(1)认真对待幼儿的问题,引导他们猜一猜、想一想,有条件时和幼儿一起做一些简易的调查或有趣的小实验。

(2)容忍幼儿因探究而弄脏、弄乱、甚至破坏物品的行为,引导他们活动后做好收拾整理。

(3)多为幼儿选择一些能操作、多变化、多功能的玩具材料或废旧材料,在保证安全的前提下,鼓励幼儿拆装或动手自制玩具。

《指南》中对幼儿科学探究提出的目标之二是具有初步的探究能力。其对应年龄及具体要求如表3-2所示。[①]

表3-2 具有初步的探究能力

3~4岁	4~5岁	5~6岁
1.对感兴趣的事物能仔细观察,发现其明显特征	1.能对事物或现象进行观察比较,发现其相同与不同	1.能通过观察、比较与分析,发现并描述不同种类物体的特征或某个事物前后的变化
2.能用多种感官或动作去探索物体,关注动作所产生的结果	2.能根据观察结果提出问题,并大胆猜测答案	2.能用一定的方法验证自己的猜测
	3.能通过简单的调查收集信息	3.在成人的帮助下能制定简单的调查计划并执行
	4.能用图画或其他符号进行记录	4.能用数字、图画、图表或其他符号记录
		5.探究中能与他人合作与交流

资料来源:中华人民共和国教育部《3~6岁儿童学习与发展指南》

教育建议:

1. 有意识地引导幼儿观察周围事物,学习观察的基本方法,培养观察与分类能力。

(1)支持幼儿自发的观察活动,对其发现表示赞赏。

(2)通过提问等方式引导幼儿思考并对事物进行比较观察和连续观察。

(3)引导幼儿在观察和探索的基础上,尝试进行简单的分类、概括。如:根据运动方式给动物分类,根据生长环境给植物分类,根据外部特征给物体分类等。

① 中华人民共和国教育部:《3~6岁儿童学习与发展指南》,首都师范大学出版社2012年版,第33页。

2. 支持和鼓励幼儿在探究的过程中积极动手动脑寻找答案或解决问题。

(1)鼓励幼儿根据观察或发现提出值得继续探究的问题,或成人提出有探究意义且能激发幼儿兴趣的问题。如:皮球、轮胎、竹筒等物体滚动时都走直线吗?怎样让橡皮泥球浮在水面上?

(2)支持和鼓励幼儿大胆联想、猜测问题的答案,并设法验证。如:玩风车时,鼓励幼儿猜测风车转动方向及速度快慢的原因和条件,并实际去验证。

(3)支持、引导幼儿学习用适宜的方法探究和解决问题,或为自己的想法收集证据。如:想知道院子里有多少种植物,可以进行实地调查;想知道球在平地上还是在斜坡上滚得快,可以动手试一试;想证明影子的方向与太阳的位置有关,可以做个小实验进行验证等。

3. 鼓励和引导幼儿学习做简单的计划和记录,并与他人交流分享。

(1)和幼儿共同制定调查计划,讨论调查对象、步骤和方法等,也可以和幼儿一起设法用图画、箭头等标识呈现计划。

(2)鼓励幼儿用绘画、照相、做标本等办法记录观察和探究的过程与结果,注意要让记录有意义,通过记录帮助幼儿丰富观察经验、建立事物之间的联系和分享发现。

(3)支持幼儿与同伴合作探究与分享交流,引导他们在交流中尝试整理、概括自己探究的成果,体验合作探究和发现的乐趣。如一起讨论和分享自己的问题与发现,一起想办法收集资料和验证猜测。

4. 帮助幼儿回顾自己的探究过程,讨论自己做了什么、怎么做的、结果与计划目标是否一致,分析一下原因以及下一步要怎样做等。

《指南》中对幼儿科学探究提出的目标之三是在探究中认识周围事物和现象。其对应年龄及具体要求如表3-3所示。①

① 中华人民共和国教育部:《3~6岁儿童学习与发展指南》,首都师范大学出版社2012年版,第35页。

表3-3　在探究中认识周围事物和现象

3～4岁	4～5岁	5～6岁
1.认识常见的动植物，能注意并发现周围的动植物是多种多样的	1.能感知和发现动植物的生长变化及其基本条件	1.能察觉到动植物的外形特征、习性与生存环境的适应关系
2.能感知和发现物体和材料的软硬、光滑和粗糙等特性	2.能感知和发现常见材料的溶解、传热等性质或用途	2.能发现常见物体的结构与功能之间的关系
3.能感知和体验天气对自己生活和活动的影响	3.能感知和发现简单物理现象，如物体形态或位置变化等	3.探索并发现常见的物理现象产生的条件或影响因素，如影子、沉浮等
4.初步了解和体会动植物和人们生活的关系	4.能感知和发现不同季节的特点，体验季节对动植物和人的影响	4.能感知并了解季节变化的周期性，知道变化的顺序
	5.初步感知常用科技产品与自己生活的关系，知道科技产品有利也有弊	5.初步了解人们的生活与自然环境的密切关系，知道尊重和珍惜生命，保护环境

资料来源：中华人民共和国教育部《3～6岁儿童学习与发展指南》

教育建议：

1.支持幼儿在接触自然、生活中的事物和现象中积累有益的直接经验和感性认识。如：

（1）和幼儿一起通过户外活动、参观考察、种植和饲养活动，感知生物的多样性和独特性，以及生长发育、繁殖和死亡的过程。

（2）给幼儿提供丰富的材料和适宜的工具，支持幼儿在游戏过程中探索并感知常见物质、材料的特性和物体的结构特点。

2.引导幼儿在探究中思考，尝试进行简单的推理和分析，发现事物之间明显的关联。如：

（1）引导5岁以上幼儿关注和思考动植物的外部特征、习性与生活环境对动植物生存的意义。如兔子的长耳朵具有自我保护的作用，植物种子的形状有助于其传播等。

（2）引导幼儿根据常见物质、材料的特性和物体的结构特点，推测和证实它们的用途。如带轮子的物体方便移动，不同用途的车辆有不同的结构等等。

3.引导幼儿关注和了解自然、科技产品与人们生活的密切关系，逐渐懂得热爱、尊重、保护自然。

(1)结合幼儿的生活需要,引导他们体会人与自然、动植物的依赖关系。如动植物、季节变化与人们生活的关系、常见灾害性天气给人们生产和生活带来的影响等。

(2)和幼儿一起讨论常见科技产品的用途和弊端,如汽车等交通工具给生活带来的方便和对环境的污染等。

(二)数学认知

《指南》中对幼儿数学认知提出的目标之一是初步感知生活中数学的有用和有趣。其对应年龄及具体要求如表3-4所示。[①]

表3-4　初步感知生活中数学的有用和有趣

3～4岁	4～5岁	5～6岁
1.感知和发现周围物体的形状是多种多样的,对不同的形状感兴趣	1.在指导下,感知和体会有些事物可以用形状来描述	1.能发现事物简单的排列规律,并尝试创造新的排列规律
2.体验和发现生活中很多地方都用到数	2.在指导下,感知和体会有些事物可以用数来描述,对环境中各种数字的含义有进一步探究的兴趣	2.能发现生活中许多问题都可以用数学的方法来解决,体验解决问题的乐趣

资料来源:中华人民共和国教育部《3～6岁儿童学习与发展指南》

教育建议:

1.引导幼儿注意事物的形状特征,尝试用表示形状的词来描述事物,体会描述的生动形象性和趣味性。

(1)参观游览后,和幼儿一起谈论所看到的事物的形状,鼓励幼儿产生联想,并用自己的语言进行描述。如熊猫的身体圆圆的,全身好像是一个个的圆形组成的。

(2)和幼儿交谈或读书讲故事时,适当地运用一些有关形状的词汇来描述事物,如看图片时,和幼儿讨论奥运会场馆的形状,体会为什么有的场馆叫“水立方”,有的叫“鸟巢”。

2.引导幼儿感知和体会生活中很多地方都用到数,关注周围与自己生活密切相关的数的信息,体会数可以代表不同的意义。

(1)和幼儿一起寻找发现生活中用数字做标识的事物,如电话号码、时钟、日历和商品的价签等。

① 中华人民共和国教育部:《3~6岁儿童学习与发展指南》,首都师范大学出版社2012年版,第37页。

（2）引导幼儿了解和感受数用在不同的地方，表示的意义是不一样的。如天气预报中表示气温的数代表冷热状况；钟表上的数表明时间的早晚等。

（3）鼓励幼儿尝试使用数的信息进行一些简单的推理。如知道今天是星期五，能推断明天是星期六，爸爸妈妈休息。

3. 引导幼儿观察发现按照一定规律排列的事物，体会其中的排列特点与规律，并尝试自己创造出新的排列规律。

（1）和幼儿一起发现和体会按一定顺序排列的队形整齐有序。

（2）提供具有重复性旋律和词语的音乐、儿歌和故事，或利用环境中有序排列的图案（如按颜色间隔排列的瓷砖、按形状间隔排列的珠帘等），鼓励幼儿发现和感受其中的规律。

（3）鼓励幼儿尝试自己设计有规律的花边图案、创编有一定规律的动作，或者按某种规律进行搭建活动。

（4）引导幼儿体会生活中很多事情都是有一定顺序和规律的，如一周七天的顺序是从周一到周日，一年四季按照春夏秋冬轮回等。

4. 鼓励和支持幼儿发现、尝试解决日常生活中需要用到数学的问题，体会数学的用处。

（1）拍球、跳绳、跳远或投沙包时，可通过数数、测量的方法确定名次。

（2）讨论春游去哪里玩时，让幼儿商量想去哪里玩、每个想去的地方有多少人，根据统计结果做出决定。

（3）滑滑梯时，按照“先来先玩”的规则有序地排队玩。

《指南》中对幼儿数学认知提出的目标之二是感知和理解数、量及数量关系。其对应年龄及具体要求如表3-5所示。①

① 中华人民共和国教育部：《3~6岁儿童学习与发展指南》，首都师范大学出版社2012年版，第39页。

表3-5　感知和理解数、量及数量关系

3~4岁	4~5岁	5~6岁
1.能感知和区分物体的大小、多少、高矮长短等量方面的特点,并能用相应的词表示	1.能感知和区分物体的粗细、厚薄、轻重等量方面的特点,并能用相应的词语描述	1.初步理解量的相对性
2.能通过一一对应的方法比较两组物体的多少	2.能通过数数比较两组物体的多少	2.借助实际情境和操作(如合并或拿取)理解"加"和"减"的实际意义
3.能手口一致地点数5个以内的物体,并能说出总数。能按数取物	3.能通过实际操作理解数与数之间的关系,如5比4多1;2和3合在一起是5	3.能通过实物操作或其他方法进行10以内的加减运算
4.能用数词描述事物或动作。如我有4本图书	4.会用数词描述事物的排列顺序和位置	4.能用简单的记录表、统计图等表示简单的数量关系

资料来源:中华人民共和国教育部《3~6岁儿童学习与发展指南》

教育建议:

1.引导幼儿感知和理解事物"量"的特征。如:

(1)感知常见事物的大小、多少、高矮、粗细等量的特征,学习使用相应的词汇描述这些特征。

(2)结合具体事物让幼儿通过多次比较逐渐理解"量"是相对的。如小亮比小明高,但比小强矮。

(3)收拾物品时,根据情况,鼓励幼儿按照物体量的特征分类整理。如整理图书时按照大小摆放。

2.结合日常生活,指导幼儿学习通过对应或数数的方式比较物体的多少。如:

(1)鼓励幼儿在一对一配对的过程中发现两组物体的多少。如在给桌子上的每个碗配上勺子时,发现碗和勺多少的不同。

(2)鼓励幼儿通过数数比较两样东西的多少。如数一数有多少个苹果,多少个梨,判断苹果和梨哪个多,哪个少。

3.利用生活和游戏中的实际情境,引导幼儿理解数概念。如:

(1)结合生活需要,和幼儿一起手口一致点数物体,得出物体的总数。

(2)通过点数的方式让幼儿体会物体的数量不会因排列形式、空间位置的不同而发生变化。如鼓励幼儿将一定数量的扣子以不同的形式摆放,体会扣子的数量是不变的。

(3)结合日常生活，为幼儿提供“按数取物”的机会，如游戏时，请幼儿按要求拿出几个球。

4.通过实物操作引导幼儿理解数与数之间的关系，并用“加”或“减”的办法来解决问题。如：

(1)游戏中遇到让4个小动物住进两间房子的问题，或生活中遇到将5块饼干分给两个小朋友的问题时，让幼儿尝试不同的分法。

(2)鼓励幼儿尝试自己解决生活中的数学问题。如家里来了5位客人，桌子上只有3个杯子，还需要几个杯子等。

(3)购少量物品时，有意识地鼓励幼儿参与计算和付款的过程等。

《指南》中对幼儿数学认知提出的目标之三是感知形状与空间关系。其对应年龄及具 体要求如表3-6所示。[①]

表3-6　感知形状与空间关系

3~4岁	4~5岁	5~6岁
1.能注意物体较明显的形状特征，并能用自己的语言描述	1.能感知物体的形体结构特征，画出或拼搭出该物体的造型	1.能用常见的几何形体有创意地拼搭和画出物体的造型
2.能感知物体基本的空间位置与方位，理解上下、前后、里外等方位词	2.能感知和发现常见几何图形的基本特征，并能进行分类	2.能按语言指示或根据简单示意图正确取放物品
	3.能使用上下、前后、里外、中间、旁边等方位词描述物体的位置和运动方向	3.能辨别自己的左右

资料来源：中华人民共和国教育部《3~6岁儿童学习与发展指南》

教育建议：

1.用多种方法帮助幼儿在物体与几何形体之间建立联系。如：

(1)引导幼儿感受生活中各种物品的形状特征，并尝试识别和描述。如感受和识别盘子、桌子、车轮、地砖等物品的形状特征。

(2)鼓励和支持幼儿用积木、纸盒、拼板等各种形状材料进行建构游戏或制作活动。如用长方形的纸盒加两个圆形瓶盖制作“汽车”。

① 中华人民共和国教育部：《3~6岁儿童学习与发展指南》，首都师范大学出版社2012年版，第41页。

(3)收拾整理积木时,引导幼儿体验图形之间的转换。如两个三角形可组合成一个正方形,两个正方形可组合成一个长方形。

(4)引导幼儿注意观察生活物品的图形特征,鼓励他们按形状分类整理物品。

2. 丰富幼儿空间方位识别的经验,引导幼儿运用空间方位经验解决问题。如:

(1)请幼儿取放物体时,使用他们能够理解的方位词,如把桌子下面的东西放到窗台上,把花盆放在大树旁边等。

(2)和幼儿一起识别熟悉场所的位置。如超市在家的旁边,邮局在幼儿园的前面。

(3)在体育、音乐和舞蹈活动中,引导幼儿感受空间方位和运动方向。

(4)和幼儿玩按指令寻找的游戏。对年龄小的幼儿要求他们按语言指令寻找,对年龄大些的幼儿可要求按照简单的示意图寻找。

三、学前儿童科学教育活动的具体目标

学前儿童科学教育活动的具体目标,指某具体的科学教育活动所要达到的结果,或所引起的儿童行为的变化。它是单元目标的具体化,是一种具有操作性的目标。

拟订科学教育活动具体目标的原则与注意事项有以下几个方面。①

(一)应与总目标、年龄阶段目标保持一致

科学教育的总目标和年龄阶段目标,要通过一个个具体的活动目标落实在每个儿童身上,因此每一次活动的具体目标的内容和要求,在方向上应与总目标、年龄阶段目标相一致,要为阶段目标和终期目标服务,根据幼儿的年龄特征和发展水平,由浅到深、循序渐进地制定,体现各层次目标的一致性。

(二)目标的制定要全面,注重儿童终身学习和发展

学前儿童科学教育活动目标应从情感态度、方法技能、知识经验三个维度预设,比较全面完整。当然,并不是说每一次活动的目标都必须包含三个维度,有时会有所侧重,但也要保证从长期的活动方案来看,三类目标最终得以实现。

① 马壮、许东红:《幼儿科学教育与活动指导》,首都师范大学出版社2019年版,第34页.

（三）目标的制定要具体

教育活动目标是教学过程的指引，是评价教学效果的标尺，只有具体的、有针对性的目标才能为教学过程导航，才能够给检测学习达成度以标尺。所以，在制定教学活动目标时要具体，要对教材和儿童学习能力分析透彻。当我们面对一个教学内容时，首先，要审视其中蕴含了哪些知识点。还要推敲在何种程度上操作，才能够对儿童产生真正教育意义上的价值；其次，要考虑儿童的学习方式和获得知识技能的方法，在相关的学习中要分析所蕴含的社会性价值。

（四）目标应适宜于儿童整体的最近发展区

教师要为幼儿设定一个目标的"最近发展区"，即儿童现有的与可能发展的情感、能力经验之间的距离。如中班科学活动"各种各样的纸制品"，教师制定的知识目标是收集、观察各种各样的纸制品，了解其质地和用途。这样的目标定位只停留在浅层次的观察上，对于中班幼儿来说无须付出努力就能做到，这就导致目标制定得不合理，在知识点的难易层次上应该提升一个梯度，才能让孩子充分感受到"跳一跳，才能摘到果子"的成功感。

经典研究介绍

最近发展区理论

最近发展区理论是由苏联教育家维果茨基提出的儿童教育发展观。他认为学生的发展有两种水平：一种是学生的现有水平，指独立活动时所能达到的解决问题的水平；另一种是学生可能的发展水平，也就是通过教学所获得的潜力。两者之间的差异就是最近发展区。

教学应着眼于学生的最近发展区，为学生提供带有难度的内容，调动学生的积极性，发挥其潜能，超越其最近发展区而达到下一发展阶段的水平，然后在此基础上进行下一个发展区的发展。

（五）目标的陈述要统一、规范

从表述的方式上说，幼儿园科学教育活动的目标通常采用"行为目标"的方式来表述。行为目标是具体的、可操作的教育活动目标，它指向活动过程后儿童所发生的行为变化。

本章小结

学前儿童科学教育活动的目标，是指教师在进行科学教育活动之前，在头脑中预设的科学教育活动过程结束时所要取得的效果，是对科学教育效果的期望和要求。本章主要讨论了学前儿童科学教育目标的确立依据、发展趋势与结构，以及学前儿童科学教育的总目标与分目标。核心内容总结如下。

1. 学前儿童科学教育目标的确立依据有三：第一，学前儿童科学教育活动的特性；第二，儿童的认知特点；第三，当代社会的发展需要。

2. 学前儿童科学教育的发展趋势体现为以下两个方面：教育目标以科学素质为出发点培养儿童的完整人格及教育内容以现代社会生活为背景构建儿童的探索领域。

3. 学前儿童科学教育的目标按其层次，可以分解为学前儿童科学教育的总目标、年龄阶段目标、单元目标和活动目标四个层次。

4. 以学前儿童科学素养为依据来分类，学前儿童科学教育目标可分成科学情感和态度教育目标、科学方法教育目标及科学知识教育目标。

5. 学前儿童科学教育的目标，是根据学前教育的总目标，结合科学教育的特点而制定的，是学前教育总目标在科学教育中的具体体现。

思考与实训

1. 结合篇首的案例中的实际问题，运用本章的所学知识，尝试回答学前儿童科学教育目标的制定依据是什么。

2. 结合实际，谈谈学前儿童科学教育目标的层次结构应该如何划分。

3. 学前儿童科学教育的总目标是什么？你是如何理解的？

专题探讨

背景资料：水对我们的生命起着重要的作用，它是生命的源泉，是人类赖以生存和发展的不可缺少的最重要的物质资源之一。人的生命一刻也离不开水，水是人生命需要的最主要的物质。水变化无穷、神秘莫测，对孩子来说具有巨大的吸引力。儿童不仅对水充满了好奇，玩水更是他们的兴趣，水也是他们游戏的天然材料。

探讨：请以“水”为主题，设计小、中、大班各年龄段的主题活动目标，根据目标选择具体活动内容，并进行说明。

第四章 学前儿童科学教育的内容

学习目标

- 掌握学前儿童科学教育的内容。
- 理解学前儿童科学教育内容选择的原则。

学习重难点

- 重点:学前儿童科学教育内容的把握。
- 难点:学前儿童科学教育内容的选择。

案例破冰

幼儿科学教育“教什么”

在幼儿园课程领域中,可以说没有哪个领域的教育内容比科学更广,这一特点为教师开展科学教育提供了广阔的内容选择空间,但也带来了困惑与挑战。在一次交流中,有老师说道:科学领域的知识如此宽泛,又相对深奥难懂,很多内容我们老师都讲不明白,小小年纪的幼儿能学习得了吗?适宜学前儿童学习的科学教育内容有哪些?该如何选取合适的内容对儿童进行科学启蒙呢?通过本章的学习与思考,我们将得到答案。

第一节 学前儿童科学教育的内容

随着人们对教育认识的不断拓展，学前儿童科学教育的内容范围较过去的“自然常识教育”有了很大的更新和扩展，主要体现在以下几个方面：[①]

第一，强调以探究为中心的科学观；

第二，强调科学、技术和社会相互作用的观点；

第三，强调人与自然和谐相处的生态观点。

这些观点在《幼儿园教育指导纲要（试行）》（以下简称《纲要》）中得到体现，结合《指南》精神，我们可将学前儿童科学教育的内容范围确定为以下几个方面：

（1）常见动植物及其与环境的关系；

（2）常见物体和材料；

（3）自然科学现象；

（4）人与自然环境的关系；

（5）生活中的科学技术；

（6）数学启蒙知识。

《纲要》“科学”领域中提出的内容和要求

1. 引导幼儿对身边常见事物和现象的特点、变化规律产生兴趣和探究的欲望。

2. 为幼儿的探究活动创造宽松的环境，让每个幼儿都有机会参与尝试，支持、鼓励他们大胆提出问题，发表不同意见，学会尊重别人的观点和经验。

3. 提供丰富的可操作的材料，为每个幼儿都能运用多种感官、多种方式进行探究提供活动的条件。

4. 通过引导幼儿积极参加小组讨论、探索等方式，培养幼儿合作学习的意识和能力，学习用多种方式表现、交流、分享探索的过程和结果。

5. 引导幼儿对周围环境中的数、量、形、时间和空间等现象产生兴趣，建构初步的数概念，并学习用简单的数学方法解决生活和游戏中某些简单的问题。

① 张俊：《幼儿园科学教育》，人民教育出版社2004年版，第95页。

6.从生活或媒体中幼儿熟悉的科技成果入手,引导幼儿感受科学技术对生活的影响,培养他们对科学的兴趣和对科学家的崇敬。

7.在幼儿生活经验的基础上,帮助幼儿了解自然、环境与人类生活的关系。从身边的小事入手,培养初步的环保意识和行为。

一、常见动植物及其与环境的关系

幼儿对生命体特征认识的重要经验来源是其周围常见的动植物。幼儿对动植物(尤其是动物)的特殊感情能很好地激发其对动植物的浓厚兴趣,在此基础上教师可以引导幼儿去观察和研究动植物,通过对动植物典型外部特征的了解与把握,进一步探索动植物与环境以及动植物与人类的关系。

(一)了解常见动植物的生存与生长变化的规律特征,感受生命的多样性

对动植物的观察与了解是幼儿特别喜欢的科学探索活动之一,也是从小班一直延续到大班的科学教育的重要内容。幼儿通过种植与观察植物、饲养与照料动物,熟悉了动植物的名称,在探索与观察中发现它们典型的外部特征及其主要用途,了解与把握动物的生活习性、认识与发现动植物的多样性。如动物中有大的、小的;有温顺的、凶悍的;有会孵蛋的、有会生“小宝宝”的;有爬的、游的、飞的等;植物中,有的喜光、有的喜湿、有的喜凉、有的喜暖;不同的根、不同的叶子、不同的茎、不同的花和果实等,构成了丰富多样的动植物生态。

不同的年龄班幼儿对于动植物的认识,也可以有不同的要求:小班幼儿,可以给他们选择当地常见的、熟悉的、具有比较典型特征的动植物进行观察;中班幼儿,可以选择两种动植物进行比较观察;大班幼儿,教师可以鼓励他们观察和发现动植物的生长、变化规律,用标记、绘画等简单方式进行记录,交流观察中的有趣现象、探究的过程和结果。

(二)感受和初步探索动植物与环境的关系

在了解了常见动植物的生存与生长变化的规律特征的基础上,引导幼儿感受和初步探索动植物与环境的关系,感受生命的整个生态系统。

(1)知道动植物的生长与环境的关系:通过在种植园地和饲养角种植植物、饲养动

物等活动,探究动植物的生长需要的环境条件,知道动植物的生存与成长离不开空气、日光、水和土壤。

(2)知道动植物的多样性与环境的关系:不同的环境,生活着不同的动植物,如有的生长在陆地上,有的生长在水里,有的生长在暖和的地方,有的生长在寒冷的地方等。

(3)知道动植物和季节变化的关系:有的植物春天播种、秋天收获,有的动物冬眠,有的植物会落叶、有的树木会四季常青等。

(4)知道动植物的形态结构与环境的关系:了解不同环境中的动植物在形态结构上的不同以及它们与环境之间的关系,如企鹅为什么生活在南极、大树的根为什么要深入地下很深的地方等。

(5)知道动植物之间的关系:包括动物与动物之间和动物与植物之间的关系。知道动物间“朋友”和“天敌”的关系,如鳄鱼与牙签鸟是“好朋友”,猫头鹰是蛇和鼠类的天敌;动物与植物的关系,如“牛—草—粪便”的关系等。

(三)探索和发现动植物与人的关系

引导幼儿认识人与动植物之间是紧密相连的,互相依存的。懂得动物是人类的好朋友,人类应该保护它们;植物对净化空气有贡献,要保护植物。了解人类在生活中是怎样利用动植物的,还要让幼儿了解人类是怎样保护动植物的。我们的衣、食、住、行都离不开动植物。

二、常见物体和材料

常见物体和材料包括自然物质和人造物质两大类。

(一)常见的自然物质

知道在我们生活的世界里,除了生物(人类、动植物),还有沙、水、空气、岩石、土壤等无生命的自然物质。感受到生物和它所生存的环境之间的紧密联系、相互依存。知道沙和土壤都是由岩石变来的,土壤是适宜生物生长的;知道生物离不开水和空气,地球上的水有江、河、湖、海以及地下水。空气存在于所有空间,它们都是生命不可缺少的物质。

（二）常见的人造物质

根据地方性特点和特有的资源选择常见的具有代表性的材料，作为幼儿探究和认识的对象，如常见的纸和各种金属物体等人造物质。对这些材料的认识主要包括：认识材料的颜色、硬度、光滑度、纹理、质地等特征，认识物体溶解、传热等性质以及不同材料的用途，认识常见物体的结构与功能之间的关系等，能根据物体和材料的性质、结构特点、功能用途进行分类等。

三、自然科学现象

（一）天文

知道地球存在于宇宙中，除了地球外，宇宙中还有太阳、月亮和星星等，它们都离我们很远；太阳是一个恒星，是一个发光、发热、燃烧着的巨大火球。没有它，实际上所有的生命都不能生存；月球是地球的卫星，它不会发光，只有当太阳光照射到月球上，才使我们看到夜空中的明月。知道月亮在不同的时间看上去形状会改变，月相的变化是有规律的。知道月球上没有空气和水，也没有生命。宇航员可以乘航天飞机登上月球；夜空中有无数的星星，它们有的像太阳一样会自己发光，有的自己不会发光。但因为离我们太远，我们只能看到一个个闪烁的光点。

（二）气候和季节

了解气候和季节是人类和其他动植物生存的重要环境因素，它们的变化是有规律的；观察晴天、多云、阴天、雨天等天气，并学会做记录。让幼儿学会用温度计观察并记录气温。观察各种天气现象：雨、雪、大风、结冰、闪电、雾、冰雹、霜等。知道四季的变化及其规律，了解不同季节的特征；了解季节和气候变化对人类和动植物生活、生长的影响，能主动适应外界环境的变化，并保护身体。

（三）物理现象

常见的物理现象有光、声、电、磁、力等，包括物体和材料的形态或位置及其变化条件，如斜面与物体运动；沉浮、磁力、光和影子等常见物理现象及其产生的条件或影响因素等。

了解光和人类生活的密切关系，光为我们带来光明，使我们可以看见周围世界。光还为植物的生长提供了条件；发现光从哪里来，太阳、个别生物、燃烧的物体、电灯、闪电等会发光，月亮、镜子等会反光；探索光和影子的关系；探索光学仪器（如三棱镜、各种透镜等），了解简单的光学现象。了解颜色是由于光的反射造成的，探索物体的颜色现象。

知道我们生活在一个充满声音的世界里，注意倾听、观察和感受各种各样的声音。探索声音的产生，知道不同的物体会发出不同的声音；声音有乐音、噪音之分，乐音给人以美的感受，噪音会给人带来危害。

了解摩擦产生的静电、电线输送来的电和干电池里的电都是电；知道干电池的用途，理解电的用途及优越性；懂得安全用电，避免事故。

观察各种形状、大小的磁铁，探索磁铁的性质；了解磁的用途。

知道任何物体都有温度，有的温度高，有的温度低；不同温度的物体之间会发生传热现象，有的传热快，有的传热慢；讨论生活中有关热的问题，如夏天怎样散热，冬天怎样生热和保暖等。

知道力和运动是生活中最常见的现象，初步了解力的大小、方向、作用点和物体运动之间的关系；力有很多种，如地球的吸引力、推力、拉力、压力、浮力、摩擦力，以及风力、水力、电力等，感受各种力的作用；探索省力的方法，如使用轮子、滑轮、杠杆、斜面、机械等。

（四）化学现象

了解周围物质世界和日常生活中存在的简单化学现象。如大米经过烧煮变成米饭，面粉发酵做成馒头等；知道食物的霉变现象，初步了解食物为什么会霉变。

四、人与自然环境的关系

人与自然有着天然的联系，相依相伴，密不可分。幼儿从小感受、体验和发现这种依存关系，有助于幼儿建立良好的环境意识和养成良好的行为习惯。相关的关键经验包括：感知、体会和了解人类对动植物的依存关系和动植物对人类的贡献；感知、体会和了解人们的生活与自然环境的密切关系，良好的自然环境对人们生活的好处，人类活动对自然环境造成的不良影响和破坏；懂得尊重和珍惜生命，保护自然环境；做力所能及的活动保护环境、爱护生命。

五、生活中的科学技术

（一）科学技术在家庭生活中的运用

认识并探索现代家用电器、现代浴具以及现代厨房用具等，了解它们的用途及安全使用的方法；认识并探索家庭中的其他科技产品；了解以上科技产品与人们生活的关系。

（二）科学技术在社会生活中的运用

认识各种农业和工业机械，使幼儿理解它们在工农业生产中的应用；认识各种交通工具，从自行车、摩托车、汽车、电车到火车、飞机、轮船，到现代最先进的交通工具（如电气火车、超音速飞机、磁悬浮列车等）；认识各种现代道路，如高架路、立交桥、高速公路、隧道等；认识各种通信工具，如电话、移动电话、传真机和可视电话等；了解科技在其他城市建设等方面的应用。

（三）科学技术的发展

了解科学技术是不断发展的，科学家对于科技的发展做出了很大的贡献。向幼儿介绍一些著名的科学家；初步了解科技给人们的生活带来方便，科技发展提高了人们生活的质量。

拓展阅读

技术与幼童[①]

我们生活在一个“技术”的世界中：我们的周围充斥着各种现代的科技产品，甚至就连自然物也或多或少打上技术影响的烙印，成为“人化”的自然。尽管如此，技术还是在每时每日、不知疲倦地追求进步。技术不断地改变着这个世界，也改变着我们的生活。

① 张俊：《幼儿园科学教育》，人民教育出版社2004年版，第109-112页。

今天的儿童，也同样生活在这样一个技术世界中。我们不能说儿童对于技术一无所知。即使他们并不能意识到技术的存在，却也无法回避技术在周围生活甚至儿童自己生活中的具体应用和影响。儿童享用着技术，操纵着技术，谈论着技术，也幻想着技术…… 以下事情正发生在今天的儿童身上。

我两岁的儿子最喜欢爬到我工作的电脑边，自己敲击一阵键盘，然后就盯屏幕，等待着将要发生的变化。

一个两三岁的儿童拿着冰凉的牛奶，告诉妈妈“放到微波炉里转转就好了”。

幼儿园里，儿童在纸上描绘着人类将来在海底建造的“生活基地”，其中不乏富有想象力的机械，从交通运输工具到生活用品，应有尽有。

正如我们认为科学在儿童个体身上也经历了和科学史一样的发生、发展过程那样，每一个儿童都经历过自己的技术和技术活动。我们既然相信，每一个儿童都是科学家，尽管儿童的科学发现对于科学家来说可能是微不足道的；我们也有理由相信，每一个儿童都是发明家，尽管他们的发明也许仅具有个人的意义，和真正的发明还相差甚远。

儿童自出生起就开始探索周围的世界，由此便开始了他们的科学探索历程。同样地，儿童很小的时候就会遇到各种问题，需要他们去解决。可以说，儿童自从有了有目的的行为，就有了设计和技巧，就有了他们最初的“技术”。我曾惊讶地发现我的儿子在一岁多的时候，就有过一次成功的技术活动：为了吃到塑料瓶里的糖，他千方百计地寻找打开瓶盖的方法。他模仿大人旋转瓶盖，在经过很多次的尝试后，终于如愿以偿。孩子的成功引发了我的思考：他知道了“怎样做”的技巧，不正是获得了某种“技术”吗——尽管这种技巧对于我们成人来说不值得一提。

因此，把技术和幼童联系起来，既不是把儿童成人化，也不是把技术庸俗化，而是基于对技术含义的以下认识。

1.技术既不是隐含于科技产品之中的那些高深莫测的东西，也不是少数发明家的“专利”，它存在于每个人的实践活动中，是人的实践能力的具体体现。精密的电脑芯片体现了技术，卖油翁的技巧也体现了技术；设计师设计出各式各样的瓶盖是技术，孩童打开了瓶盖也是技术。对技术这一概念的含义不应持狭隘的理解，而应持广义的理解。

2.技术不仅表现为具体的产品，更是一种过程，是过程和结果的统一。从其结果来看，技术常常表现为某种产品的形式；从其过程来看，则表现为设计的办法、操作的技巧、制作的工艺等。技术产品是技术活动过程的必然产物。

3.儿童不仅是技术产品的使用者,更是技术活动的主体。儿童不是被动地生活在技术世界中,被动接受技术产品的影响,而是在主动地应对各种实际问题,解决各种问题。他们认识各种技术产品,学习使用各种产品,他们还在摆弄各种物体、甚至制作一些物品的过程中摸索着操作的技巧。而这些都说明了儿童是技术活动的主体,尽管他们对什么是技术还没有明确的意识。

六、数学启蒙知识[①]

(一)集合与分类

1.感知集合及其元素,进行物体的分类。

2.以对应的方法比较两个物体数量的相等和不等。

(二)模式与排序

1.发现和识别物体排列的规律。

2.运用不同的方式和材料(图画、实物或动作等)表征有规律的模式。

(三)数的概念与运算

1.10以内的基数(包括数的实际意义、认数、数的守恒、相邻数和10以内自然数列的等差关系等)和序数。

2.数数(唱数、点数、目测数、按群数)。

3.理解10以内数字符号的意义。

4.10以内数的组合与分解。

5.10以内数量的变化(相加和减去)。

(四)几何与空间

1.平面图形:圆形、正方形、三角形、长方形、半圆形、椭圆形、梯形。

2.立体图形:球体、圆柱体、正方体、长方体。

3.图形的组合与分解。

4.空间方位:上、下、前、后、左、右、里、外、远、近等。

5.空间运动方向:向前、向后,向左、向右,向上、向下等。

---

① 黄瑾:《学前儿童数学教育与活动指导》(第3版),华东师范大学出版社2014年版,第22-23页。

（五）量的比较与测量

1. 比较大小、长短、粗细、高矮、厚薄、宽窄、轻重、容积等量的特征。

2. 量的相对性和传递性。

3. 自然测量。

第二节 学前儿童科学教育内容选择的原则

从总体上说，学前儿童科学教育内容的选编，要依据科学教育的目标来进行，即在选择与编排科学教育的内容时，要有明确的目标，必须全面贯彻科学教育的任务。在具体选择编排科学教育内容时，除了目标的指引以外，还要考虑以下几个原则[①]。

一、科学性与启蒙性原则

科学性原则是指选编的内容必须符合科学原理，应从自然界的整体出发，根据客观规律，正确解释幼儿周围生活中的一切自然现象和自然物，不允许带有任何宗教迷信色彩。科学教育是对幼儿进行科学启蒙的教育，旨在发展幼儿学科学、爱科学，初步学习使用科学的能力和志趣。因此，科学教育必须具有科学性，这也是自然科学本身的特点和科学教育的性质所决定的。人类对科学的认识总是有所发现、有所发明、有所创造、有所前进的。今天看似科学的一些观点和结论，虽然不会因为社会的改变而改变，但它们不是一成不变的。随着科学技术的不断发展，新的发现、发明，必然会得出新的结论和引发新的科学观点，会引起基础知识的改造和改组。随着科学的进步和发展，也必然要求对科学教育内容进行调整、充实，要求我们摒弃那些被事实证明已经陈旧无用的东西，而把那些能反映新观点、具有先进性的基础知识引进到教材内容中去。当然，知识是逐步深化的，幼儿的科学概念也只能是逐步形成的，不可能一下子达到严密精确。幼儿阶段的科学教育达到的概念水平，是感性经验上的前概念水平，但不能因此而否认了科学性的要求，所选的内容仍应是科学的，绝不允许带有丝毫的唯心主义和宗教迷信色彩。应使幼儿在科学学习过程中，学会客观、实事求是地看待周围世界，为以后形成辩证唯物主义的自然观、科学观和世界观打下良好的基础。所以，应选择那些能被幼儿感知的、证实的、可靠的材料作为科学教育的内容。

启蒙性原则是指选编的内容必须符合幼儿的知识经验和认知发展水平，使幼儿在

① 施燕：《学前儿童科学教育与活动指导》（第3版），华东师范大学出版社2014年版，第66-68页。

教师的帮助下，通过一定的努力能够达到教育目标，即能够理解和接受，这对幼儿来说特别重要。科学教育内容应适合幼儿已有的知识基础、理解水平和生活实际。幼儿年龄小，受其生活经验和活动范围以及身心发展的局限，难以理解抽象的科学概念和规律。因此，选编内容的广度和深度必须是幼儿能理解和接受的。幼儿科学教育的目的是科学启蒙，而不是、也不可能是培养小科学家。但是启蒙性并不只是一味地“简单”“容易”，而低估了幼儿的接受能力。如果科学教育内容范围过窄、程度过浅、分量过少，都会降低幼儿的认知能力水平，阻碍他们的认知发展，抑制他们的学习兴趣。教师要正确估计幼儿的理解能力，既不能过分低估幼儿的能力，也不能拔苗助长，急于求成。总之，启蒙性强调的是幼儿在教师的指导下，通过自己一定程度的努力而达到目的。

在选编科学教育内容时，教师要处理好科学性与启蒙性两者之间的关系，选择教育内容时遵循科学性原则并不等于专业性，启蒙性也不等于不要科学性。要兼顾科学性与启蒙性原则，就要求在选择内容时考虑科学性，在内容的范围和深度上遵循启蒙性。

应该选择幼儿可以直接探索及可以理解的内容，让幼儿通过自己直接的探索活动，在力所能及的范围内学习科学。幼儿对于自己生活中熟悉的内容，相对来说比较容易理解，因此，应选择一些幼儿日常生活中熟悉的内容，引导他们进行探索和发现。另外，为了使幼儿能够理解，在编排内容的时候，就应该考虑由近及远、由浅入深、螺旋式上升的编排方法。

二、系统性与整体性原则

系统性原则是指选编的科学教育内容按照由近及远、由简到繁、由具体到抽象、由已知到未知的认知规律编排。一般认为，在幼儿阶段进行科学教育，因为幼儿认知特点的原因，不必也不可能按照自然科学的体系向幼儿传授系统的科学知识。但并不是说在选择与编排科学教育内容的时候可以随意地编排，不需要系统性。把自然科学分成物理、化学、生物、地理等是科学史上的一大进步，但是，在幼儿的眼里，周围世界是一个整体。事实上，自然界本身就是一个整体，只是为了学习和研究的需要，才把它们分成各种门类。马克思就曾经注意到这样一个事实:在科学发展中往往是先认识比较复杂的物体和现象,然后才认识比较简单的结构。人类认识物质世界的过程是这样,一个人的认识发展其实也是这样的。在幼儿阶段,应根据自然界的客观规律、人的认识规律,以及幼儿的思维发展特点,来考虑科学教育内容的系统性。

系统性应体现在托班、小班、中班、大班各年龄段认识容量的增加与深度的提高上。按这样的系统选编内容时,可采用直线式上升或螺旋式上升的方式。直线式上升是指同一方面的内容按难易、繁简的程度予以安排,如"认识人体"的内容安排。

认识人体的内容安排:

小班可以选择认识脸、眼睛、耳;

中班可以选择认识脚和手;

大班则安排认识皮肤、身体、消化系统、呼吸系统、循环系统、运动系统及其功能等。

螺旋式上升是指同一内容反复出现,循环加深。以"水"的内容安排为例,在小、中、大班均可进行,但内容的侧重点及具体要求则不同。

认识水的内容安排:

小班主要是感知生活中水的不同声音,初步认识水;

中班是进一步探索水的物理性质,以及水的浮力、水向低处流等现象;

大班则可以让幼儿认识地球上的各种水域,以及水的三态变化,教育幼儿爱护水资源。

整体性是指在选编科学教育内容时,应考虑科学教育各方面的内容。在介绍事物时要注意其内在逻辑联系。例如在选择鸟作为科学教育内容时,除了使幼儿获得关于鸟的主要外形特征、习性和功能等方面的知识,还可以选择与鸟有关的森林、昆虫、气候、人们生活等各方面之间的相互关系。

现代学前教育正向综合趋势发展,作为学前教育内容之一的幼儿科学教育,必须要考虑与其他教育内容相互配合一致,使幼儿获得较完整的知识。但是,整体性并不是"拼盘式",对于不能相容的教育内容,也可单独进行。总之,教师追求的应是整体教育的真正效果。

三、时代性与民族性原则

时代性原则是指要根据时代发展、科学技术的进步，来选编科学教育内容，使选编的内容跟上时代的发展，面向现代化。今天的社会是一个科学发展加速、高新技术发展迅速的社会。幼儿能通过各种途径，包括亲身感受及媒体传播等，充分感受到现代科技在人们生产、生活中的渗透与应用。教育是为一定社会的政治、经济服务的，不同的时代对人才培养有着不同的要求。科学教育内容的时代性是社会和科技的发展对培养人才的客观要求，更是幼儿探索科技的要求。科学教育不能只是关注幼儿认识自然（偏重生物，特别是动物），更应让幼儿了解高新技术的发展。

今天的幼儿是21世纪祖国建设的栋梁，教育要具有超前意识，因此，在选编科学教育内容时，除了保留一些传统的必要的基本内容以外，还要注意选择那些与幼儿生活密切相关的、能为幼儿所接触的、体现时代特点的科技知识，以开拓幼儿的视野。例如，地铁、轻轨、电脑、家用电器、现代通信设备、无土栽培、航空技术、现代建筑等，让幼儿在了解这些科技知识的同时，感受科技的重要性。

民族性原则是指在选编科学教育的内容时，要注重弘扬民族传统文化，在幼儿的心灵中播下民族自信心和自豪感的种子，从而激励幼儿学习科学。我国是一个具有五千多年优秀民族文化传统的国家，我国古代的许多发明创造为世界科技的发展做出了卓越的贡献，例如指南针、活字印刷等的发明。在选编科学教育内容时，应选择一些与中华民族优秀的文化传统有关的内容，让幼儿在接触现代科技的同时，了解中华民族优秀的文化传统，这对于培养幼儿爱科学的态度，乃至爱祖国的情感，都有着不可低估的作用。因此，可以结合幼儿日常生活，选择一些具有我国民族特色的物产或当地有名的物产，让幼儿感受、体验、观察和了解。例如，民族医药、植物扎染、甜酒制作等，都是能充分体现民族性的教育内容。

时代性原则与民族性原则虽有不同，但它们不是对立的，而是相互关联的。例如，在了解有关桥的知识时，既让幼儿了解现代的各种各样的桥，如立交桥、斜拉索桥、地面上的桥（旱桥）、水面上的桥等；同时也让幼儿了解我国古代的一些著名的桥梁，如赵州桥等。在这一系列内容的选择安排中，既遵循了民族性原则，又体现了时代性原则。

四、地方性与季节性原则

地方性原则是指应联系当地的自然环境和文化背景，来选编科学教育的内容。我国幅员辽阔，地跨寒、温、热三带，不仅自然条件复杂，而且各地的自然资源差异也很大。例如，当东北还是冰雪满地的时候，南方已是遍地绿色了。城市与农村、南方与北方、山区与海岛、中心地区与边远地带等都有极大的差别。同时，各地的风土人情、人文历史以及科学技术发展状况也不一样。因此，要根据当地的特点选择科学教育的内容，还可以自行编制一些乡土教材，以保证幼儿直观地感受本地区的自然特点。要注意不要将不符合当地情况的教材照搬套用，而应该选择性地运用。选择一些符合当地情况的内容进行科学教育。但这并不排斥为扩大幼儿的眼界而选择一些乡土以外的内容。例如，平原上的幼儿可以在先感知了解平原的特征后，再逐步了解地球上还有山脉、海洋。又如南方的幼儿也可以通过多媒体的方式感受北方雪乡下雪的情景。

季节性原则是指应联系季节变化来选编科学教育的内容。科学教育内容中涉及的各种自然现象的发生、发展和变化，大多与季节变化有着必然联系。动植物的生长、活动也受着季节的影响，各种天气变化更是与季节有关。遵循季节性的原则来选编科学教育的内容，既能丰富、加深幼儿对季节的整体理解，又能帮助幼儿理解事物变化与季节之间的关系。例如冬季，不仅要让幼儿了解冬季天气寒冷的季节特征(北方还会下雪)，观察动物如何过冬、植物的变化等情况，还可以介绍人们如何过冬，如何使用取暖器、空调等来取暖。又如，随着水果保鲜技术的发展，人们一年四季都可以吃到橘子。但是让幼儿认识橘子还是在秋季为宜，因为在秋季，橘子的数量和种类最多，新鲜程度最好。

所以，要根据当地的季节变化特点，恰当地编排教育内容，并在教学过程中根据季节变化情况灵活地进行调整。

本章小结

1. 学前儿童科学教育内容是学前儿童教育目标的具体化，为科学教育目标的实现提供了基础，是科学教育活动设计与具体实施的主要依据，是将教育目标转化为儿童发展的基本要素。

2.学前儿童科学教育内容强调以探究为中心的科学观,强调科学、技术和社会相互作用的观点以及强调人与自然和谐相处的生态观点。

3.学前儿童科学教育的内容范围确定为以下几个方面:常见动植物及其与环境的关系、常见物体和材料、自然科学现象、人与自然环境的关系、生活中的科学技术、数学启蒙知识。

4.学前儿童科学教育内容的选编,除了目标的指引外,还需要考虑以下原则:科学性与启蒙性原则、系统性与整体性原则、时代性与民族性原则、地方性与季节性原则。

思考与实训

1.某幼儿园中班教师设计9月份的科学教育内容有:我们长大了、美丽的菊花、秋天的水果、可爱的金鱼、有趣的声音、空气的作用、高架桥、太空飞船。

请分析该教师选择的内容是否符合幼儿园科学教育内容的选编原则。该科学教育内容是否合适?

2.选择一所幼儿园,调查其本学期小、中、大三个年龄班幼儿科学教育的内容安排,并结合所学理论对其合理性进行分析。

3.为某幼儿园中班(上)设计一学期的科学教育内容计划。

专题探讨

幼儿技术教育“教什么”?

对于幼儿技术教育,常存在着各种不同的态度。拒斥技术认为技术是发明者的事情,和平常人无关,更和儿童无关。因此,也就谈不上对儿童进行技术教育。与之相反的态度则是敬畏技术,它知道技术对于儿童的重要,也不排斥技术教育,认为技术很高明,也很高深,但是实际的教育效果并不好,儿童未必能够理解那些在成人看来很重要的技术,而且也不见得对那些先进的技术感兴趣。

这就导致有的教师不顾儿童的直接体验,将技术教育概念化甚至神秘化的倾向。例如,有的教师想向儿童介绍克隆技术,然而解释了很多也没有让儿童真正理解;有的教师想用古老的石磨和先进的电动豆浆机对比,以说明现代技术给我们带来的方便,却没想到儿童偏偏对石磨更感兴趣,都愿意试一试这有趣的玩意儿。

教师们开始困惑:如何让幼儿真正理解技术?技术教育对幼儿是否可能?幼儿技术教育应如何定位?

第五章

学前儿童科学教育的途径与方法

学习目标

- 了解学前儿童科学教育的途径。
- 掌握学前儿童科学教育的方法。

学习重难点

- 重点：学前儿童科学教育的方法。
- 难点：学前儿童科学教育的途径。

案例破冰

烹饪活动是科学活动吗[①]

一天，在南京市某幼儿园的科学活动室中，一组幼儿在教师的带领下在做饼干。他们和面、揉面、擀面饼、用模子将面饼刻成不同形状的饼干，然后将饼干放进烤箱，再用巧克力酱在烤制好的饼干上画自己喜欢的图案，最后，教师和幼儿一起品尝饼干。这样一个过程观察下来，观察者发出了很多疑问。

有人问“这样的烹饪活动算科学活动吗？为什么放在科学活动室里呢？”

有人问“幼儿学习烹饪有意义吗？饼干去超市买来吃就好了！为什么非要让幼儿自己学习做饼干？”

还有人问“幼儿那么小，能学会做饼干吗？会不会太难了，我长这么大了都还不会做！”

① 彭小元：《幼儿科学教育与活动指导》，江苏教育出版社2013年版，第1页。

……

事实上，现在很多幼儿园都开设了烹饪活动，面对这样一种现象，你是怎样理解的呢？烹饪活动是科学活动吗？幼儿开展这样的烹饪科学活动能获得什么经验呢？

让我们带着这样一些思考，在本章节的学习中寻找答案。

第一节 学前儿童科学教育实施的途径

按照《幼儿园工作规程》的精神,幼儿园教育应当贯彻“综合组织健康、语言、社会、科学、艺术各领域的教育内容,渗透于幼儿一日生活的各项活动中,充分发挥各种教育手段的交互作用”的原则和要求,也就是说,学前儿童科学教育目标要通过幼儿一日生活的各项活动来实现,幼儿生活中的各种活动都是进行科学教育的有效途径。幼儿的认知特点决定了科学教育不应要求幼儿掌握严格的科学概念,而应引导和支持幼儿通过自身与周围物质世界的相互作用获得经验。因此,营造科学教育环境,以多种形式积极开展科学教育主题式教学活动是幼儿学习科学的主要途径。

一、创设科学探究活动的环境

环境是重要的教育资源,我们应通过环境的创设和利用,有效地促进幼儿的发展。幼儿园教育环境是宏观的,它既包括了幼儿园内的环境,还包括与幼儿园教育相关的家庭、社区和自然等大环境。学前儿童科学活动发生比较多的区域是专门的科学发现区、自然角、种植园和其他相关区域(如美工区、沙水区)等[①]。

(一)科学发现区

科学和技术的应用渗透于人们的一日生活之中。幼儿也需要在幼儿园的一日生活中有这样的经历和体验。一个精心设计和安排的科学发现区,将有助于引发幼儿成功的科学活动。也可以说,科学发现区是学前儿童科学探究和科学发现必不可少的环境和条件。

科学发现区是幼儿自由发现和自主支配活动的场所,应提供各种丰富的材料。一般来说,班级的大小和组织形式决定着发现区域的规模和容量(包括材料的多少和每次可进入幼儿的多少)。

幼儿在科学发现区的工作大部分是自主的,这些自主的活动会促进幼儿解决问题

① 刘占兰:《学前儿童科学教育》(第2版),北京师范大学出版社2008年版,第163页。

能力和积极应对挑战能力的发展。在这里，幼儿学着独立地做出决定，探索基本的科学概念，初步理解科学的性质。

总体来说，科学发现区应具有以下特点。

◆属于所有儿童。

◆以一种容易接近和可供选择的方式提供充分的材料，起到资源库和图书馆的作用。

◆提供一种安全有序的工作场所。

◆激发探究的过程和情感态度。

发现区的材料应该结实、简单并且容易操作。如果班级空间有限不能建立一个永久的科学区，则可以选择一些能够快速建构和方便收起的材料。一般来说发现区应该包括以下基本设备。①

◆安全护目镜、绘画工作裙或罩衣。

◆放大器械，如手柄透镜、虫子盒、三脚架和双向放大镜。

◆双盘天平、勺子、舀子、滴管和镊子。

◆碗、瓶子、装黄油的桶和杯子等容器。

◆用来分类和储存的容器，如鸡蛋盒和清洁的有盖子的塑料小瓶。

◆用纸板或泡沫塑料做的餐盘，用来分类和混合物品。

◆用来测量长度和质量的非标准化的工具，如计数器、大的金属垫圈和相互联结的立方体。

◆科学发现日记和其他文字材料。

◆清洁设备，如水桶、海绵、纸巾、垃圾盘和扫帚。

◆大的新闻纸，用来画表。

（二）自然角和种植园

自然角和种植园是幼儿观察研究动植物的重要场所，老师们要认识到自然角和种植园的核心价值，以此激发和支持幼儿在此区域有更多的探究发现，如了解和认识生

---

① [美]戴维·A.温妮特等：《科学发现——幼儿的探究活动之二》，刘占兰等译，北京师范大学出版社2005年版，第10页。

命的多样性、生命体特征、生命体周期以及生物间的相互依存及其对环境的依存关系。种植的植物应该是幼儿感兴趣的、容易种植的和生长变化快的植物。尽可能让植物角里的每一种动植物都发挥其最大的教育价值,要有序、有结构地组合呈现动植物,使幼儿乐于探究,有更多的学习和发现。对此,在创设自然角和种植园时应考虑如下几个要求。

1.幼儿的疑问或争议是创设自然角的依据

幼儿对于某类或某种植物的疑问或争议是引发教育的生长点,由此创设适合的种植活动以及对动物的观察与饲养,更能激发幼儿的兴趣,蕴含许多适宜的教育目标和内容。如豆子种在水里和土里哪个能发芽且长得快?种子放在空碗里、放在水里、放在干土里、放在不断浇水的土里,哪个能发芽而且生长得又快又好?……这些关于植物的问题直接可以导致幼儿通过自己的实验获得关于植物发芽以及生长条件的经验。龟壳是哪只乌龟掉的?会掉光吗?青虫怎样吃食和过冬?对这些问题的探究和解决,增长了幼儿关于动物的生长变化过程和特点、动物的食性等方面的经验。这一系列有疑问或有争议的问题引发了幼儿的探究热情,并使幼儿获得了有价值的经验。

2.生长变化明显的植物能更好地进行观察记录

让幼儿在一定时间内了解植物从种子到果实一生的生长变化过程。教师可以为幼儿选择那些生长变化快,而且能让幼儿在一定时间内通过照料植物,了解它从种子发芽—长叶—开花—结果的全过程。春夏可以种芸豆、丝瓜、葫芦、玉米、向日葵等,冬天可以种白菜头、各种萝卜,直到开花、结籽。

3.将各不相同的植物进行有序的组合,体现植物物种繁多

可以根据叶子、茎和根的不同,从各种角度以各种方式呈现,让幼儿发现和感受植物物种的繁多。例如,我们可以让幼儿根据叶形的不同,按幼儿自己心中的“类”把现有的花进行重新组合和摆放,观察、探讨叶的相同和不同。还可以用同样的方式鼓励幼儿在植物生长的不同时期对根、茎、花和果实进行探究和认知。

案例故事

种子发芽的早晚差别好大①

春天到了，中班的孩子与老师在自然角种下了豆子、黄瓜、西红柿、丝瓜，大家精心地给它们浇水，让它们晒太阳。几天后，豆子的芽儿顶开了土伸出了头，黄瓜、西红柿也紧跟着长出了芽，只有丝瓜迟迟不见出土，幼儿焦急地等待着。几天过去了，还不见丝瓜的变化，大家怀疑它不会发芽了，性急的幼儿要扒开土看一看，在老师的劝说下忍住了。

又过了几天，丝瓜的芽顶着黑黑的壳慢腾腾地露出了土面，幼儿欢喜跳跃相告："丝瓜发芽了，出土了！""丝瓜没有死！"老师和幼儿看了看记录表，数了数天数。

原来，丝瓜要比豆子晚12天才发芽，种子发芽的早晚差别好大呢！

4.建立动物与植物的相互关系

教师可以引导幼儿在日常对动植物的照料过程中，通过亲身的实践和实验，感受和了解动物与植物之间简单的关系。如可以将给乌龟、鱼换下来的水浇到植物上，观察植物的生长情况，幼儿会发现动物的排泄物是植物良好的肥料。幼儿还发现，青虫不仅以树叶为食，为了过冬，它们还会把自己的身体包裹在树叶里，多么深切的关系。

（三）其他区域中的科学探究环境创设②

除了科学发现区、自然角与种植园这些以科学探究内容和材料为主的区域外，其他区域也都在不同程度上支持着幼儿的科学学习。

1.沙水区

沙子和水是最能吸引幼儿的自然物质，这些材料本身就能引起幼儿的探究兴趣。当幼儿接触沙和水这样的流动物质时，他们需要很多机会和时间来体验这些物质的特性。此区域再投入如天平、滴管、量杯、漏斗和筛子等工具，让幼儿在操作中体会它们的用途。最初，幼儿只是进行灌注、堵塞和倾倒，所有活动都是在探索这些材料的质

①刘占兰：《学前儿童科学教育》(第2版)，北京师范大学出版社2008年版，第171页。

②刘占兰：《学前儿童科学教育》(第2版)，北京师范大学出版社2008年版，第174-176页。

地、气味、重量和外观，他们专注于触觉感受，在用杯子、筛子和铲子的过程中，他们会发现，用相同的设备处理不同的材料时，会出现不同的结果。逐渐地，他们会懂得筛子可以分离石头和沙子，漏斗有助于把东西灌入小容器里。在沙水区的活动中，教师提出一些有启发性的问题引导幼儿进行思考和操作，有助于幼儿深入地探究更多有意义的现象。如什么东西会沉？什么东西会浮起来？假如你想用沙子做模型，往沙子里加入多少水恰好合适？

拓展阅读

沙水区的幼儿科学学习

认识材料的物理属性。比较、观察和处理不同质地、气味和密度的材料，在此基础上，幼儿根据大小、颜色和形状进行分类。

量与测量。幼儿用天平来做多种比较。用各种容器进行探究，体会沙水量的多少，并进行测量。

稳定性与空间关系。幼儿学会把一个物体放在一个漂浮夹板的中间，使之既不倾斜也不下沉。在活动中幼儿会逐渐建立体积的概念，发现某些容器比其他容器能装更多的东西。

2. 语言和阅读区

幼儿除了通过接触真实事物进行直接经验的操作探究，还需要学习利用资源性的材料来扩展科学知识和经验，在这方面对幼儿有所助益的场所就是语言和阅读区。当幼儿进行某个主题的探究时，教师需要为他们选择适合这个主题内容和幼儿年龄特点的书籍，以增进幼儿有关的背景知识。幼儿在探究的过程中，会形成一些图表、记录册和小故事书，把幼儿的这些学习成果投放或布置在语言区的适当位置，有助于幼儿之间分享交流科学探究和学习的体会与收获，提升相关的知识经验，发展语言表达能力。

3. 艺术区

艺术区为幼儿表现自我、发展精细动作技能和手眼协调能力以及创造力提供了材料，并使幼儿有机会进行探索、实验、计划和发现。幼儿在活动中会发现各种材料的用途、物理特征，以及如何以平常的或者富有创意的方式来使用材料。

在最初接触新材料时，幼儿主要进行的是操作和感官探索，并逐渐学会掌握和控制新材料。在艺术区利用各种各样的材料进行活动时，幼儿将学习到材料的物理属性；幼儿运用感官进行探索、实验，发现身边各种材料的质地、外观特点以及其他特征，并在观察的基础上进行分类；对颜色的探索会使幼儿发现材料间的相互作用及发生的奇妙变化；幼儿用三维的材料进行构造，进行拼贴或编织，在纸上选择地方涂抹颜色。

4.建构区

建构区包括大型积木区和桌面积塑材料建构区两个区域。在这两个建构区域的活动中，最初，幼儿通过拼插和搭建探索材料的属性。之后，幼儿的搭建水平日益提高。以积木区为例，幼儿的搭建从积木组合的叠高和平铺结构逐渐地发展到围拢、桥式和塔式结构。

拓展阅读

建构区的幼儿科学学习

幼儿比较、观察和操作，在观察基础上进行分类。幼儿根据大小、形状色彩或其他属性分类。

平衡。为了防止倒塌或断裂，以及为了搭建对称的结构，幼儿会使用视觉平衡。

稳定。为了搭建更高大的建筑，幼儿需要探索稳定的建构方式与特征。

空间关系。幼儿将围拢、连接、搭建桥式结构、覆盖或者运用积木填满空间。

简单机械。幼儿将操作杠杆、弯道和滑轮。

各种区域活动中的科学探究可以是灵活多样的，应因地制宜，就地取材。但需要注意的是，无论是空间安排还是材料的提供，都要经过教师的精心思考、设计和选择，还要注意用有趣的问题、有趣的情境与任务等方式，引发和引导幼儿在区域中的探究活动。

三、开展多样性的科学教育活动形式

学前儿童科学教育课程的活动形式灵活多样，有集体、小组及个别化的教学，也有正规与非正规活动等方式。非正规教学活动对幼儿创造能力和良好个性品质培养也不容忽视，在幼儿园科学活动主题式教学的实施过程中，应将正规活动和非正规活动有机地结合在一起，两者在课程中保持一个动态的平衡关系。

（一）渗透进其他领域的活动

幼儿园各领域教育内容正如人的五个指头，看似相对独立，其实相互关联，不能截然分开而独立存在着。语言领域教育中有很多富于科学性的文学作品，如故事《小蝌蚪找妈妈》、诗歌《秋天的颜色》，健康领域中关于营养的科学知识等等，都蕴含着科学教育的相关因素。科学教育作为幼儿园教育的重要组成部分，只是一个相对独立的体系，幼儿教师既要考虑科学教育自身结构的独立性、系统性，也不能忽略它与其他教育领域之间内在的联系，应加强各种教育内容之间的有机渗透，使一些相关的内容体现“我中有你、你中有我”的特点，以保证教育目标的落实。

（二）科学活动室的分组探究

科学活动室是幼儿进行科学探究的主要场所，为保证幼儿有充分的探究时间，体现人人参与操作的原则，幼儿教师可以组织分组的探究活动。例如，在科学活动室里摆放了可供幼儿操作的丰富材料，分为多个区域：“生命科学区”“电磁体验区”“物质科学区”等，活动室的顶上到地面、墙面都进行了立体环境创设，顶上有关于宇宙和星空的科学呈现，四周墙壁一侧有幼儿进行科学探究的流程图，另一侧摆放有幼儿的小制品。幼儿进入活动室时就成了小主人，他们投入地做有趣的闻尝实验、磁铁实验、微生物观察等。

（三）区域活动中的个别活动

幼儿的科学经验光依靠集体教育活动是不够的。因此，有效地利用一些非正规的科学教育途径开展主题式教学也是十分有意义的。科学活动室和班级内的科学活动区角和自然角、种植园等都是开展主题式科学教育活动的有效途径。

1. 自然角中的活动。自然角是大自然的缩影，是幼儿认识世界的窗口，利用自然角进行科学发现活动，培养幼儿的科学发现意识是一个非常有效的途径。利用这一区域引导幼儿直接接触自然，亲身感受操作的乐趣，不仅培养了幼儿热爱自然的美好情感，更萌发了幼儿细心观察、勇于探索、大胆实践的科学意识。如可以比一比，发现根须长长了；画一画，记录植物的生长。

2. 富有挑战的科学探索区活动。科学探索区域内容丰富，灵活多变，可利用晨间、饭前、饭后、午睡前后、离园前等空隙时间进行，有利于幼儿良好习惯的养成。在参与科学教育活动区的日常管理中，幼儿可以学会给植物浇水，掌握给金鱼喂食、换水的规律，观察小蝌蚪变成青蛙的过程等。在科学教育活动区的活动中，可以培养幼儿的责任感和劳动习惯，提高幼儿的观察能力。

（四）主题大活动

一年四季中有很多个节日，每个节日都有其特殊的意义，如3月12日是植树节，3月22日是世界节水日。将这些节日有机地利用起来，也是一次十分好的环保科技主题教学活动。如3月12日的植树节“我爱小树苗”主题活动、3月8日“我爱妈妈”主题活动、3月22日世界节水日“水的本领大”主题活动、10月4日世界动物日开展的“我们的动物朋友”主题教学和119消防日等活动，这些活动的开展可以激发幼儿关心、探索周围事物的兴趣，促进幼儿个性的发展。

（五）幼儿园、家庭、社区融合互动

1. 家园互动合作开展的科学学习

培养幼儿良好的科学素质，单靠幼儿园教育是远远不够的，还应该取得家长的支持和配合。家园活动有利于开展科学教育活动。为赢得家长的支持，可以采用讲座的形式向家长宣传家园合作，共同培养幼儿的科学素养，并通过家园宣传栏、家园校校通、家长信箱等活动形式搭建教师、家长之间交流信息经验的平台，达到资源、信息共享。

（1）体现在教学活动资料的收集方面，老师通过家园信息栏的公告，及时向家长进行主题活动的宣传，以取得家长在教学上的支持和帮助。中一班老师开展的“美丽的菊花”主题式科技教育活动就是在家长的支持和配合下顺利进行的。

（2）亲子利废制作活动。结合各类主题活动的开展组织家长进行亲子利废制作活动，如“花车巡游”科技节活动中的花车制作、“航天闵行，志在腾飞”科技节中的航天火

箭的制作、绘画活动以及讲故事比赛等。这些活动的开展不仅促进了幼儿动手能力的发展,同时也提高了家长对幼儿园开展科学教育活动的重要性的认识,促进了幼儿园科技教育活动立体化的发展。

2.家庭、社区资源整合中开展的科学实践活动

幼儿的科学教育内容离不开大自然和社会,所以,把幼儿的科学教育融入社会、自然中,可以得到大量的第一手感性资料,进而丰富科学教育的内容。例如:动物园、博物馆、航天厂、污水处理厂等是幼儿科学教育的课堂。每年的春秋天,幼儿教师可以开展科普社会实践活动,将小课堂和社会自然的大课堂相关联。如在开展植物单元活动时,除了自然角观察、图片收集、录像资料播放等形式以外还结合春游活动,组织幼儿参观绿油油的农田、蔬菜暖棚等使幼儿感知到存在于大自然中的活生生的形象。通过去菜场买菜、超市买水果等生活化教学内容,丰富科学教学形式、拓宽科学教育途径。让幼儿走出教室、走出幼儿园,走向大自然、走向社会,在幼儿园小课堂和社会与自然的大课堂中有效地完成科学教育任务。

我们处在一个科技不断发展、不断更新的时代。时代的发展和需要要求我们每个幼教工作者既要注意幼儿的全面发展,又要重视幼儿科学素质的早期培养;要求幼儿不仅要具有广泛的科学知识,还要具备适应时代发展的能力。因此,开展多种形式的幼儿科学教育活动,不仅可以让幼儿体验到与同伴分享的快乐,还能在快乐中不断成长。

学习研究

美国学前儿童科学探究能力的培养框架①

《学前科学探究活动网络系列资源的教师指南》指出学前儿童科学探究能力框架包括五个方面,分别为观察(observing)、预测(predicting)、调查(investigating)、分类(classifying)、交流(communicating),它们也是科学探究活动的5个关键过程,这些过程解释了儿童是如何进行科学探索和发现的。

(一)观察:利用感官去学习

观察主要指学前儿童需要使用多种感官去增加自己对事物的认识,这些

①李慧、严仲连:《美国学前儿童科学探究能力培养的框架、策略及启示》,载《比较教育研究》2019年第11期。

感官包括视觉、听觉、触觉、嗅觉、味觉等5种，而不仅仅是依靠视觉来观察。

（二）预测：对可能发生的事情形成一个想法

预测主要指学前儿童对未来可能要发生的事情形成一个想法，它需要基于相关的知识和过去的经验以及一定的观察能力等，从而对未知的事情做出可能性解释。

（三）调查：系统研究物体、事件或活动

调查主要指学前儿童对物体、事件或活动展开系统的研究。

（四）分类：根据相同或不同将物体或想法进行分组

分类主要指学前儿童根据相同或不同的标准将物体或想法进行分组或分类的过程。

（五）交流：分享探究的结果

交流主要指学前儿童向教师和同伴分享自己的科学探究结果。

第二节 学前儿童科学教育的方法

学前儿童科学教育的方法是在开展学前儿童科学教育活动的过程中，为达成活动目标所采用的具体方式和手段。在幼儿园课程与教学改革中，对幼儿园科学教育活动方法的认识也在不断发生变化，从过去认为教育教学方法就是教师“教的方法”到现在转为应该更多考虑的是学习者“学的方法”，因此，在本课程中所理解的幼儿园科学教育的方法，是指“在教师的指导下，幼儿学习科学的具体方式和手段”，主要有观察法、实验法、分类法、游戏法、记录与交流法。

一、观察法

观察法是指学前儿童通过看、听、闻、触、尝或这些方法的综合进行科学学习的方法。通过观察，幼儿才可能提出可供调查的问题和现象，才可能在调查过程中提出研究的程序，才可能根据调查结果做出推断并得出结论①。也就是说，观察是具有明确目的的知觉过程，是多种感官综合活动的过程，是融合多种认知活动的过程。对于学前儿童来说，观察是他们在科学学习时运用的最基本和最重要的方法，是幼儿认识自然和生活中事物与现象的基础，观察能使幼儿亲近自然并萌发探究的欲望，能促进幼儿认知能力的发展。

在整个学前阶段，随着年龄的发展，幼儿的观察从无条理的观察向有条理有顺序的观察发展。较小年龄的幼儿观察事物常常杂乱无章，缺乏目的性，年龄越小，这一特点越突出。他们往往是碰到什么就观察什么，观察对象随兴趣的转移而转移，观察方法往往以“尝试错误”的方式进行，因而观察的顺序紊乱，前后反复，缺乏系统。一般在4～5岁，幼儿开始能按照事物之间的表面联系，有组织地进行观察。5～6岁的幼儿更能注意事物之间的联系，区分主次，有系统有顺序地观察。可是，幼儿一般要到学前阶

① [美]大卫·杰纳·马丁：《建构儿童的科学——探究过程导向的科学教育》，杨彩霞等译，北京师范大学出版社2006年版，第40页。

段末期，才能按照一种合理的顺序，稳定地观察事物。从观察的目的性来分析，幼儿从以兴趣为指向的观察，发展到以自身目的为指向的观察；从观察方法来分析，幼儿从开始只是运用感觉器官接触物体，发展到掌握与运用多种观察方法；从观察内容来分析，幼儿从开始对事物现象外在特征的观察，发展到能对事物现象的隐蔽特征进行观察。

根据幼儿这些观察核心经验学习与发展的特点，在幼儿园首先应培养他们浓厚的观察兴趣，并关注幼儿观察活动的全过程。在幼儿具体的探究过程中，支持与帮助幼儿学习与运用各种观察方法。另外，在幼儿的一日活动中，教师可以组织不同类型的观察活动，以促进幼儿观察核心经验的学习与发展。最后还需要特别提出的是，幼儿的各类活动都离不开观察活动的参与。

拓展阅读

学前儿童科学教育观察的方法[①]

看——幼儿通过看，可以观察物质材料的颜色、形状和大小等特征，以及物体的现象、运动和变化等。例如"在认识树叶"的活动中，教师可以引导幼儿进行观察，"我们来看一看这些树叶都是什么颜色、什么形状的，它们都一样大吗？""秋天的时候，树叶还是现在的样子吗？我们到时候再去看一看！"

听——幼儿通过听，可以对声音进行观察和辨别。包括自然界中动物的声音，如猫的叫声、狗的叫声等；植物的声音，如竹子生长的声音，风吹树叶的沙沙声等；以及其他自然现象的声音，如流水的声音等。也包括男女的声音、不同情绪下的声音、歌声等。还包括科技产品的声音，如各种乐器的声音、汽车的声音等。

闻——幼儿通过闻，可以感知和辨别物体的气味特征。包括闻一闻自然界中的气味，如花香、果香、雨后的泥土香等；还包括闻一闻生活中的气味，如米饭的香味、醋的气味等。

触——幼儿通过触，可以更进一步地感知事物的特征。包括有生命的物体特征，如有毛的狗、猫等动物和没毛的鱼等动物，摸上去分别是什么感觉？还包括无生命的物体特征，如铁、木头、塑料、泡沫、布、纸等摸上去分别是什么感觉，粗糙的、光滑的、柔软的还是硬的？

尝——幼儿通过尝，可以深入感知事物的味道酸、甜、苦、辣等特征。例

① 彭小元：《幼儿科学教育与活动指导》，江苏教育出版社2013年版，第15-16页。

如在“认识萝卜”的活动中，幼儿通过看萝卜和摸萝卜，感知萝卜的特征之后，教师还鼓励幼儿尝一尝萝卜的味道，使幼儿全方位地了解萝卜。

二、实验法

（一）学前儿童科学实验法的含义

学前儿童科学教育中的实验法是在人为控制条件下，教师或幼儿利用一些材料、仪器或设备，通过简单演示或操作，对周围常见的科学现象加以验证的一种方法。实验的操作和演示过程是简便易行的，是带有游戏性质的。

实验能帮助幼儿理解一些简单的科学现象和知识，培养幼儿对科学的兴趣和求知欲望，在实验过程中，能充分调动幼儿学习科学的积极性和主动性。同时通过实验，也能培养幼儿的动手操作能力，并且让幼儿体验到科学探究的本质。由于实验是在教师创设的特定的条件下进行的，因而可以弥补在自然条件下观察的局限性。幼儿科学教育中的实验与研究自然科学的实验不同。其特点是仅是重复前人的实验，不要求有新的科学发现，往往是一些事物明显的、表面的因果关系。实验内容和操作方法以及对变量的操纵和控制比较简单，幼儿在较短的时间内就能见到实验结果。实验常采用游戏的形式，幼儿是在十分有趣味的活动中生动活泼地进行科学的探索。

幼儿的实验操作用于比较容易、简单、带有游戏性质的实验。例如，磁铁吸铁的实验、种子发芽的实验等。这种实验由于是幼儿自己动手操作，在操作过程中，幼儿可以充分摆弄材料、仪器，充分观察实验过程中的现象和变化，还可以反复操作，多次尝试，满足幼儿的好奇心，所以他们实验的积极性很高。例如，在沉与浮的实验中，教师只需提供各种材料，然后让幼儿进行自由的、充分的探索活动：将各种东西一一放入水中，观察这些不同材料的东西放入水中后的不同情况。在这样的带有游戏性质的活动中，幼儿能了解到有些东西放进水中会沉，有些东西放进水中会浮等现象。由于幼儿在操作实验中兴趣很高，体验较深，获得的知识也就更为牢固。而且更为重要的是，幼儿在实验过程中学习和掌握了一些简单实验的方法，例如测定方法、实验条件控制的方法、记录方法等，并且还学习了将实验得到的感性材料经过分析、抽象去得出结论。因此，在条件许可下，应尽可能让幼儿有实验操作的机会。

案例

幼儿实验操作案例[①]

年龄:4～6岁

目的:设计并实施实验,研究磁力对不同物质的穿透力。

给儿童分发磁铁,请他们自由操作。儿童会发现有些物质能被磁铁吸住,而有些则不能。这时,向儿童提问:“磁铁能穿过不同材料吸引物体吗?”请儿童设计并实施一个实验来研究这个问题。

首先,儿童要识别出影响磁铁穿透力的因素,如磁铁与被吸物之间的距离、材料的类型、材料的厚度、磁铁的磁力、磁铁的形状。然后,儿童需给磁铁穿透力下操作定义。以回形针为例,磁铁如果能隔着某物让回形针移动则表明它对该物质有穿透力。再请儿童列出他们想尝试的各种材料,如纸、纸板、塑料、幻灯片、铝箔片、沙子、纸杯中的水、塑料杯中的水等。教师提供相关材料并请儿童设计、实施实验。因为磁铁与被吸物之间的距离影响其对材料的穿透力,并且这种力会随着磁铁与物体之间距离的缩小而逐渐增加,所以儿童在尝试各种材料时,要想办法让两者之间的距离保持恒定。通过实验,儿童能得到磁铁能否穿透某种材料的定性资料而不是定量资料(数字资料)。磁铁既吸引回形针也不吸引回形针,通过观察这些资料,儿童便能得出最后结论。还可以鼓励儿童创建数据表,以反映计划的实验程序。

在做这个实验时,儿童会认识到必须要控制材料的厚度。如果要引入厚度这一变量,则需要进行另一个实验,即研究材料厚度与磁铁穿透力之间的关系。

(二)幼儿实验操作应注意的事项[②]

1.为幼儿的操作实验提供必要的用具和材料

首先,幼儿操作实验的用具和材料一般比较简单,应尽量用一些玩具、日用品代替,但是无论用什么用具和材料,都要方便幼儿使用。其次,要根据实验内容为幼儿准备相应数量的用具和材料:人手一份或各组一份。例如在“沉浮”的实验中,教师为每一组的幼儿(4～5人)准备一个盛水的容器,又为每个幼儿准备一份有各种材料(木

① [美]大卫·杰纳·马丁:《建构儿童的科学——探究过程导向的科学教育》,杨彩霞等译,北京师范大学出版社2006年版,第180页。

② 施燕:《学前儿童科学教育与活动指导》(第3版),华东师大出版社2014年版,第80-81页。

块、塑料、铁块、玻璃等)的材料包。材料数量的多少因具体内容而异,但都要保证让每个幼儿都参加到活动中来。

2.指导幼儿使用工具和材料并学习操作技能

因为幼儿的操作实验一般都较简单且有趣,所以应尽可能让幼儿自己动手操作。但在实验中的某些环节,或在某些材料的使用上,幼儿仍会遇到各种不同的困难,又因为幼儿能力的不同,即使简单的实验,也会有一些幼儿难以完成。因此需要教师根据实验内容的难度和个人情况给予不同程度的指导。例如,指导幼儿轻拿轻放物品,控制手的力量和平衡地摆放物品,熟练地使用各种盛器等。另外,在实验过程中,还应引导幼儿通过观察,注意实验材料、方法、操作过程中的变化和实验结果,使幼儿不仅能了解实验结果,更能学习实验的方法。

3.给予幼儿充分的实验时间

做实验比起其他活动需要更多的时间,因为幼儿需要操作、理解和学习。

充分的时间能保证幼儿反复进行实验活动,并在操作过程中探究、发现、提出问题,自己找出问题的答案。所以实验时,不能机械地用时间限制,而是让幼儿尽量用自己的方式进行操作,以达到实验效果。

4.交代实验规则并保证幼儿安全

实验规则对于保证幼儿实验成功起了重要作用,所以在实验开始前,教师有必要交代清楚有关的规则,在实验过程中,也应及时指导幼儿遵守规则,以保证实验成功。如果有的活动不适宜幼儿操作,则可改由教师演示实验,以保证幼儿的安全。实验初期,教师应经常给幼儿提示实验的过程以及实验操作应注意的事项。一段时间后,可逐渐放手让幼儿实验。

三、分类法

(一)分类的含义

分类是根据事物的异同,把事物集合成类的过程,即将一组事物按照特定的标准加以区分,抽取同类事物的共同特征进行概括的过程。之所以能将事物进行分类,是因为自然事物都具有相同和不同的特征,同一组自然事物可以按不同的标准分类,而且对自然事物的共同属性可以做不同水平的概括。分类活动包括一系列复杂的思维过程，因此，分类能力的发展反映了幼儿思维的发展，特别是概括能力的发展水平。分类贯穿幼儿科学探究活动的过程，是幼儿获取与简化信息的有效方法，分类有助于幼儿抽象逻辑思维能力的发展，是幼儿学习数学的基本能力之一。

学前儿童科学教育中分类的方法，是指幼儿把具有某一个或几个共同特征的物体聚集在一起，以学习科学的一种方法。分类是观察过程的延伸和应用。幼儿要能对客观物体进行分类，首先需要对事物进行观察，因为发现事物的共同点是分类的基础，在观察过程中，幼儿对物体进行分析、抽象、概括，形成概念，进行分类。分类既是幼儿学习科学的一种方法，也是幼儿需要发展的一项重要技能。分类是获取和分析信息、简化信息的有效和经济的方法。自然界的分类是根据万事万物的自然属性和特征来进行的，有着严格的规律。幼儿在与自然界的接触中，很自然地想把事物进行分组。幼儿用分类的方法整理自己所观察到的东西，在分类过程中，幼儿可以了解多种物体的特性，从而帮助幼儿把周围事物进行抽象与概括，有助于幼儿探索事物之间的联系和关系，使认识活动类化、简化。

3～6岁的儿童对事物类别关系的认知还不成熟，分类核心经验仍在发展中。从分类所依据的标准来分析，幼儿最初是依据事物的表面特征进行分类，然后能根据事物内部的特征进行分类，再发展到开始根据事物的本质属性进行分类。从分类的维度来分析，幼儿从按照事物的单个特征进行分类，发展到先后按照事物的两个特征进行分类，最后才能同时按照事物的两个特征进行分类。从分类概括水平来分析，幼儿从按照基本水平类别分类，逐渐发展到按照上位水平类别分类，并开始理解类包含的关系。

成人在幼儿分类核心经验形成的过程中，首先应提供适宜的分类材料，帮助幼儿积累有关自然事物特征的经验，引导幼儿发现自然事物的相同与不同；同时要关注在一日生活和游戏中发展幼儿的分类能力，并帮助幼儿学习不同类型的分类活动。

(二)幼儿分类操作应注意的事项[①]

1.在充分感知物体的基础上进行分类

充分感知物体是对物体进行比较、找出它们之间的相互关系,并根据其共同特点与特性进行分类的必要前提。幼儿的年龄特点又决定了幼儿不可能在抽象的概念水平上进行分类,而必须依赖于物体具体的形象和动手操作。所以,首先,教师要提供充足的材料让幼儿感知。其次,教师要允许幼儿细致观察、反复操作物体,使幼儿在具体的感知与操作中,获知关于这些物体的共性与差异,然后进行分类活动。例如在纽扣分类活动中,教师要提供(也可和幼儿一起收集)大量不同大小形状、颜色、材料、结构的纽扣,供幼儿操作观察。在收集以及操作观察中,教师可启发幼儿边感知边讨论:这么多的纽扣有哪些是相同的,把相同的挑出来归为一组。教师要引导幼儿仔细观察、比较各种纽扣,帮助幼儿找出"共同",才能使幼儿正确分类。

2.帮助幼儿学习不同的分类活动类型

在幼儿阶段,主要指导幼儿学习二元分类法,即要求幼儿在感知水平上把物体分成两类。但可以根据幼儿的不同年龄,学习不同的分类类型。小班多采用挑选分类类型,小班末期可开始学习二元分类类型。中、大班幼儿在教师有计划的指导下,可以学习运用二元分类和多元分类以认识客观物体。

3.指导幼儿学习根据不同的标准进行分类

每一种分类,必须根据同一个标准,否则就会出现分类重叠和分类过程的逻辑错误。幼儿分类不同于成人,他们往往根据自己的想法进行,分类依据也在不断改变。但只要各类别物体彼此不交叉和重复,该分类依据就可成立。在幼儿阶段,可以帮助幼儿学习根据不同的标准进行分类。

一般来说,小班只要求按事物的外形特征或量的差异来进行分类,因为这些特征都是外在的、易观察到的。而对事物内在的、物理特性的分类宜放在大班进行。同时,还可以帮助幼儿学习把一大堆物体用两套标准(二维特征)分类,例如,要幼儿找出既是红色的,又是木制的纽扣。不过,这样的活动至少到中班下学期才能进行。因为对于3~4岁的幼儿来说,同时在头脑中考虑两件事,以及从不同方面来描述事件是比较困难的。在让幼儿学习用两套标准进行分类时,可以要求幼儿先根据一个特定属性给

---

① 施燕:《学前儿童科学教育与活动指导》(第3版),华东师大出版社2014年版,第88-89页。

一组物体分类，然后再根据另一个属性对这些物体进行分类。例如在上例中，可以先找出是红色的纽扣，然后在红色的纽扣中再找出木制的纽扣。

4.帮助幼儿明确分类标准或鼓励幼儿自己确定分类标准

幼儿对事物类别关系的认知还不成熟，分类能力仍在发展中，表现为幼儿能按基本类别标准分类，能按事物的功能分类。对按上级类别标准分类比较困难，他们也往往不能前后一致地按概念标准分类。因此在运用分类的方法进行学习时，应帮助幼儿明确分类的标准，特别是在较小年龄阶段时，可以用“请你按照……来分类”这样的语言帮助幼儿明确分类标准。在幼儿已有了一定的知识基础，并已学习了分类方法之后，可以鼓励幼儿确定分类的标准，例如，面对着一大堆形态各异、材料不同的杯子时，问幼儿：“想一想，这些杯子可以怎么分呢?”逐渐使幼儿能自己确定分类标准。

在这样的分类活动中，我们特别要注意不能以成人的标准要求幼儿。不能认为符合成人概念分类标准的才是对的，否则就是错的。在分类中，其要点就是找出事物的“共同点”，而对“共同点”有不同的抽象概括水平，从而显示出幼儿认知发展水平上的差异，但只要幼儿能找出“共同点”就应予以肯定。例如在分类活动中，有的幼儿把“飞机”和“火车”放在一起，显然他们是从两者的作用去分类的。另有的幼儿却把“飞机”和“鸟”放在一起，因为他们认为“它们都有翅膀、都会飞”，两者都发现了共同点。但共同点或标准不同，只有水平高低之分，而没有对错之分。

四、游戏法

学前儿童科学教育中的游戏，即科学游戏，是指运用自然物质材料和有关的图片、玩具（科技玩具）等物品，进行带有游戏性质的操作活动，是对幼儿进行科学教育的一种有效方法。自然材料包括水、石、沙、土、竹、木、树叶、贝壳、果实等等。例如“奇妙的口袋”“猜一猜”等游戏是幼儿最喜爱的活动。科学游戏或寓科学内容于游戏之中，或将自然材料作为玩具，使幼儿在轻松愉快的游戏活动中丰富科学经验，还可以复习巩固已获得的知识，更可以激发幼儿对科学现象的兴趣和欲望，发展幼儿的观察能力和思维能力等。利用自然界的物质材料进行的游戏由来已久，在我国古代就有玩编草（花、草）、做柳笛（柳树枝）、吹葱笛（小葱）、玩冰车（冰）的游戏。

案例拓展

科学小游戏介绍

配对游戏。配对游戏是将绘有科学内容的各种小图片分发给幼儿，游戏双方（或多方）的图片内容都有一定的联系。由一人先出示一张图片，另一人出示与之内容相关的“对子”对上。例如，在“给小动物找耳朵”中，一人先拿出一张小动物的图片，另一人要找出相应的“耳朵”配上。配对的范围包括：事物的名称、特征、功用、习性等。

拼图游戏。拼图游戏是把绘有科学内容的整幅图片分割成若干部分，游戏时将部分拼成整体。随着幼儿知识经验的丰富及认知水平的提高，拼法及画面可越来越复杂。小班可将一幅图片分割成两部分，拼上即可；中班可将一幅图片多分割成几块，画面也可复杂些；到了大班，可将两幅以上的图片按同样的规则分割，然后混在一起让幼儿拼起来。例如，将春、夏两幅景色图片混在一起，让幼儿分别拼好。

看图识物游戏。看图识物游戏只要有图画即可，进行时简单方便，形式也可多样。例如“找相同”游戏，是在一幅画着许多相似物体的画面上，让幼儿找出两个或几个完全相同的物体。也可在重叠的画面上找出所有的动植物、生活用品等。另外，还可以只画出物体的局部，让幼儿通过局部来判断整体，如“什么部位可以吃”的游戏。

指导幼儿科学游戏应注意的事项如下。

1. 注意游戏的科学性、趣味性、活动性、规则性

游戏的科学性是指教师在为幼儿选择或者创编科学游戏时，要保证游戏内容知识是准确的，符合科学教育的目的。同时游戏所涉及的内容及要求，以及游戏开展的规则，都是难易适中的，是年幼儿童能够理解及开展的。游戏的趣味性是指游戏的内容要有趣，开展的过程要有变化，能激发幼儿的好奇心。游戏中所运用的玩具或道具也要能吸引幼儿参与到活动中来。游戏的活动性是指游戏的结构应该是幼儿的探索过程，幼儿在游戏过程中，既要有外部的操作感知或身体运动，能满足幼儿爱活动的需要，又有内部的智力活动，是需要幼儿努力进行思考的游戏。任何游戏都会有规则，否则就无法进行，科学游戏也是如此。在设计游戏时，要考虑到幼儿的年龄特点，其规则应简便易行，并能保证游戏的开展。

2.让幼儿有充分活动的机会,师生共同游戏

教师在指导幼儿进行科学游戏时,要注意让幼儿有充分的操作和活动机会,不要急于求成,让幼儿有充分的时间进行思考,完成游戏。

在游戏中,教师不仅是一个组织者,而且应是一个参加者。教师参与游戏,能够提高幼儿学科学的兴趣,了解游戏中蕴含的科学经验,对幼儿的活动也是一种积极的肯定。在游戏过程中,教师还要鼓励幼儿克服困难,提出问题,解决问题。

五、记录与交流法①

记录与交流是指学前儿童用语言的或非语言的多种适宜方式表现、表达和记载探究的过程、结果、感受等信息,并将这些信息与他人(包括其他幼儿和成人)进行分享和讨论的过程。对于学前儿童来说,记录与交流是科学探究过程的重要组成部分,既有助于激发并维持他们对世界的好奇心和探究兴趣,养成尊重事实的科学态度,推动他们主动地探究和思考,也有助于教师更好地理解并引导幼儿的科学探索,并能带动他们在其他领域的学习和发展,因此具有重要的价值。

案例拓展

看一看,记一记,比一比②

在大一班的自然角里,为了探究植物的发芽生长过程,老师和孩子们一起为蚕豆准备了各种不同的“家”:有的蚕豆的“家”是泥土,有的蚕豆的“家”是沙子,有的蚕豆的“家”就只是水杯。孩子们很感兴趣,对蚕豆在不同环境下的生长表现出强烈的好奇心。他们分成不同组,每组幼儿分别负责观察不同环境下蚕豆的发芽生长情况,并且在名为“看一看,记一记,比一比”的区角背景墙上记录下蚕豆在不同“家”中的成长状况。

孩子们每天观察、比较、记录,记录的方式各种各样:有画画的方式、有画画与文字夹杂的方式,还有采用数字的方式等。老师还惊喜地发现互动和交流在孩子们中间也自发地产生了,这些交流不仅发生在小组内,而且发生在小

① 施燕等:《学前儿童科学学习与发展核心经验》,南京师范大学出版社2021年版,第35-36页。
② 施燕等:《学前儿童科学学习与发展核心经验》,南京师范大学出版社2021年版,第196页。

组与小组之间:“泥土里的蚕豆发芽了,看上去是白色的,还有一点点绿。”“水杯里面能看到有根长出来呢。”“为什么你们的蚕豆小芽比我们的长呢?”“给沙子多浇点水,蚕豆会不会长得快些呢?”随着观察记录的进行,老师也不定期地利用区角讲评和日常谈话活动的时间让每组幼儿交流、讨论他们关于蚕豆的新发现和新问题。

幼儿在活动过程中都尝试通过用一些记录的方式(有画画的方式、画画与文字夹杂的方式、单纯的写数字的方式等)或在与他人交流的过程中表达自己在科学探究中的发现和问题等,教师也通过幼儿小组的设置、背景墙的创设、记录材料的投放、集体分享活动环节的实施等途径来鼓励和推动幼儿的这些记录和交流。

记录和交流是幼儿科学探究的重要能力之一,3~6岁学前儿童记录与交流核心经验的发展阶段与特点主要表现为:在使用的表征方式上,幼儿会呈现出从以口语为主到多元化的表达、从倾向于更为直观具象的方式到更为抽象的方式、从简单到复杂的发展过程和特点;在内容上,幼儿记录与交流的内容也逐渐显示出从粗略到细致、从关注外部特征到关注内在联系、从关注探究结果到关注探究过程的发展趋势;在有意性上,幼儿的记录与交流都呈现出了从无意到有意、越来越积极主动的发展趋势。

在学前儿童记录与交流核心经验形成的过程中,成人可以鼓励和引导儿童进行适当的记录和交流,并用有意义的记录和交流来推动儿童的科学探索;应鼓励学前儿童尝试使用多种形式来帮助自己记录和交流探究的过程与结果,在尊重学前儿童自己表现和表达方式的同时,为学前儿童使用多种方式进行记录和交流提供一定指导,如帮助幼儿习得一定的科学词汇、积累使用多种方式进行记录和交流的经验等;教师还应基于对学前儿童记录与交流的观察,给予适宜的引导,这主要表现在观察和倾听学前儿童的记录与交流,了解他们的经验和想法,并遵循儿童“记录与交流”的发展阶段和特点,给予平缓的鹰架支持;最后,教师还应注意将记录与交流核心经验的形成渗透在一日生活中。

本章小结

1. 学前儿童科学教育目标要通过幼儿一日生活的各项活动来实现，幼儿生活中的各种活动都是进行科学教育的有效途径，应引导和支持幼儿通过自身与周围物质世界的相互作用获得经验。

2. 创设科学探究活动的环境，以多种形式积极开展科学教育主题式教学活动是幼儿学习科学的主要途径。

3. 学前儿童科学教育的方法是在开展学前儿童科学教育活动过程中，为达成活动目标所采用的具体方式和手段。

4. 幼儿园科学教育活动方法的认识在不断发生变化，从过去认为教育教学方法就是教师"教的方法"到现在转为应该更多考虑的是学习者"学的方法"。

5. 幼儿园科学教育的方法，是指"在教师的指导下，幼儿学习科学的具体方式和手段"，主要有观察法、实验法、分类法、游戏法、记录与交流法。

思考与实训

1. 在本章所讨论的科学方法中，你觉得最基本的方法是什么？请说明理由。

2. 请在见习时观摩一次幼儿科学活动，分享思考记录与交流方法在活动中的重要性。教师在运用这种方法时应注意些什么？

专题探讨

"教"还是"不教"？

在认识植物种子的活动中，幼儿收集了各种植物的种子。有一名幼儿把大蒜头也带来了，班上很多幼儿也都认为大蒜头就是植物的种子……

教师A意识到幼儿的认识发生了"错误"，但是她不知道如何给幼儿讲明白道理，于是只能简单地纠正"大蒜头不是种子，它是植物的茎……"

教师B意识到要想真正纠正幼儿的"错误"是很难的，便转而让幼儿通过实际的经验来探索其中的秘密。她让幼儿亲自种植这粒"种子"，发现它开花、结果，并找到真正的种子所在……

老师们的困惑：面对一个科学问题，如果作为教师的"我"知道答案的话，我应该把这个"答案""教"给幼儿吗？如果不"教"，那又如何引导幼儿去寻求正确的答案呢？

第六章

学前儿童科学探究的设计与实施

学习目标

- 理解科学探究活动的内涵与价值。
- 了解科学探究活动的选择与设计方法。
- 了解科学探究活动的实施策略。

学习重难点

- 重点：了解科学探究活动的选择与设计方法。
- 难点：了解科学探究活动的实施策略。

案例破冰

作为我国今年颁布的一份指导性文件，《3～6岁儿童学习与发展指南》中科学领域部分的说明为幼儿园科学教育实践提供了方向指引。学前儿童对周围世界有着特有的兴趣、探究的本能与意愿，当今各个国家又相当重视科学技术的方法，因此各国学前教育都很关注学前儿童的科学教育。幼儿是天生的“探索者”，他们会对周围世界进行全身心、专注的感知和操作，会对事物及发生的事情有自己的理解、思考、解读。儿童对自然界事物和现象进行探索并形成解释的过程可以称之为儿童的“科学探究”。探究既是幼儿科学学习的目标，也是幼儿科学学习的途径。大自然和生活中真实的事物与现象是幼儿科学探究的生动内容。

作为幼儿教育者，我们要了解幼儿是如何探索的，以及怎样支持、陪伴、指导、培养幼儿的探究、发现、设计、制作等和科学学习密切相关的活动与能力发展方向。在儿童日常经验与科学探究之间找到联系,去发现幼儿平常经验中蕴含的探究、想象、制造、解决问题的意义,将幼儿对周围世界的好奇锚定为探究的习惯,发展幼儿性格的稳定特质,既能让幼儿获得对世界的良好体验,经历探究的过程,熟悉探究的方法,积累感性经验,保护幼儿天生的好奇、好问的特性,又能培养幼儿主动、专注、勇敢、解决问题等学习品质,为幼儿的终身发展和学习奠定基础。请对《指南》科学领域涉及的学习品质及重要经验进行思考,并展开讨论。

第一节 主题科学探究活动

自20世纪80年代以来，世界各国纷纷加强对学前儿童的科学教育，以促进儿童科学素养的初步形成及创造力和实践能力的发展。1995年12月，美国颁布了《国家科学教育标准》，提出从学前班开始实施探究式的科学、数学和技术教育；2001年我国教育部颁布的《幼儿园教育指导纲要（试行）》明确指出幼儿学习科学的过程应该是幼儿主动探索的过程，并强调"幼儿的科学教育是科学启蒙教育，重在激发幼儿的认识兴趣和探究欲望""要尽量创造条件让幼儿实际参加探究活动，使他们感受科学探究的过程和方法，体验发现的乐趣"；2006年澳大利亚推出了针对幼儿阶段的科学教育推广计划——"快斯塔肯科学游戏"计划，旨在通过游戏活动加强儿童的早期科学教育。近十多年来，国际科学界均采取积极主动的联合行动，致力于在国际范围内推动探究式科学教育的实施，通过探究学习符合学前儿童的年龄特征和思维特点。当一个幼儿面对未知事物时，他的第一反应就是去弄清楚"这是什么""为什么会是这样"，幼儿园的科学教育，应该通过幼儿园的科学探究活动，培养幼儿对科学的初步兴趣，掌握初步的探究技能，形成正确的探究态度，为科学素养的形成和可持续发展奠定坚实基础。学前儿童正是在他们经历的基础上形成对世界的理解，并初具自己的理论。因此，幼儿园应通过为学前儿童提供以研究为基础、以探究为中心的经历，支持其经验建构。

主题科学探究活动是幼儿园开展科学教育的重要途径，也是学前儿童进行科学探究的主要形式。那么什么是主题科学探究活动？落实到幼儿园教育实践中，教师又应当选择什么样的内容、方式和策略来促进学前儿童科学探究能力的发展呢？

一、什么是主题科学探究活动

"探究"在《现代汉语词典》中被定义为"探索研究，探寻追求"。[①]探究是人类发现

① 中国社会科学院语言研究所词典编辑室：《现代汉语词典》（第6版），商务印书馆2012年版。

问题、解决问题的复杂活动。普莱瑞认为，对于科学教育而言，科学探究是以探究的方式进行学习，旨在通过手脑并用的活动与过程，让学习者学习科学知识和方法，促进探究技能和探究态度的形成。[①]《3～6岁儿童学习与发展指南》的解读中将儿童的科学探究界定为："儿童对自然界中事物和现象进行探索并形成解释的过程。"艾利森·戈波尼克将幼儿科学探究活动解释为："幼儿获得科学知识、领悟科学观念、掌握科学研究方法的学习活动。"[②]本书中的主题科学探究活动是指在教师的引导支持下，依据幼儿的发展需求和兴趣，在一段时间内围绕一个中心内容（即主题）并提供贴近生活化的可操作性材料，组织幼儿以集体、小组或个人等形式进行自主地感知、操作、体验和理解科学探究的过程，从而获得关于物质世界、生命世界以及地球科学方面相关的经验，培养幼儿好奇、探究、质疑等科学态度，发展观察、交流、测量、预测等技能的学习活动。

（一）主题科学探究活动的发生

生活中存在着许多有趣的科学现象，它们具体、直观、生动，时刻吸引着幼儿，激发起幼儿的探究兴趣和欲望。例如幼儿园里饲养的小动物、种植园里的动植物，经过寻找、发现和观察，都会引发孩子们许多的疑问和讨论，这正是它们获得知识的最初原动力。教师要善于发现幼儿感兴趣的科学现象，为幼儿创造条件，支持他们运用各种感官进行科学探究，在主题活动中获取知识和经验，体验发现和探究的乐趣，发展科学探究能力。

案例

遇见小乌龟

餐后散步时，老师带着小朋友们散步来到幼儿园的"后花园"，走到水池边的时候，贝贝看到了幼儿园新饲养的小乌龟。小乌龟吸引了孩子们的注意力，大家全部围在小小的水池边看小乌龟。豆豆跟小乌龟打招呼："嗨，你好，小乌龟。"小朋友们接二连三地也跟小乌龟打招呼，还有的小朋友唱歌给小乌龟听呢。雯雯说："我发现小乌龟的嘴巴在动，它在喝水呢！"只一会儿，小乌龟就往

① [美]阿林·普拉特·普莱瑞：《幼儿园科学探究教学：科学、数学与技术的融合》，霍力岩等译，教育科学出版社2009年版，第2页。

② [美]艾利森·戈波尼克等：《摇篮里的科学家：心智、大脑和儿童学》，袁爱玲等译，华东师范大学出版社2004年版。

另一个方向游走了。佳佳说:“它可能是肚子饿了,去找吃的东西。”有一个小朋友说:“乌龟喜欢吃什么东西呢?”有的小朋友说乌龟喜欢吃菜叶,有的说乌龟喜欢吃小虫子,有的小朋友说不知道。

分析:这个问题的出现为大家探索乌龟的秘密创造了良好的时机。喜欢小动物几乎是每个幼儿的天性,幼儿和动物之间似乎有着天然的联系,他们对动物世界充满好奇和兴趣,甚至会把自己经常能看到和接触到的小动物当成自己成长中的亲密小伙伴。幼儿遇到的问题来源于他们的生活,并且是他们感兴趣的问题,因此他们表现出了积极、主动的态度,为开展研究乌龟的主题科学探究活动提供了条件。

主题科学探究活动的开启:聆听幼儿的想法,了解幼儿想要从主题活动中探索什么。在这一学期幼儿园课程预设的主题活动中,正好有一个主题是《可爱的小动物》。在主题活动开展之前,教师走进幼儿,倾听他们的心声,了解他们的学习兴趣和需求。为了真正聚焦幼儿对该主题活动最感兴趣的内容,教师不是随意、简单地询问幼儿:你喜欢什么?你想了解什么?而是首先梳理出主题《可爱的小动物》的核心经验关键词:(1)知道常见动物的生活习性(认知与能力)。(2)能用肢体或语言简单表达小动物的特征(动作与技能)。(3)懂得怎样保护小动物,萌发爱护小动物的情感(情感与态度)。在基于主题核心经验关键词的基础上,教师设计了以下提问来了解幼儿的兴趣和已有经验:在你经常见到的小动物中,你最喜欢什么小动物?你想了解关于它的什么秘密?你知道怎样保护它吗?以此了解幼儿对主题活动最关心、最感兴趣和最想知道的是什么,从而为接下来的主题科学探究活动的有效设计和实施提供依据。经过调查了解,教师发现幼儿在经常见到的小动物中最感兴趣的依次是:小乌龟、小兔子、小金鱼。他们想了解的关于乌龟的秘密是:小乌龟喜欢吃什么?乌龟为什么会一动不动?小乌龟为什么会缩进壳里?怎样照顾小乌龟?教师发现了孩子们的兴趣点和学习需求,于是结合主题核心经验和幼儿已有经验,和孩子们一起开启了小乌龟的探索之旅。

(二)主题科学探究活动的价值

1.主题科学探究活动丰富并完善了幼儿园课程

主题科学探究活动除了科学活动,也包含和渗透了各领域的教学内容,它将单一纵向的领域活动进行了有主题的、系统的横向联系,非常适合学前儿童。从幼儿认知学习特点来看,主题科学探究活动能够有效调动多种教育元素,从多角度与幼儿的已有经验建立联系，使之达到更好的教育效果。

幼儿园科学探究活动的组织实施以主题的方式推进，是在充分理解各领域特点的基础上，进行课程的编织，而领域的科学性正是综合性课程背后隐含的脉络，能实现真正意义上的课程整合。

案例

中班主题《树》（节选）

一、设计意图

树是孩子们最熟悉，最多见的植物之一。幼儿园、马路边、公园里、山坡上，只要目光所及之处，都可以看到树的踪影。他们千姿百态，色彩各异，有不同的树皮、树根、树叶等。树可以带给孩子们不同的感受和体验，引发他们的探究欲望。亲近自然，是孩子的天性。当孩子们走进身边的大自然，就仿佛踏入了多彩的天地，他们对大自然产生强烈的好奇和猜想。让孩子们走进树的世界，尽情体验、感受、表达和创造关于树的一切，相信他们会收获我们想不到的财富，让他们萌发对大自然的敬爱！

二、主题网络图

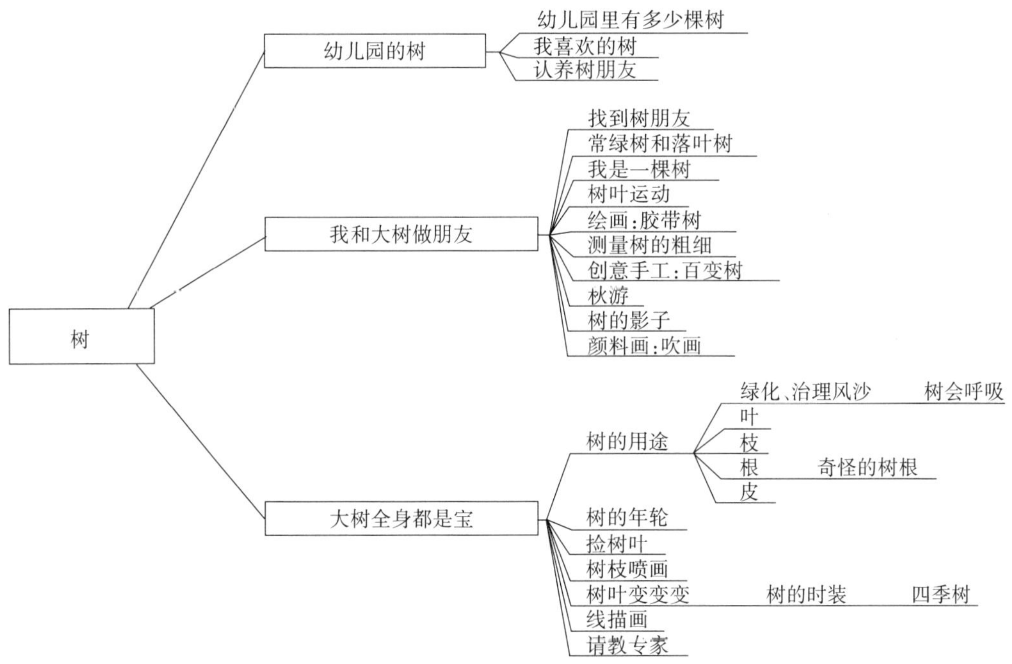

图6-1　主题网络图

三、探究过程记录

第一阶段——"我喜欢的树"

户外活动时孩子们围在一棵大王椰下讨论着：

"这个一条条的是什么？"

"好像虫子哦！"

"好可爱！"

"可爱吗？我觉得有点恶心。"

"摸上去有点硬哦。"

"像大树穿了裙子！"

"会不会是大树的根？"

"那我们摸它，它会疼吗？"

"老师，你说它是什么？"

"我也不确定，我们可能要找一个高手问问才懂哦！"

"谁是高手呢？"

"也许恬恬爸爸可以帮我们的忙，因为老师知道他是植物专家！"

于是就有了我们的家长走进课堂之《大树的故事》。

阶段依据：

这一阶段我们依据孩子的兴趣及《指南》中指出的支持幼儿在接触自然、了解生活中的事物和现象中积累有益的直接经验和感性认识，给孩子们创设一些学习的情境，帮助他们了解大树，并从中感知大自然的神奇和美丽。

阶段实施：

孩子们的问题：

"最高最大的树在哪里？它长什么样？"

"大树也像小朋友一样分男孩女孩吗？"

"我们看到的小虫子是不是树根呢？"

基于孩子们的问题，我们请来恬恬爸爸来帮忙，开展了一次家长走进课堂的活动，在这次活动中，我们先是在课堂上给孩子们介绍了关于大树的一些小知识，之后带着孩子们来到户外通过提问等方式引导幼儿思考并对事物进行比较观察和连续观察。在整个活动中，孩子们知道了广西最大的树是蚬木王，最高的树是望天树……

图6-2　家长进课堂

生成活动

主题的推进中孩子们收获的不仅仅是知识，而是解决问题的能力，他们还收获了对美的欣赏、美的享受，还有美的创造。树的形态、色彩很多元，孩子们在大自然中总是有很多的奇思妙想，在主题中我们运用黏土、线描、图形造型、色彩搭配形式来表达幼儿对大树的认识和喜爱，带他们贴近生活和大自然。

图6-3　胶带画 —— 独一无二的树

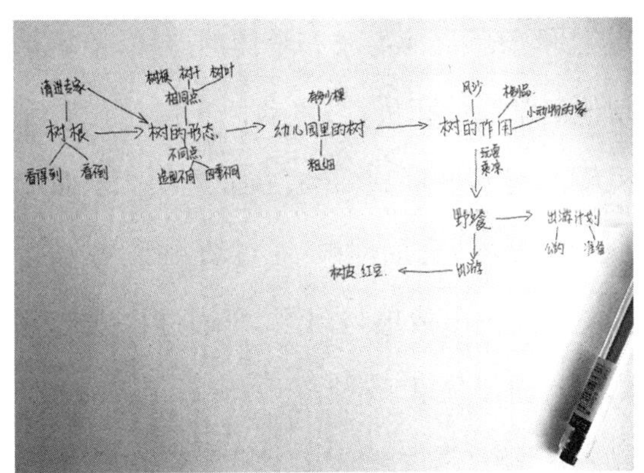

图6-4　幼儿角度的主题网络图

孩子们在主题活动中通过观察、记录的方式了解大树，能够观察事物的相关特征，并尝试用不同的方式积极探究。该主题科学探究活动丰富并完善了幼儿园课程，实现了各领域的渗透、课程的整合。

2. 主题科学探究活动有益于建立一种新型的师幼关系

社会巨大变化的时代背景促使传统的教学方式变革为探究式的教与学的方式，新的社会发展时代需要具有科学素养、探究精神且具备创造能力的人才。因此，无论是教师还是幼儿，都要用开放的心态在生活中进行探究，主题科学探究活动对于教师和幼儿的独特价值在于有助于双方把探究作为一种教育教学和生活的方式。在以幼儿的现实生活为主要活动来源之下，课程是为幼儿的发展而存在的，而不是为系统知识的传授而存在的。在此过程中教师要积极转变自己的教学观念和方法，尊重幼儿并创建良好的师幼关系，考虑如何为活动发展创造条件，为其提供哪些必要的知识经验等。在主题科学探究活动开设的过程中，应从幼儿的需要与发展出发，关注探究活动的进展与生活主题相关的活动内容，能够了解幼儿的想法，并与幼儿分享自己的想法与经验，同时多加关注幼儿的需要，成为一名倾听者与观察者，从而推动幼儿的科学探究。教师根据活动的进展引导、启发幼儿，为幼儿进一步的探索活动给予支持与帮助，在整个主题开展过程中与幼儿共同探索新知识、共同学习，有益于建立起一种新型的师幼关系，使师幼双方共同成长。

3. 主题科学探究活动能够更好地关注到幼儿学习与发展的整体性

主题科学探究活动以幼儿的已有经验及兴趣为主要线索，凡是幼儿需要的、感兴趣的，又是他们急于想知道或解决的问题，均可纳入主题科学探究的课程选择中来。开展主题式的科学探究能够兼顾群体需要和个体的差异，使幼儿从中找到适宜的学习内容和方式，进而调动他们学习的积极性、主动性。在开展生活主题的过程中各领域又是相互渗透、相互联系的，这种关联式活动，在促进幼儿全面发展的教育中具有十分重要的意义。此外，在主题科学探究活动中，通过幼儿感兴趣的问题，激发幼儿主动参与的热情，同时他们围绕问题提出猜想与预测，再通过自己动脑、动手进行操作，试图对科学问题做出解释，并与同伴分享、交流探索结果。这个过程不仅有助于幼儿学习到科学知识，增进对科学的理解，掌握科学方法和科学能力，而且有助于他们养成积极的科学态度和科学精神。

4. 主题科学探究活动有利于提高幼儿的综合素质

相对于领域教学来说，主题科学探究活动的实施过程就是一个生活中不断探索的过程，活动皆来自幼儿的生活，让幼儿的学习从生活中来，到生活中去，使其已有经验在生活实践活动中获得有效的提升，促进幼儿综合素质的提高，具体包括以下内容。

（1）合作沟通能力。幼儿在进行自主探究时，往往会遇到很多困难或引发强烈的好奇心、求知欲，在寻求答案的过程中势必有着强烈的合作要求，主题科学探究活动正好为幼儿创造了宽松的氛围，给予幼儿探索、发现、观察、分享、交流的空间，在这一过程中幼儿间相互协商、沟通，不断磨合，提高了幼儿的合作沟通能力。

（2）逻辑思维能力。在主题科学探究活动中，幼儿在亲手操作时常常会引发自主的想象推断和判断等思维活动，教师引导幼儿将思维的过程和实验的结果及时进行记录，均有助于促进幼儿初步的逻辑思维能力和统计归纳能力的发展。

（3）语言表达能力。主题科学探究活动开展过程中主要以幼儿自主探索、发现问题、解决问题为主要途径，在此过程中幼儿要学会表达自己的经验和观点，因此幼儿的语言表达能力也得到了相应的发展。

（4）解决问题能力。进行主题科学探究活动是幼儿自主发现问题、探究问题、解决问题的过程。在探究具体事物和解决实际问题的过程中，通过观察、比较、操作、实验等方法，幼儿自主搜集资料，学习发现问题、分析问题和解决问题，发现事物间的异同和联系，并用自己的方式进行记录交流、分享，这些都促进了幼儿解决问题能力的发展。

二、如何设计主题科学探究活动

（一）科学探究活动主题的选择

在选择科学探究活动的主题时要注意兴趣性和有益性(或发展性) 的统一。兴趣是幼儿主动学习的前提条件。我们不仅要在活动中保护幼儿与生俱来的好奇心和探究兴趣，而且要通过适宜的方式激发幼儿的探究动机和积极性。但需要注意的是并不是幼儿感兴趣的问题都要探究、都能探究，教师的作用就在于对其进行价值判断，选取那些幼儿普遍关注和感兴趣的、指向本领域关键经验的问题，结合主题活动相关目标对核心经验和幼儿的已有经验进行再分析，并将这些问题进行设计，聚焦幼儿的视角，从而确立科学探究活动的主题目标、主题内容和活动重点，使其具有由浅入深的内在的逻辑联系，架构起真正适合幼儿的科学探究主题活动。教师引导幼儿探究这些问题，将使幼儿获得有益的经验和有价值的发展。

科学探究活动主题的选择：链接幼儿经验，从解读核心经验到基于幼儿经验的再分析。

在前面《遇见小乌龟》的案例中，教师通过前期的调查了解到幼儿关注到了乌龟壳看起来是硬硬的、小乌龟经常会一动不动、会缩回壳里，这些发现和他们想了解的问题都直指主题核心经验的关键词“生活习性”“小动物特征”“爱护小动物”等。经过分析，教师发现幼儿的已有经验、兴趣、学习需求与领域和主题核心经验相一致，支持幼儿进一步探究小乌龟是有必要而且有价值的。基于幼儿兴趣和需求，结合各种课程资源架构丰富的主题活动，能使幼儿在整个主题科学探究的学习过程中积极、主动地感知、操作与体验。

（二）主题科学探究活动设计的方法

根据幼儿阶段的年龄特点和教育要求，在进行科学探究的每一个阶段，都有一系列相应的有关主题科学探究活动设计的方式方法。

阶段一：确定探究主题，提出问题——幼儿关注的问题，进入探究的情境之中

在这一阶段，教师首先要选择适合于幼儿发现的知识经验，这些知识经验必须能反映某一领域的关键概念，具有方法论意义，同时又符合幼儿的年龄特点和经验水平，能引起幼儿的探究兴趣。使幼儿关注问题，进入探究情境的途径有两条：一是对幼儿的兴趣点和关注点进行教育价值的判断，即顺应—生成途径；二是创设既有教育价值又能引起幼儿兴趣的情境，教师将幼儿引入情境，让他们观察和获得有关的信息，逐步明确要探究的问题，即生成—转化途径。目前，老师们比较关注和热衷于运用顺应—生成途径将幼儿引入科学探究活动。在幼儿关注和感兴趣的问题的基础上判断、选择和确定适合于幼儿探究的问题是教师运用这一途径的关键策略。

以探究蚂蚁为例，幼儿提出了一系列关于蚂蚁的问题：院子里有蚂蚁吗，蚂蚁住在哪里；蚂蚁长什么样，它有鼻子吗；蚂蚁吃什么，它爱吃豆子吗；蚂蚁怎样传递信息，怎样搬运东西；蚂蚁怎样生宝宝，等等。如何来判断哪些问题是适合于幼儿探究的呢？一般来说，它应该是某一领域的关键概念，而且是幼儿感兴趣的，是通过自己的主动探究能够建构和理解的知识经验与科学概念。上述关于蚂蚁的问题来源于幼儿，正是幼儿的关注点和兴趣所在。而就学科本身而言，蚂蚁属于生物范畴，其上位概念是建立生物与非生物的本质区别这一概念，而生物区别于非生物的最主要特征是：生物能够生

长变化,能够新陈代谢,能够适应环境,能够繁殖后代。围绕着生物的这些本质特征,可以确定以下两个幼儿通过自己的主动探究能够建构的关键概念和经验:一是蚂蚁的生活习性,即蚂蚁在春天的什么时候出来活动(温度),它喜欢住在什么地方,它喜欢什么味道的东西;二是蚂蚁的繁殖,即蚂蚁是怎样生宝宝的。

为了了解幼儿的关注点和兴趣点,教师要营造能够激励幼儿提问的氛围。让幼儿感到他们可以提问、有权利提问、能够提问。教师要尊重、鼓励和赞赏幼儿的提问,帮助幼儿厘清思路,组织问题,清晰地表达自己。

阶段二:推测与讨论——幼儿主动建构知识的前提

在确定了要探究的问题后,教师应鼓励幼儿对问题的答案进行推测。经过教师与幼儿之间、幼儿与同伴之间的讨论,得出自己或小组有依据的预测,并尽可能用不同的方式记录下来。在幼儿进行推测时,教师要积极调动幼儿的原有经验,鼓励他们运用自己的原有经验进行充分的猜想和假设,提出自己对观察和实验的想法和做法。需要特别注意的是,教师要引导幼儿有依据地进行推论,而不是瞎猜乱想。此外,教师还要积极鼓励幼儿与同伴间观点的相互碰撞,有时可以让幼儿进行小组讨论,形成小组一致的设想,最后形成预测并记录。

阶段三:进行实验和观测——幼儿学习获得事实依据和实证材料

在幼儿实验和观测时,教师要尽可能地让幼儿直接接触实际的客观世界,运用多种感官去感受客观世界;实验要在可重复和可控制的情况下进行,对于年幼的孩子来说,变量要尽量单一和容易观测;鼓励幼儿使用简单的定量测量工具。在指导时,教师不要干涉过多,但要给予必要的帮助:保持必要的沉默,倾听幼儿的想法,观察幼儿的做法,思考和判断幼儿的需要和已经达到的水平;要为幼儿提供材料上的支持和帮助;在幼儿产生情感危机或遇到挫折时给予必要的安慰、支持、鼓励、引导和帮助;要记录重要的信息,如幼儿在实验过程中遇到的主要的问题、主要的观点、所有的发现;要进行必要的提问,还要通过提问、建议等方式,引导幼儿向科学概念和原理迈进。

阶段四:处理信息和数据,并把它们转换成证据——幼儿学习对事物的客观描述

把获得的信息数据进行整理和分析,归纳出现象后面存在的规律,这是科学研究中很重要的步骤。随着实验和观察的进行,在不同的阶段,教师都要鼓励和指导幼儿

用适宜的方式记录活动的信息。幼儿可以用图画、符号、表格、简单的文字、照片等多种适宜的方式,记录活动的主要过程和关键步骤。记录可以有个人、小组和集体等不同的形式,教师要指导幼儿把握好记录的时机和内容,以免错过重要信息。在实验和观察结束后,幼儿要尝试着将记录的信息进行整理,用适当的、简明的形式把数据、信息转化成证据,这样更容易看出规律。培养幼儿对事物的客观描述、对事实的尊重,使结论建筑在事实之上,正是这个阶段的主要目的。

阶段五:表达和交流——幼儿学习表达自己和倾听别人

表达和交流在探究活动中是必不可少的。法国的同行曾告诉我们:知识是在孩子们的实验之后,在讨论中形成的。因此,幼儿要组织自己的想法,并设法向别人说明,或是设法说服别人,这是一种重要的思维过程。教师要让每个幼儿都表达自己的观点。无论观点正确与否,要让幼儿掌握科学的语言,描绘他们亲自经历的、丰富而复杂的实际科学探究过程,这可以有效培养他们的书写和口头表达能力。在这个阶段,教师的作用是倾听、鼓励并重复幼儿的关键陈述,发现并引导幼儿关注自身探究结果的矛盾和不一致,发现并引导幼儿关注同伴间的差异、矛盾,使他们懂得每个人都可以对同伴和老师提出质疑,但争论必须以观察到的事实为依据。争论能够引起幼儿的深入思考和进一步更仔细的观察和更严谨的实验。教师要综合幼儿的观点,可选择幼儿的表述方式作为对结论的描述,也可以幼儿的实验和经验为背景,使用比较准确的、幼儿能够理解和接受的语言描述概念和原理。此外,非常重要的一件事是:教师要引导幼儿把最后的结论和自己最初的想法做对比,从而改进原有的想法。最后,教师要鼓励幼儿用不同的形式记录下全班最终的结论。

这个阶段是为了让幼儿初步感受到:结论的得出要以观察和实验中看到的事实为依据。同时,教师也要充分认识到:幼儿概念的改变需要有一个过程,需要经过一系列的活动和经历才能实现。

学习研究

怎样避免做记录成为幼儿的负担?

幼儿具有与生俱来的好奇心和探究欲望。科学探究以探究为核心,记录方法是幼儿进行科学探究的重要方式，也是幼儿园开展科学探究活动的过程中常见的形式。例如幼儿观察探究植物的生长变化时要记录种子种下的日期到发芽所用的时间、在观察天气变化时要记录天气、在探索区分生鸡蛋和熟鸡蛋时要记录探究的方法与结果……记录是幼儿收集信息和表达个人发现与意见的有力工具，但任何工具和方式的使用都要适度，现在一些教师在开展活动时为了体现出幼儿的探究过程，动辄让幼儿使用各种记录表和记录方式让幼儿进行记录，为了记录而记录，有的幼儿表示“我不想做记录，我想玩”，有时候记录已经成为幼儿的一种负担。

做记录怎样掌握好“度”？不同年龄段的幼儿应如何做记录？怎样避免做记录成为幼儿的负担？请你先从直觉判断、专家建议和到幼儿园调查研究三个方面，进行信息搜集，然后再从幼儿身心发展特点进行文献搜集，你对该问题会有一个全新的认识。

三、如何实施主题科学探究活动

充分体现《纲要》和《指南》精神的主题科学探究活动是以幼儿为主体的，让幼儿在动手、动脑的探究活动中形成积极的科学态度，提升科学探究能力，获得丰富的科学知识，积累多方面的科学经验。要实现这样的目的，教师就要真正成为幼儿探究过程的引领者、支持者和帮助者。主题科学探究活动要力图实现“幼儿积极主动地学，教师积极有效地教”这样一种互动与同构的教学过程。

（一）实施中的注意事项

幼儿的科学探究可以以灵活多样的方式开展，但探究的完整性和深度会有所不同。专门的主题科学探究活动于幼儿而言是必不可少的。幼儿通过集体，更多的是小组活动的方式，经历从“关注问题—进行猜想和假设—设计调查、观察和实验方案—收集信息和进行记录—形成解释和得出结论—合作、分享与交流”的完整探究过程，能让幼儿真正经历探究、体验探究和发现的过程。

1.精心选择和设计

主题科学探究活动是一种探究型的课程，它是围绕着一个主题，让幼儿进行自主观察和探索周围现象、事物的学习活动形式，具有核心性、主体性、连续性和发展性的特点，能最大限度满足幼儿持续探究的需要，这类活动的数量一般少而精，需要教师精心选择和设计。

2. 尊重幼儿的想法

教师在实施主题科学探究活动时,要尊重幼儿的想法。这种尊重体现在通过他们所做的事和所说的话,全面倾听他们的想法,为他们进一步探究其想法提出相应问题,等待和观察幼儿形成自己的观念,教师所表现出的兴趣和支持会为幼儿的探究学习开辟更多的可能性。同时,教师对幼儿的尊重还体现在当他们遇到问题时,为其提供支架。

尊重幼儿的想法也体现在无论幼儿的想法(在成人眼里)看上去是否正确,教师都提供各种途径,让幼儿更彻底地探索他们的想法。这种尊重使得幼儿能自由地表达他们的想法并采取行动寻找答案,通过这个过程,幼儿将发现他们能够独立思考。

3. 重视师幼关系

实施主题科学探究活动时,教师要将师幼关系放在心中。就如《渴望学习》中所述:"假如教育质量只有一个关键的成分,那么它就存在于儿童与教师(保育员)的关系中,存在于成人对儿童做出反应的能力之中。但是这种反应有多方面的扩展:儿童的认知、社会学、情绪及身体特征和发展"。

(二)实施中的有效策略

无论是探究什么主题,都应十分重视引导幼儿进行多角度的深入探索与研究,逐渐获得真正内化的科学知识与概念。

1. 创设情境,激发幼儿发现和大胆提出问题

发现和提出问题是科学探究的起点,教师要以多种方式给予幼儿提出问题的时间与机会,激发幼儿探究的兴趣。教师要鼓励幼儿提出问题,认真倾听并记录幼儿的各种问题,并将这些问题进行价值判断和选择,形成有探究意义和价值的问题,作为幼儿主题科学探究活动的起点。

2. 鼓励幼儿进行猜想与推测并说明理由

猜想和推测是幼儿主动建构知识的前提。在面对问题时,教师要注意充分调动幼儿的原有经验,分析和预想事物及现象的成因,设计解决问题的方案,真正动脑深入思考解决问题,切忌包办代替,急于提出自己所谓"正确"的想法。

3. 引导幼儿观察和实验验证

教师要鼓励和引导幼儿按照自己的计划进行客观而细致的观察、实验与验证，培养幼儿对事实的尊重，对证据的重视。要给幼儿充分的时间与空间，让其进行反复的观察、实验与验证，从而发现真相，巩固或调整自己的认识，主动自我建构知识与经验。此外，教师要为幼儿提供材料上的支持和帮助，观察记录幼儿的实验过程，遇到的主要问题、收获的发现，通过提问、建议等方式引导幼儿向科学概念和原理迈进。

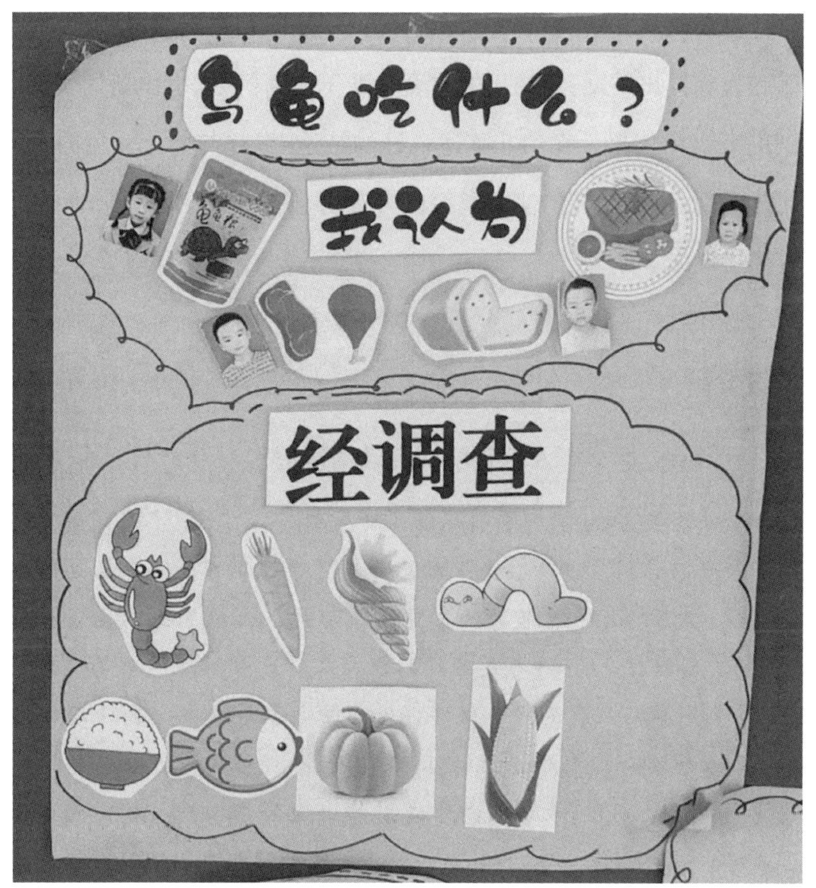

图6-5　幼儿在探秘小乌龟中的推测和获得的事实

4. 支持和引导幼儿记录和整理获得的信息

教师要鼓励和培养幼儿记录的意识与能力，尊重幼儿的年龄特点，鼓励幼儿用多种适宜的形式进行记录，切忌要求整齐划一的记录形式。可鼓励幼儿运用图画、符号、表格、文字、照片等多种适宜的方式，记录活动的主要过程和关键步骤。

5.引导幼儿得出结论、形成解释

知识是在幼儿的实验之后，在讨论中形成的。幼儿间的交流与讨论，对形成幼儿的科学知识与经验有着重要的作用。教师要组织幼儿以集体、小组和个别等多种形式进行交流和讨论，鼓励幼儿大胆发表个人的意见，专心倾听他人的见解，养成尊重事实、尊重他人的良好品质。

6.鼓励并为幼儿提供机会进行交流

教师要让每个幼儿都表达自己的观点，无论观点对与错，要让幼儿懂得，每个人都可以对同伴和教师提出质疑，对结果的质疑有助于澄清问题，引出新的实验，但争论必须以观察到的事实为依据。在幼儿陈述自己的结论、解释与同伴交流的过程中，教师需要综合幼儿的观点，以幼儿的实验和经验为背景，使用比较准确的、幼儿能够理解和接受的语言描述概念和原理。

经典研究介绍

大班科学探究活动《球》①

在幼儿科学教育中，教师在引导幼儿开展科学探究，提高科学素养的过程中发挥着重要的作用。其中，教师的言语是引导幼儿开展探究活动的主要方式之一，而小组活动是科学教育的常见组织形式。大班的科学主题活动《球》共进行了6次活动，分别是《各式各样的球》《球的比较》《球的滚动》《怎么滚得远?》《我的球会弹跳》《我的球能跳多高?》，每次参与这个主题活动的幼儿约18~20名，六个活动均有小组活动环节，小组人数依据探究任务而不同。教师通过询问、建议、指示、表达四种方式引导小组合作，例如“你们俩谁负责把球放下来啊?”“球跳到她身体的什么位置，帮她标注出来好不好?”通过要求描述、发出指示、提出建议、引导思考、要求解释、表达观点等方法引导幼儿的探究行为，如“你是怎么搭斜坡的?”“可不可以请数字帮忙呢?”在科学小组活动师幼互动过程中，教师不同的言语指导行为类型相互交织、互相依存，共同构成了一个完整的引导幼儿探究的过程。

① 许倩倩:《科学教育小组活动中教师言语指导行为研究——以大班科学探究活动〈球〉为例》，载《内蒙古师范大学学报(教育科学版)》2012年第10期。

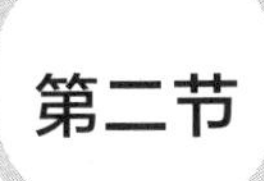

第二节　区域科学探究活动

科学区域活动是幼儿园实施科学教育的重要方式，幼儿科学区域活动具有自主性、操作性、创造性等特征。在区域科学探究活动中，教师将学习内容和目标以活动材料的形式呈现给幼儿，幼儿就可以自由、自主地开展探索活动，通过对各种材料的操作来完成动作的内化，有效地依靠区域性活动、游戏和探索来解决问题，获得相关的学习经验，实现个性化学习，从科学区域活动中获得乐趣，提高发现问题与解决问题的能力，进而内化为科学探究能力。因此，从幼儿素质教育的角度看，教师应积极开展区域科学探究活动。

一、什么是区域科学探究活动

区域科学探究活动作为集体性科学教育活动的延伸和丰富幼儿科学教育活动的辅助手段，在幼儿科学教育中扮演着重要的角色。学者杨磊认为科学区域活动是依据幼儿的年龄特点，提供幼儿感兴趣的丰富多样的科学操作材料，鼓励幼儿在自主选择、动手操作和摆弄中进行探究，通过与材料、环境、同伴的充分互动而获得发展的一种课程模式。[①]学者刘敏钰认为科学区域活动是一种让幼儿根据自己的水平、兴趣、特点和需要来选择材料进行个别性或小组性的操作活动，是充分发挥幼儿个性和潜能的组织形式，有着集体性科学教育活动所不能代替的教育效果。[②]尽管不同的学者对科学区域活动内涵的表述不一致，但都强调科学区域活动的本质。因此，综合学前教育领域诸多学者对科学区域活动的界定以及《指南》中科学领域的要求，本书将区域科学探究活动定义为：根据幼儿的年龄特点和兴趣、需要，在幼儿园专门划出以科学探究为主要活动内容的区域，提供一些能够支持他们自主探索和发现的材料以及适宜的工具，鼓励幼儿自主、自发地使用工具进行观察、测量、分类、实验，发现有趣的科学现象，

① 杨磊：《幼儿园科学区角活动的调查分析——以江苏省某科学教育特色幼儿园为例》，载《陕西学前师范学院学报》2016年第10期。

② 刘敏钰：《学前儿童科学教育》，科学出版社2018年版，第167页。

解决感兴趣的问题并获得发展的科学探究活动。

在这个区域中,幼儿可以根据自己的兴趣和能力自主选择活动材料,在与材料、环境和同伴的互动中探索科学现象、解决科学问题、建构科学经验;可以按照自己的发展水平和兴趣需要选择学习的内容、方式和进度,充分满足其个性化需求;教师也往往会根据幼儿的具体情况进行一对一的互动与指导。

(一)区域科学探究活动的发生

幼儿的区域科学探究活动发生比较多的是专门的科学发现区、自然角与种植园地以及其他相关区域(如美工区、沙水区)等。在多样化学习环境中,空间由小到大、由单一到复合、由简单到丰富,为幼儿"探究科学"活动的有效开展提供了丰富多样的保障条件。

在幼儿进行区域活动时,教师要关注区域的流动性和开放性两个方面,因为它们能够支持探究过程。如果认识到一个区域的材料能够在另一个区域中使用,幼儿和教师就能创造性地开展学习活动和解决问题。

案例

在一次区域活动时间,教师把一个装有盛开的水仙花的花瓶放在美术桌的中间,幼儿兴致勃勃地拿笔画出自己对水仙花球状根茎和盛放的花朵的感知。

另外几个孩子在积木区搭建了一座桥,一个男孩尝试把一辆小汽车从倾斜放置的积木上滑下来。另一名幼儿注视着他重复启动小汽车并一直用手扶着它让它沿着积木顺利下滑的这一过程,"我有一个主意。"这名幼儿说道。接着他从美术区选了一张大的美术纸,帮助拿汽车的男孩用胶带把纸环绕着积木的三侧粘贴,形成了一个像水槽一样的形状。就这样,这两名幼儿共同合作,他们最终发现了成功地使汽车全程沿着积木下滑的好办法。

当教师和幼儿理解了区域的概念是流动的时候,他们就会培养起换种方式思考的习惯。为促使区域科学探究活动的发生,一个区域可以做得大或小,也可以增加与另一个区域合并使用。

(二)区域科学探究活动的价值

幼儿园区域科学探究活动是近年来在我国幼儿教育中得到广泛实践的一种幼儿教育形式,它通过为幼儿提供适宜的活动环境和材料,促进幼儿主动活动、自主选择、相互交流和持续探索,达到促进素质全面提高的目的。

1.促进幼儿主动探究

区域科学探究活动突破了传统集体教育中幼儿处于被动、静止状态的局限,教师通过设计、提供可供幼儿操作的环境特别是各种活动材料,让幼儿在和环境的相互作用中主动地通过科学探究活动得到发展,充分体现幼儿的主动性和实践性。

2.促进幼儿相互交流

幼儿在同一科学探究活动区的活动可以看作是被共同的或相似的兴趣爱好和发展需求聚拢起来的小组活动。在这个小组里,每一个幼儿都在有意无意之间关注同伴的一言一行。由于来自同伴的激励和启发往往比教师的说教更能激起幼儿的求知欲望和探索精神,为此每一个幼儿都能通过伙伴之间的相互交流和由此导致的相互激励和启发而使自己不断地碰撞出新的火花,进而促进自己不断地在科学探究活动区中进行新的探索。可以说,在区域科学探究活动中,幼儿之间的相互观摩、学习、启发和激励是经常性的,也是幼儿不断进步、不断提高的重要推动力量。

3.促进幼儿持续探索

培养幼儿的好奇心、求知欲和初步的探究能力是幼儿园科学教育的一个重要方面。区域科学探究活动为幼儿提供的可供他们持续探索的环境和材料以及教师具有针对性的个别指导可以起到重要的作用。幼儿初步的创造意识是在不断操作实际物体的活动中萌发的,幼儿初步的创造能力也是在不断操作实际物体的活动中发展的,亲自动手、动脑的、持续不断的实践活动是幼儿创造活动的起点。从这个意义上说,幼儿园区域科学探究活动为促进幼儿的持续探索进而促进幼儿创造意识的萌发和初步创造能力的发展提供了广阔的空间和无限的机遇。

二、如何设计区域科学探究活动

(一)区域科学探究活动的设计原则

1.适宜性原则

为了在区域性活动中有效地培养幼儿的科学探究能力,幼儿园教师必须合理设计科学探究目标,并以此为依据,有效地培养幼儿的科学探究能力。为此,教师必须首先熟悉幼儿,并仔细观察和分析幼儿的人格特质、认知能力和其他能力指标,以加深对孩子的了解。在此基础上根据幼儿的认知发展水平和生活经验合理安排科学探究任务。

此外,为了在区域性活动中有效地培养幼儿的科学探究能力,教师必须创设一个科学的探究环境,建立以探究为基础的活动材料,满足幼儿的探究需求。放置材料时,教师必须遵守层次结构和探索性原则。首先使材料体现在不同的层次,以便每个幼儿都能在其能力范围内有效发展;其次,所提供的材料要在有效激发幼儿的探索欲望和指导其进行更深层次的探索方面起着重要作用。以水的性质为例,教师必须准备诸如瓶子和杯子之类的材料以让幼儿了解水的基本性质,并准备诸如糖和沙子之类的材料让幼儿探索水的性质以实现探索的能力。

2.趣味性原则

幼儿所处的年龄阶段,决定了他们做事情目的性不是特别明确,同时自控能力缺乏。所以,教师要想办法使幼儿科学探究活动的热情调动起来,教师要充分考虑幼儿的情感需求、现阶段的认知水平等,从而创作出适合幼儿审美、与幼儿兴趣符合的科学探究区域环境,在环境的影响、带动下,幼儿参与科学探究活动的自主性得到提高。例如在进行区域科学探究活动环境设计时,教师可以依据不同年龄的幼儿喜欢的事物不同,进而设计出不同的墙面,吸引幼儿的注意。小班的幼儿对鲜艳的颜色、简单的线条情有独钟,这样的环境会一下子吸引幼儿的注意,能够加速他们融入环境的速度。所以教师可以在科学活动环境中张贴幼儿喜欢的卡通形象,例如:喜羊羊、灰太狼、海绵宝宝、派大星等动画形象,这样幼儿置身于这样的环境中就会非常兴奋,幼儿更加乐意进行科学探究活动的参与。相比之下,大班幼儿已经有一定的基础,他们能够接受时间长、难度大的科学探究活动,这样的情况下,如果设置的环境颜色鲜艳、形象可爱,则会使大班的幼儿分心,注意力难以保持,同时随着时间的推移,大班孩子的审美观也发生了改变,他们更加喜欢颜色清新,线条更为柔和的环境。这时教师就要为大班孩子设计柔和、舒缓的科学区域环境,使幼儿的身心放松,能够更好地进行科学探究活动。

3.启发性原则

幼儿园教师在进行科学探究区域环境创设时,教师要注意使区域环境中的相关物品活动起来,使幼儿的思路得到启发,引导幼儿能够深入思考,也就是借助优化、设计区域环境,进一步使幼儿的科学探究潜能得到深入挖掘,同时在这样的过程中,幼儿的观察能力、思考能力也得到锻炼,有助于幼儿良好学习习惯的养成。例如教师组织幼儿进行“神奇的泡泡”的区域科学探究活动时,教师设计活动的目的主要是让幼儿明白泡泡产生的原因是什么以及如何才能产生泡泡等。为了使环境对幼儿能够起到启发、引导的效果,教师可以这样进行环境设置:首先,教师可以在科学区域环境的入口放置一个浴缸,当幼儿进入该区域时,就会被眼前自由游动、吐着泡泡的小鱼吸引住,同时幼儿也会注意到除了小鱼吐泡泡外,浴缸中的氧气泵也在不停地冒着泡泡。其次,教师可以借助信息化手段,在科学探究区域环境中设置大屏幕,通过视频播放小朋友们吹泡泡。在这样的环境创设下,幼儿们就会感到非常欢乐,同时想要赶紧一试身手去创造泡泡。最后,教师们为幼儿准备好制作泡泡的各种工具,例如,水瓶、塑料碗等,这样幼儿就可以通过自己的努力,制作出泡泡。在这样的整个过程中,教师设计出适合幼儿进行探究的环境,当幼儿看到金鱼、氧气泵、视频等,幼儿就会被泡泡吸引,幼儿的想象力、创造力得到激发,因此幼儿接下来的区域科学探究活动的展开就顺理成章。

4.多样性原则

幼儿所处的年龄阶段,使得他们容易喜新厌旧,在这样的情况下,教师就要敢于打破常规,使幼儿对于科学探究热情不减。如果幼儿感受到的科学探究区域环境一直都是同样的,幼儿就会感到乏味、无趣。这样会打击他们对于科学探究的热情,使他们进行科学探究的思路受到限制,所以教师要依据科学探究主题的不同,进行各种各样的科学区域环境的创设。以“我爱小花”为主题的科学探究活动为例,教师可以在科学探究区域中用不同的花朵点缀环境,幼儿在环境中观察不同的花朵,了解到不同花朵的名称、颜色、花期等信息。当科学探究活动的主题是“各种各样的车”时,教师可以打印各种各样的车的图片,例如:小车、大货车、挖掘机、消防车、救护车等,同时可以把各种各样的车的模型放在科学探究活动区域中，供幼儿进行观察、认识，同时教师可以为幼儿简单讲解各种车的用处，让幼儿的知识得到丰富。因此，借助各种相关环境的创设，科学区域环境、科学探究思维的形成，二者之间相互促进，有效地提升了区域科学探究活动对于幼儿的吸引力，使幼儿的智慧、兴趣得到启发，学习活动的效率得到有效提高。

（二）区域科学探究活动的材料投放

1.适当选择材料，提升材料的教育价值

科学探究区投放的材料不但要适应幼儿的年龄特点和兴趣，配合同期的集体活动教学目标，还要注重系统性、文化性，提升材料的教育价值。小、中、大班科学区角材料的投放应该体现整体的系统性，根据幼儿年龄的增长，投放的材料应该由简到繁、由具体到抽象，难度螺旋式上升。比如，教师可以让小班幼儿自由玩材料，让中班幼儿探索材料的沉浮，用解决问题的方式为大班幼儿提供更丰富的材料，让幼儿探索解决“怎样让水凉得快”“怎样把冰从瓶子里取出来”等问题，提高幼儿解决问题的能力。

科学区角材料的投放在追求科学性的同时，还要注意弘扬民族传统文化，增强民族自尊和自豪感。比如，在科学区角中用生动的形式呈现中国古代的发明创造，制作水车、风车、风筝，用指南针原理制作玩具，讲述我国科学家和科学发明的故事等，为幼儿介绍中华民族的优秀文化传统，引导幼儿萌生爱科学、爱祖国的情感。

2.深入研究材料，提升教师的指导空间

教师们普遍认为自己制作的科学玩具最容易引起幼儿的兴趣，这是因为教师在制作玩具时进行了深入的思考和研究，制作的材料更有趣味性，更符合幼儿的需要。对于成品材料，教师也可以尝试亲自操作，研究材料的结构，以便更有效地指导幼儿的活动。例如，有的科学材料有一定的梯度空间，操作难度逐渐增加，教师只有深入研究材料，才能根据幼儿的不同水平进行有效指导，避免操作难度与幼儿年龄特点不匹配的现象产生。以大班主题“纸的奥秘”科学探究活动为例，教师可以在科学探究区域中提供造纸所需要的废纸、勺子、搅拌器、过滤网等低结构材料和纸浆等半成品材料，并用造好的成品纸进行环境的点缀，让幼儿了解到造纸材料的名称、用途等信息，在环境中观察造出的纸的形态，激发幼儿的探究欲望，同时便于教师给予幼儿不同层次的探究支持。

3.提高科学教育能力,重视科学区角建设

在教育实践中常常发现,不少教师在环境布置时比较重视美工区、建构区、娃娃家、表演区等,而对科学区的建设重视不够。科学区角活动是幼儿园科学教育的重要形式,教师应该进一步加强科学区角建设,全面理解幼儿园科学教育的目标和内容,提高自身的科学素养,创造良好的科学教育氛围,有意识地研究科学教育方法,提高科学教育能力,以便更有效地指导幼儿园科学区角活动。

三、如何实施区域科学探究活动

(一)实施中的注意事项

幼儿科学探究和学习的主要方式是亲身经历和获得直接经验,因此适宜的材料和工具的支持都必不可少。

(1)探究材料。用于支持幼儿科学探究的材料既包括教师在区域中投放的、供幼儿在自选活动或日常生活中自由探究的材料,也包括在教师专门组织的幼儿小组或集体科学活动中为幼儿投放的材料。

教师要关注和研究材料的结构,具有适宜结构的材料能够支持幼儿的自主探究和发现。例如:让幼儿探究和发现不同纸的吸水性,就需要为幼儿选择几种特点和差别明显的纸(牛皮纸、包装纸、复印纸和宣纸);让幼儿探究发现颜色混合可以变成其他颜色,而且这种变化是有规律的,就需要为幼儿提供红、黄、蓝三原色和有刻度的容器;让幼儿发现磁铁的特性则需要为幼儿提供磁铁和各种能被磁铁吸引和不能被磁铁吸引的东西。

(2)探究工具。能够制造和使用工具是我们人类重要的特征之一,幼儿在很小的时候就对操作摆弄和使用工具感兴趣。为幼儿提供一些有趣的探究工具(包括放大镜、小铲、小容器)能够使幼儿了解到:工具可以帮助我们收集更多更精确的信息,更精确地观察细节,更精确地测量,看到肉眼无法看到的东西;工具可以帮助人们做东西,有些东西没有工具的帮助是做不出来的;每一种工具都有其特殊的用途,学习根据不同的探究需要选择恰当的工具来帮忙。

(二)实施中的有效策略

1.活动场地的有效设置

活动场地的有效设置是区域活动实施效果的保证。例如,教师在带领幼儿进行科学区的种植活动时,如果仅在室内观看多媒体资源,往往无法起到自然科学的探究效果。教师可以将区域活动的场地选在户外的种植区域,能够引领幼儿在直观的植物观察和种植参与中,实现自然科学知识的有效掌握。

例如,老师为了带领幼儿参与科学区的种植活动,就与其他老师在幼儿园当中开辟了一块种植园区。这个种植园区中不仅包含老师已经种植的各种作物,还有一大块区域供幼儿在科学活动中使用。将科学活动从室内挪至室外,笔者发现幼儿的活动参与兴趣显著提升、种植植物的积极性明显增强。当幼儿在户外的种植区域参与活动时,幼儿认真观察黄瓜的种子,并按照笔者的指导仔细完成了黄瓜种子的种植。在接下来的科学区活动过程中,幼儿每天来园的第一件事就是拎上小桶前往种植园区为黄瓜浇水,并观察植物的长势。最终,幼儿不仅完成了黄瓜的种植,还在科学区区域活动的户外氛围中感受到收获的喜悦、领略了农民伯伯的辛劳、完成了对植物生长知识的理解。可见,合理选定区域活动实施场地将决定区域活动的实施氛围,且能够保证幼儿参与活动的积极性。

2.材料投放的有效安排

对于区域活动的实施,幼儿教师需要结合幼儿的能力合理安排材料的投放。例如,针对小班幼儿,教师需要在区域活动中以高结构材料为主进行投放,并在此过程中有效锻炼幼儿的个人运动能力;针对大班幼儿,教师可以使用低结构材料开展区域活动,以期引领大班幼儿在进行能力锻炼的同时开动脑筋操作各种低结构材料。

例如,教师在引领幼儿参与户外体育区域活动时,对于小班的幼儿,老师会鼓励幼儿在攀爬墙、攀爬架等高结构材料的应用中锻炼体能;针对大班的幼儿,则借助轮胎、障碍板、塑料圈等低结构材料进行教育投放,并鼓励幼儿在体育运动的参与中操作低结构材料。

针对不同班别的幼儿实施不同的材料投放标准,主要是因为幼儿随着年龄的增长,其运动能力和操作能力都将得到提升,故而在体育区域活动中采用不同结构的材料进行投放,能够促使幼儿在锻炼运动能力的同时,逐步实现实践操作能力和创造力的强化。久而久之,小班幼儿将在高结构材料的操作中实现运动能力的提升,而大班幼儿不仅能够在体育区域活动中实现运动能力的提升，还能在不同的低结构运动材料操作中实现实践能力的提升和创造力的强化。

3.活动环节的有效设计

为了高效实施区域活动，幼儿教师还需要合理设计区域活动的实施环节。合理设定的区域活动环节将有效缓解幼儿的畏难情绪、激发幼儿的活动参与兴趣，并促使幼儿在环环紧扣的区域活动中产生浓厚的实践兴趣。因此，教师需要结合幼儿的能力和喜好，设定区域活动环节，以提升区域活动的实施效果。

例如，引导幼儿在植物拓印区域进行科学探究活动时，为了强化幼儿的自主探究能力，可结合幼儿的经验开展多环节的区域活动设计。首先，在前期进行了植物拓印的经验铺垫的基础上，请幼儿自主寻找和采摘适合进行拓印的植物花卉。在寻找植物花卉的过程中，于幼儿而言就是一次亲近自然、探究自然物的身心愉悦的过程。此时，幼儿兴趣已经被调动起来，于是老师鼓励幼儿借助合适的工具采摘一些自己需要的植物花卉。将这些“原汁原味”的材料带回区域中，教师指导幼儿摆放好材料，然后探索用敲或锤的方法拓印出来。最后，教师将幼儿制作好的成品展示出来，并请幼儿分享交流自己是怎么拓印的、拓印出了什么等等，在趣味化的区域活动中激发探究的兴趣，提高探究能力。

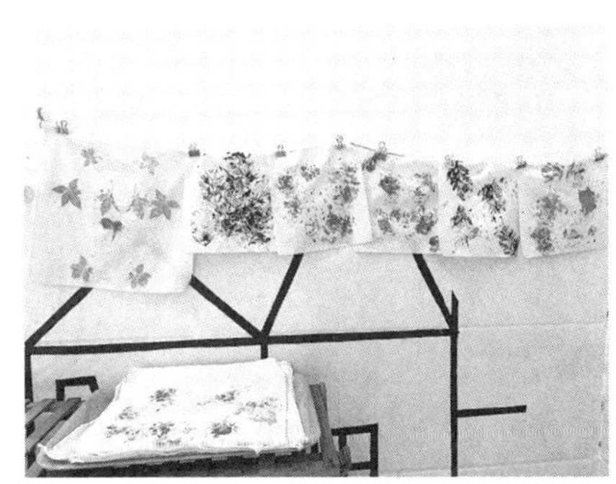

图6-6 “采摘—摆放—敲—成品”过程

教师为了有效提升区域活动的实施效率、切实保证幼儿在区域活动中实现能力提升和素养完善，就需要开展针对性的区域活动筹划。在区域活动的筹划中，教师需要通过区域活动场地的设置为幼儿选定恰当的活动范围；通过恰如其分的材料投放激发幼儿在区域活动中的操作兴趣；通过区域活动中趣味化的环节设计，切实提升幼儿的个人能力。最终，幼儿不仅能够在丰富的区域活动中感受到乐趣和成就感，还将在区域活动中增强探究兴趣、提高探究能力。

第三节 一日生活科学探究活动

一、什么是一日生活科学探究活动

(一)一日生活科学探究活动的发生

幼儿阶段的学习不同于小学阶段的学习,幼儿更多的是在生活中学习和获得经验的。在幼儿一日生活的环节中随时渗透科学教育,以幼儿的生活为背景,通过值日生(天气预报、自然角的照料)工作和幼儿的自发与随机探究积累科学经验,是幼儿科学学习与科学教育的重要途径,应鼓励幼儿在生活中进行多样化的科学活动。

(1)一日生活环节中的科学发现。如厕与盥洗、进餐与饮水、午睡、户外活动等生活环节与活动中存在着许多教育的时机,这有待教师用敏锐的洞察力去捕捉、开发和利用。

户外活动(主要指园内的户外活动)是幼儿比较自由的活动时间。有时,教师会组织一定时间的集体或小组体育活动、游戏活动,但幼儿总会有许多自由活动的时间,他们或者选择各种器械进行自由的游戏,或者观察和探究周围的小生物或各种有趣的事物与现象。

(2)天气观察与报告。天气预报,是幼儿园生活中常规性的科学活动内容。幼儿通过关注天气状况、温度变化、风力大小、适宜的衣着与户外活动等内容,了解天气特点及其与人们生活和活动之间的关系。天气预报作为幼儿园的常规活动,有着重要的教育价值。

(3)野外考察活动。带领幼儿在大自然中学习是一件十分有趣的事情,幼儿有着与生俱来的与大自然的亲近感,这样的活动会让他们很高兴、很活跃,对他们来说是一种享受。作为教师,要在支持幼儿尽情享受这份快乐的同时获得有意义的经验。要实现这一目标,最关键的是教师要做先行的研究者,要在带幼儿进行探究之前先进行实地考察。这样做不仅会保证幼儿探究的目的性,提高幼儿户外探究的效果,保证幼儿的安全，也是教师自我积累、自我提高的过程。

城市的幼儿可以在自己的幼儿园、附近社区绿化区和公园，也可以到郊外进行考察活动；农村的幼儿有野外考察的便利条件，田间地头、山冈溪边，都可以激发幼儿生动有趣而又富有发现的科学活动。

要让野外考察成为富有成效的科学学习活动，教师就要将其与一般的郊游和玩耍有所区别，要进行精心的设计和准备。活动前的讨论、探索的过程和活动后的整理、分析与归纳对幼儿有着十分重要的意义，教师要通过提出关键问题来鼓励和引导幼儿个体或小组进行思考和讨论，以保证活动富有成效。在教师提出的关键问题的引导下，幼儿的积极思考会伴随着活动的整个过程，促进新经验的形成。

（二）一日生活科学探究活动的价值

一日生活是幼儿自由科学探究发生最多的时机，幼儿可以在生活中学习和获得经验。《指南》强调了生活中学习科学的重要性，例如“结合幼儿的生活需要，引导他们体会人与自然、动植物的依赖关系。”“有意识地引导幼儿观察周围事物……”可见在科学探究活动中，幼儿科学学习应该依托一日生活的随机渗透，关注科学领域的基本核心经验，利用一日生活中的各种机会引发幼儿的科学探究活动。

二、如何把握一日生活科学探究活动的契机

（一）一日生活中的幼儿科学经验

在幼儿园中，教师可以挖掘利用一日生活中的各种活动，积累幼儿有关观察、分类、预测与推断、记录与交流、事物与现象的科学经验。科学经验的习得是与幼儿日常生活紧密联系的，幼儿在生活中和大量的自然事物接触，需要通过科学探究来帮助自己认识和了解事物，因此也自然而然地积累了科学经验。

以分类经验为例，在散步活动过程中，当幼儿发现春天的花、秋天的落叶时，教师可以很自然地引导他们根据观察特征对其进行分类。在幼儿观察气象的活动中，请幼儿记录天气图志，然后根据先前选择的类别将天气情况分类，如晴天、多云、雨天、下雪或炎热、暖和、凉爽、寒冷。教师还可以充分利用收拾整理活动，让幼儿获得分类经验。

如在午睡时，将杯子、衣服、小凳子都分类整理好，放在固定的地方；收拾玩具时，把积木放在适当位置。同时，教师可以根据幼儿的发展水平提出不同的分类要求：3岁左右的幼儿，教师可以在玩具筐贴上图形，让幼儿把形状相同的积木放进去；5岁左右的幼儿，可以在相应的玩具柜贴上该物体没有的某种特点的标签，例如贴“娃娃”标签表示把不是娃娃的物品放进去。[①]

大班晨练签到环节的“体温”“天气”记录

本学期幼儿园调整了一日生活作息时间，增加了自主晨练活动。我们班在自主晨练环节开展了晨间签到活动，该活动既能培养幼儿早睡早起的好习惯，同时，通过图画、符号或文字等方式进行签到，能有效培养幼儿的前书写能力。

值日生负责在餐后进行班级点名，统计来园人数，并给已签到的幼儿登记体温。

最近有点冷，风很大。到了8时10分，才看见星辰和正煜背着小书包来到活动场地。星辰说：“今天我第一名。”正煜说：“是呀，今天人好少哦！”星辰一边签到一边说：“要把每天的天气记下来，看看哪些小朋友在冷天偷懒。”孩子们通过晨练总结环节的集体讨论，对签到进行了改进，在签到表里增加观察天气一栏。教师也通过各种方式引导幼儿观察当天的天气，感受天气的变化。通过投放温度计，引导幼儿观察温度，了解气温的变化，在签到表上记录当天的天气，统计一周多少天是晴天，多少天是阴天，多少天是雨天。同时，根据气温感受冷热，增减衣服。

在自主晨练环节，增加了小小签到表，既丰富了幼儿早晨来园的活动，又帮助幼儿认识了气象常识，使其观察能力、社会交往能力、规则意识等方面有了一定提高。

(二)促进一日生活科学经验提升的原则

1. 整体性原则

对于从事幼儿园教育教学工作的教师而言，在组织开展科学教育活动时需秉承整

① 施燕等：《学前儿童科学学习与发展核心经验》，南京师范大学出版社2021年版，第8页。

体性原则。科学教育涵盖的知识点众多,在面向学龄前儿童进行科学教育时,教师要以促进儿童全面发展为导向,做好科学教育在目标、理念、知识、方法、情感等方面各种要素的有效整合,贴合3~6岁年龄段儿童的身心发展诉求,以此来实现儿童的全面性发展。例如:在儿童观察菊花、柳树等植物生长情况时,教师要对儿童说:“植物虽然不会说话,但是它也是有生命的,植物散发出的味道或者它的成长都有生命的印记,我们可以尝试探究植物的生长过程!”这样的方式,可使儿童的科学探究兴趣被充分激发,促使儿童在探究科学规律的同时,产生珍爱生命和保护生命的积极情感。

2. 创新性原则

在面向3~6岁年龄段儿童进行科学教育时,如果教师所运用的教学方法单一陈旧,则很难调动儿童的积极性,难以激活儿童思维,无法快速顺利地实现培养目标。因此,对于从事幼儿园教育教学工作的教师而言,在组织开展科学教育活动时需秉承创新性原则。具体来说,科学教育应涵盖五大领域,对现有的教学方法加以创新。

例如:在开展“奇妙的昆虫世界”这一科学教育主题活动时,教师可针对这一主题设计科学、艺术、语言、健康等领域内的教学活动,如“我和蚕宝宝共成长(科学领域)”“昆虫剪纸(艺术领域)”“讲述昆虫故事(语言领域)”“自编昆虫健康操(健康领域)”等。通过这一系列教学活动的实施,可将生命科学教育渗透在五大领域之中,对儿童创造思维培育、生命观点形成及个性发展均具有极为重要的现实意义。

3. 实践性原则

立足于生命教育视角下,对于从事幼儿园教育教学工作的教师而言,在组织开展科学教育活动时需秉承实践性原则。因此,教师要开展各种类型的实践活动,激发儿童兴趣,促使儿童在参与中探究科学知识和感知生命魅力,促进幼儿园科学教育发展,提高儿童的生命素质,实现生命教育与科学教育的完美结合。

一方面,教师要以培养儿童科学精神、帮助儿童积累科学知识、引导儿童掌握科学方法为目标,在正确目标的指引下,有计划、有目的地组织开展科学实践活动,使儿童的主体性在科学实践活动中得到充分彰显,让儿童在科学精神的带领下,自觉主动地参与到活动中,探究其中蕴含的科学知识,学会发现科学问题、分析科学问题和解决科学问题。另一方面,在科学教育活动中,生命体应成为这一教育实践活动开展的载体,促使儿童在科学探究中关注生命成长过程,感知生命成长与蜕变所带来的喜悦,形成良好的情感体验，从而不断增强儿童的生命素质，帮助儿童形成尊重生命、热爱生命、保护生命的正确生命观。

4.恰当性原则

教师选择在科学教育中要做好对恰当性原则的应用。所谓恰当性原则是指教师根据科学活动的需求，在特定的时机、环节对学生开展与之对应的科学教育，保证幼儿可以获得良好的启发，树立起他们的科学意识。例如在进行植物栽种的科学活动时，教师引导幼儿在持苗时要轻，避免过于用劲儿让幼苗受伤，因为它也有生命，会被幼儿"捏疼"，这就是最好时机下的生命教育，幼儿也必然会因此受到指导。

经典研究介绍

后现代主义与幼儿科学教育[①]

"后现代"本是哲学家乐于谈论的话题，后来逐渐形成为一种教育理念，它关注现代社会扭曲人与人、人与社会之间沟通的事实，主张一种开放宽容的民主文化氛围，为重建人与自然的关系提出了一种平等的、建设性的模式，也为我们提供了一种全新的科学观、知识观和教学观，启发我们重新思考幼儿科学教育的理论基础。从后现代主义的观点出发，要解决幼儿科学教育中存在的偏差，首先要树立新的科学观。后现代主义视教育为开放和创造的过程，根据后现代主义的观点，教师的教学方法和策略也应发生改变，强调通过幼儿自主的科学探究来建构知识，通过学习者之间的讨论和交流来建构知识。后现代视野中的师幼关系，要求从"主体间的关系"来重新建立师幼关系。教师在幼儿学科学的过程中，应该扮演积极的支持者和平等的合作者的角色。为此，教师要通过提供幼儿探究的材料、环境及表达和交流的机会，为幼儿创造自主探究学习的条件。同时，教师也是师幼关系中的领导者。教师要坚持理解、宽容、平等、对话的主体间的行为，以消解教室里的"中心"和"话语霸权"。

① 张俊:《后现代主义与幼儿科学教育》，载《早期教育》2003年第3期。

三、实施一日生活科学探究活动的策略

(一)实施中的注意事项

幼儿科学学习是以探究和解决实际问题为主要途径的。幼儿天生好奇好问、乐于探究,对大自然有亲近感,但幼儿特别需要成人为其创造安全的心理氛围,选择贴近生活的探究内容,提供适宜的材料、灵活多样的活动形式,在保证安全的前提下进行生动有趣、有意义的科学探究活动。

1. 支持性的心理氛围

幼儿的科学探究需要安全的、具有支持性的心理氛围,鼓励幼儿提问,支持幼儿探究。

(1)教师和其他成人的积极参与。成人,特别是教师的参与本身就是一种鼓励。当幼儿有疑问时积极对待并和幼儿一起讨论,当受到邀请时作为一分子参与幼儿的探究,认真而热情地倾听幼儿的表达和分享交流并给予适当的回应,都是对幼儿精神上的支持和鼓励。

(2)教师和其他成人的榜样示范。具有好奇心和探究热情的教师也能够感染和带动幼儿的热情和积极性。

(3)成人重视幼儿提问。重视并认真对待幼儿的提问,尊重他们的想法和观点,支持和引导他们积极进行猜想和假设,创造条件支持幼儿通过观察、调查或有趣的小实验来寻找问题的答案。

(4)允许幼儿出错、弄脏甚至是弄坏。出错是幼儿科学探究中的常见现象,科学教育的理论和实践证实,错误在幼儿的科学探究和经验积累中具有建设性的意义。因此,要给予幼儿出错的权利,接纳幼儿的错误认识,不要急于否定幼儿,更不要批评指责幼儿,应认真倾听幼儿的想法,判断和识别他们的认知水平,为下一步支持和引导幼儿的进一步探究提供依据。

幼儿在热情地进行探究时难免会弄脏衣服,弄乱和弄坏物品,甚至会出现看似“破坏性”的行为。如踏进水里看看水有多深,把颜色涂在衣服或物品上看看颜色的变化,天凉了给花儿浇点热水,拔出植物看看根是什么样的,等等。这些行为都是幼儿的热

情尝试、积极探究的表现，成人要宽容、接纳、尊重，并给予适当的引导。

2.贴近生活的探究内容

幼儿科学探究的内容应符合幼儿的年龄特点，并贴近幼儿的实际生活经验，只有这样的探究内容才能使幼儿感兴趣。

(1)符合年龄特点。幼儿阶段的年龄特点决定了他们的认识方式以直接经验为主，他们能够获得的科学知识和经验还处在具体概念和前概念的水平。因此，不要将后续学段的科学教育内容提前让幼儿学习，或用机械、抽象的方式来学习，要让幼儿学他们这个年龄阶段能学的和应该学的。

(2)贴近生活经验。贴近生活经验的探究内容是幼儿感兴趣的、生动鲜活的、具体的，也是幼儿能够理解和容易学习的。因此，要将幼儿身边的事物和生活中常见的现象作为幼儿探究的主要对象和内容，对这些内容的探究和学习能够让幼儿感受到科学就在身边。

3.安全是至关重要的

在科学探究活动中教师也要具有安全的意识和相应的保证幼儿安全的措施。首先是各种材料和工具的安全。要避免为幼儿提供尖锐的、有毒有害的物质材料和工具。其次是幼儿可能接触到的动植物。教师要做现实的研究，要无毒无害，还要考虑到一些幼儿可能对植物的花粉和动物的皮毛过敏。另外，对幼儿外出探究的场所，教师也要事先进行考察，确保环境条件和幼儿接触到的物质的安全。

(二)幼儿园科学教育实施中的有效策略

在基于幼儿生活设计各种探究实践活动的过程中，幼儿教师要善于利用各种自然条件资源，让幼儿进入到自然环境中，认识到自然界的美好，同时丰富自己的各种科学知识和常识。 教师在基于幼儿生活开展各种类型的科学探究活动时，很重要的一点是创设良好的生活化活动环境，让各类活动有更好的开展与实践空间。在基于幼儿生活开展科学探究活动的组织与设计时，幼儿教师不仅可以让活动过程在室内环境中开展，也可以适当拓宽探究活动的范畴与维度。

1.充分利用自然条件资源

自然环境中有很多值得孩子们探索的素材，无论是就各种植物的辨识和研究，还是就各类自然现象的观察探索,这些都可以成为科学探究活动的构成内容。教师可以结合具体的教学条件和教学环境,将孩子们引入到户外做探索发现。这会让幼儿和大自然有更亲密的接触,孩子们不仅会感受到自然环境的美,也会学到很多课堂上学不到的知识。基于这样的学习环境创设的探究活动主题,可以给幼儿提供最直接的探究素材和资源,让幼儿有更多直观发现和生动体验,充分发挥出科学探究活动课的教育教学价值。教师可以结合实际情况设计一些易于展开的户外探索活动。比如,可组织孩子们在大操场上种植松树、柳树等,在走廊上栽培迎春花、紫藤,也可以组织大家在草坪与户外活动场地周围种植灌树当绿篱,这些植物既美化了幼儿园的环境,又具有遮阴隔离的作用。随后可以让孩子们观察这些植物的生长过程,并做相关记录。这样的活动过程让幼儿和自然环境有了近距离的接触,并且为幼儿提供了认识自然植物的活教材。除此之外,还可充分利用房前屋后的空地,为中、大班的幼儿开辟小菜洼,并根据季节特点选择果实大、生长期短,适合幼儿种植的蔬菜、瓜果进行种植。这样的活动过程能够让幼儿探究植株的生活过程,并且还能够让幼儿观察分析果实的特点,这些都是很好的活动探究方式,能够带给幼儿有益的学习收获。

幼儿园里的花

“老师,幼儿园里很多花都开了,我们一起去看看吧!”

“老师,我们可以种出花吗?”

“怎么种呢? 直接把花放在土里吗?”

“不对的,我看过一本书叫作《小种子》,花是种子种出来的!”

孩子们想要种花,看看花是怎么长出来的。

孩子们观察种子,讨论播种的工具,讨论如何播下种子等,然后找来了铁锹、洒水壶,开始翻土、播种、浇水,希望种子快点发芽。在孩子们的精心照顾下有些种子三天后就发芽了,大家可开心了。

图6-7　孩子们在观察幼苗

小白的妈妈给小朋友们带来了两棵葡萄苗，她介绍了如何栽种葡萄苗，需要什么工具。

孩子们不仅要照顾百日草还要照顾小葡萄苗，于是开展了“保护苗苗”计划，他们想了很多保护植物的办法，并分工画出了提示标志。

2.创设良好的生活化探究环境

教师可以先从班级环境出发，将班级中的各种教学资源、教学场地合理加以利用。教师可以结合具体的活动主题，将班级环境加以布置，比如可以将各种生活中具有代表性的实物放到科学角，让孩子们做观摩分析，并让大家就物体特点和相关性质进行探究。良好的活动环境的设计可以让各类科学探究活动有充裕的实施空间，孩子们可以感受到活动的内在乐趣，这才是活动过程要达到的基本教学效果。教师可根据班级和园内的实际情况，布置活动室、植物角、动物角、科学发现室等可供幼儿进行科学探索活动的环境。在活动室内则可以布置科学墙，墙饰内容根据主题不同及时更换、增减。如以《我爱我的小动物》为主题展开科学探究活动时，幼儿教师可以张贴各种各样的动物，使幼儿对周围环境给予更多关注。此外，教师还可以在“动物角”内饲养一些小动物，如金鱼、泥鳅、蝌蚪等，引导幼儿观察、记录它们的生长过程及生活特征。这些都是很好的活动场景，也是良好的科学探究活动氛围的营造。幼儿教师要善于利用现有的教学环境和条件，基于良好活动氛围的创设，拓宽幼儿探究外部世界的空间。随着这类活动经验的不断积累，幼儿思维探究的能力会得到良好锻炼，他们对于外部世界的认识也会越来越多，这才是活动教学应当达到的效果。科学探究活动的展开形式非常多元，除了就特定的活动主题做相应的活动组织与安排外，幼儿教师也可以充分利用现有的教学环境和资源，就班级环境加以合理布设，给孩子们提供各种观察发现的机会。这些简单直接的探究活动能够让平时的学习生活更加有趣，幼儿可以有更多的学习发现，并且能够丰富自身的认知水平，再不断观察和总结。

3.激发幼儿的自主探究意识

在展开科学探究活动时，教师始终要将幼儿的自主探究意识培养作为活动的主导，注重激发幼儿在活动中的主体性，鼓励幼儿的各种尝试与发现，让幼儿在活动中有更多良好的学习收获。很多教师会觉得幼儿的认知能力和探究素养都相对有限，因此，在科学探究活动后会倾向于给予孩子们相应的指导和提示。这样的背景下，幼儿虽然能够更顺利和快捷地完成活动，但是，却失去了很多发现的乐趣，也无法从各种错误中吸取经验和获得思维上的引导启发。因此，教师要转变自身的教育思维，调整活动的展开方式。在明确活动主题，给幼儿就活动要求和探索任务做了清晰明确的分析解读后，教师应当将充裕的活动探究空间留给幼儿，让幼儿在活动背景下做各种尝试和探索。只有多经历这样的探究过程，幼儿的动手能力和思考分析的能力才会得到锻炼，这才是对于幼儿而言更有价值的活动收获。

本章小结

本章介绍了科学探究活动的内涵与价值，阐述了科学探究活动的设计与实施策略。幼儿的科学探究可以以灵活多样的方式开展，但探究的完整性和深度可能会有很大的不同。专门的科学探究活动是必不可少的。幼儿通过集体，更多的是小组活动的方式，经历从“关注问题，进行猜想和假设，设计调查、观察和实验方案，并付诸实施，收集信息和进行记录，形成解释和得出结论，合作、分享与交流”的完整的探究过程。这样的活动能够让幼儿真正经历探究、体验探究和发现的过程，有助于对科学探究的理解。这类活动数量一般少而精，需要教师精心设计；幼儿在科学区和其他区域中的自主探究和自由发现也是必不可少的，尽管其结构化程度不高，也是幼儿科学探究的主要途径和形式。可以在班里设置专门的科学发现区、天气预报栏、自然角或种植园。为不同年龄的幼儿提供具有适宜结构的材料和工具，能够支持幼儿积极主动地自主探究和自主发现。因此这类活动的关键在于教师要研究并为幼儿创设适宜的环境和提供有适宜结构的工具和材料。在日常生活中存在许多科学教育的契机,教师一方面要关注、支持和引导幼儿自发的各种有意义的探究活动;另一方面也要利用各种机会引发幼儿对某些有趣的事物和现象的关注,支持和引导他们进行进一步的探究活动。在综合主题活动和各领域教育活动中,教师也可以利用各种契机进行科学教育的渗透。

思考与实训

1. 简述主题科学探究活动、区域科学探究活动、一日生活科学探究活动的价值。

2. 结合实例说明主题科学探究活动、区域科学探究活动、一日生活科学探究活动设计与实施的策略。

3. 请到幼儿园调研当前学前儿童科学探究的现状。

专题探讨

如何在科学区活动中提高幼儿的自主性?

自主性是个性的一个方面,指的是一个人的独立性和主动性,即不靠他人,能自己主动负责的个性特征,自主性是素质教育的一个重要目标,《3~6岁儿童学习与发展指南》中指出,成人要善于发现和保护幼儿的好奇心,充分利用自然和实际生活机会,引导幼儿通过观察、比较、操作、实验等方法,学习发现问题、分析问题和解决问题,帮助幼儿不断积累经验,并适用于新的学习活动,形成受益终身的学习态度和能力。区域活动的优势在于环境宽松、自由、独立、自主,幼儿可以更多地根据自己的兴趣开展活动。

区域活动是指教师以幼儿感兴趣的材料和活动类型为依据,将活动室的空间相对划分为不同的区域,让幼儿自主选择活动区,通过与材料、环境、同伴的充分互动而获得学习与发展的一种活动形式。从这个定义可以看出,开展区域活动,有利于幼儿个性化的学习和自主性的发展、有利于师幼之间及幼儿之间的交流与互动。一直到现在,区域活动都很受幼儿喜欢,其中有很大一部分原因就是它能为幼儿提供较宽松的自由探索环境,有灵活多样的活动形式,能够满足幼儿的发展需要。那么科学区中要用什么样的方式吸引幼儿,让幼儿自主学习呢?

第七章

学前儿童数学认知的设计与实施

学习目标

- 理解各类型数学认知活动的价值与特点。
- 了解数学认知活动的内容选择与设计方法。
- 掌握数学认知活动的组织实施策略。

学习重难点

- 重点:理解数学认知活动的特点及设计方法。
- 难点:掌握数学认知活动的组织实施策略。

案例破冰

区域活动时间,文进小朋友在积木区用彩色积木搭出来的图案吸引了陆老师的注意:第一行有三块积木,全部是六边形,但颜色各不相同,从左到右依次是红黄蓝。第二行有三块积木,全部是圆形,颜色也是从左到右依次是红黄蓝。第三行的三块积木全部是三角形,颜色还是从左到右依次为红黄蓝。而且,九块积木上下成数列。这引起了陆老师的思考:对于中班上学期的文进小朋友来说,单从积木排列的结果来看,可以被认为是二维分类。但是,文进小朋友真的具备了二维分类的能力吗?这是他无意排列的还是有意排列的?如何进一步引导文进?是否要开展相应的主题活动来推进全班幼儿二维分类的核心经验的发展?

第一节　主题数学认知活动

一、什么是主题数学认知活动

所谓主题活动，是指围绕着一个来自幼儿生活经验背景的中心内容（即主题）来开展教育教学活动。主题源自儿童的生活，反映的是一个整体的、具体的、生动的现实世界。每一个主题中也自然包含着儿童发展的各个不同领域，数学作为与儿童生活密切联系的一个领域也必然会在其中。因此，与主题相融合的“生活化数学”可以帮助幼儿在整合的、生活化的、具体的问题情境中感受事物的数、量、形、时、空，从而获得相应的数概念。

（一）主题数学认知活动的发生

从当前的幼儿园课程改革实践来看，整合式、主题式的课程结构模式已成为一种重要的趋势，与原来的分科教学不同的是，幼儿园的教学教育活动不再仅是从学科本身的逻辑结构和起点出发的专项活动，而是围绕着幼儿的生活，在整合式的课程载体下融入数学教育的内容。因此，渗透的、整合的数学活动就自然成为幼儿园数学教育活动的一个重要方面和途径。如何在主题的背景下，融入数学的内容，帮助幼儿从生活和游戏中感受事物的数量关系并体验数学的重要和有趣，成为幼儿园教师们要共同探究的重要课题。

（二）主题数学认知活动的价值

主题数学认知活动对幼儿有很大的吸引力，当幼儿在活动中遇到问题时，他们愿意一次次尝试解决问题，通过这样反复尝试，数的概念便在幼儿的大脑中形成，从而有效锻炼了幼儿的思维能力和解决问题的能力。在主题背景下，随着幼儿兴趣而产生的数学认知，综合了语言、健康、艺术、社会等领域的内容，能帮助幼儿认识数与数的关系，在脑海中初步形成数量关系，这可以为幼儿后面学习数学知识打下良好的基础。

因此主题数学认知活动吸引幼儿全身心地投入其中，在活动中掌握数学知识，并轻松、愉快地体验数学知识，学习数学知识。

二、如何设计主题数学认知活动

（一）数学认知活动主题的选择

幼儿早上来园，教师和幼儿一起数一数班上来了多少位小朋友，有几位男孩子，几位女孩子，还有几位小朋友没有来园；值日小班长还可以点数小朋友的水杯、毛巾等；还可以引导幼儿了解自己住在哪条路几号、几栋、几单元、几号房，上学是坐几路公交车或是地铁几号线，自己是在幼儿园几班，学号是数字几等；幼儿在幼儿园要自选自己的床位得先了解床的位置是在几号床、第几铺，周末跟爸爸妈妈去看电影，自己的座位是几号影院、第几排、第几号等。在这些生活环节中，幼儿都能接触到有关数方面的知识。

（二）主题数学认知活动设计的方法

1.选材生活化

数学活动生活化的设计既体现了数学源于生活，又体现了回归生活；既让幼儿感受到数学活动的有用和有趣，又让数学活动充满生活气息，让幼儿倍感亲切。

如在中班数学活动《找朋友》中，鼓励幼儿观察发现自己身上包括衣服、裤子和鞋子等的不同颜色，并在同一个颜色的小房子里找到自己的朋友。迁移生活经验，提高幼儿观察、比较、分析、集合的能力。

图7-1　幼儿通过观察，说出老师身上有什么颜色

图7-2　幼儿找出小朋友身上的颜色

数学活动《碰碰乐》的设计来源于在日常生活中发现小朋友的水壶摆放很乱，有的幼儿经常会因为找不到自己的水壶而耗费很长时间，因此，教师以此作为教学活动，引导幼儿学会观察水壶的特征，并尝试进行分类摆放。活动中幼儿慢慢找到了分类的规律，对物品的分类产生很大的兴趣，他们把在教学活动中学会的分类方法迁移到了生活中，有的幼儿在娃娃家里给小袜子进行分类，有的幼儿在户外玩的时候给落叶进行分类，从而逐渐掌握集合与分类的方法。

图7-3　幼儿在教学活动中给水壶进行分类

图7-4　幼儿在日常生活中整理小朋友的水壶

图7-5　幼儿在娃娃家把袜子分类摆好

图7-6　幼儿在户外发现有的落叶有共同特征

2.材料多元化

幼儿园数学认知活动重在操作、感知、反思和比较。适宜的操作材料是活动成功的物质保障，有效的投放策略更能体现执教者的用心和智慧。核心素养视野下的数学活动需要教师有更强的课程意识、创新意识、求异精神。体现在幼儿操作材料的投放上，便是多元化、多样化和可选性，让幼儿的操作活动不只局限于单一的标准和模式。例如：在幼儿数学活动《测量》中，探索用不同的材料作为测量物品。

图7-7　数学认知材料

(1)小淳、小冯、小博和小龙分别选用筷子、绳子和回形针来进行首尾相连,并进行测量、统计和比较材料的数量。

图7-8　幼儿利用物品进行测量

图7-9　幼儿利用物品进行测量

(2)怡怡和成成用雪花片首尾相接排列的方法进行测量,并统计出雪花片的总数,但怡怡数了30个,成成数了31个,发现了问题后,两个孩子又进行了验证。最后他们用记录表的方式进行记录。

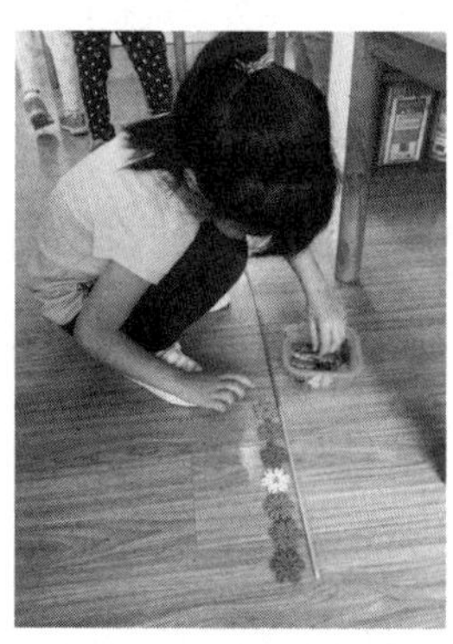

图7-10 幼儿进行验证

图7-11 幼儿进行验证

(3)加加使用圆柱形积木进行首尾相连作为测量工具,分别量了雯雯的身高、桌子的长度、玩具柜的高度。当她把积木叠搭起来的时候,积木还没搭到一半就倒了,她再试一次,结果又倒了,于是她只用一个积木,用移动记录的方式进行测量,最后她得出的结果是桌子的长度用了5个积木,雯雯的身高用了9个积木,玩具柜用了8个积木。

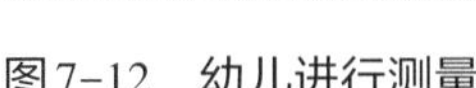
图7-12　幼儿进行测量

图7-13　幼儿进行测量

通过使用多种材料探索,幼儿有了对测量工具和测量单位的认识,学会了用同一测量单位,通过首尾相连、不间断、移动等方法测量。

3.设计游戏化

幼儿主动参与和积极投入不仅打造了灵动课堂,凸显活动价值,更让幼儿获得了积极、愉悦的情感体验。因此我们根据幼儿的年龄特点,以游戏为载体,将活动目标和知识点蕴含于独特的活动中,让兼具趣味性、挑战性、适宜性的游戏贯穿始终,使幼儿在游戏中尽享数学的乐趣与妙趣,在玩耍中感受学习的成就与收获。如小班“分餐具”活动(根据物体大小、颜色等特点,寻找相关物体,将相关物体进行匹配),根据小班幼儿的年龄特点,创设以下情境:兔爸爸、兔妈妈、兔宝宝开饭了,请小朋友帮忙分发餐具。餐具的大小不一样,请问小朋友:“餐具应该怎么分呢?”教师引导幼儿观察餐具大小,并与兔爸爸、兔妈妈、兔宝宝的身体形状和大小进行匹配。小班幼儿在该情境中学习数学内容,能激发幼儿学习的兴趣以及参与活动的积极性。

三、实施主题数学认知活动的策略

(一)实施前的准备

1.了解幼儿的发展水平,开展数学教学内容

在设计幼儿主题数学认知活动之前,教师一定要全面了解每位幼儿的数学发展水平,分析幼儿的已有数学认知经验,避免从成人的角度随意猜测幼儿,根据幼儿的实际情况设计活动,丰富活动内容,满足幼儿的学习需求,帮助幼儿有效掌握数学知识。

2.创设有效的问题情境,激发幼儿内在的学习动机

在活动的前期准备中,关注幼儿对数学的兴趣点尤为重要,也是探究的有效起点,在幼儿兴趣点上生成的探究活动能够激发幼儿内在的学习动机,它是幼儿进入主动学习的前提。在幼儿园的主题数学认知活动中,教师应当善于捕捉幼儿在日常生活中产生的数学问题,以及幼儿对数学问题的兴趣点,教师以此作为教学的契机,判断和制定活动目标,为幼儿营造一个基于真实或模拟的生活情境的主题数学认知活动,例如主题数学认知活动《菜园里的新标识牌》。

活动设计起源

偶然事件

班上有一块小菜园,孩子们在里面种了一些青菜种子,最近青菜长得旺盛,让人垂涎欲滴,孩子们感到非常开心、自豪,想向别人炫耀自己的劳动成果。可是别人怎么知道这些菜是我们种的呢?有孩子提议在种植区里立一块牌,牌上写“大二班种植区”,以向他人展示他们的劳动成果,其他孩子纷纷表示赞同。第二天,怡怡带来了她做好的牌子,孩子们很兴奋,迫不及待想要插在菜园里。户外时间,老师带着孩子来到菜园,让孩子们想想这块牌怎么插、插在哪个位置更合适,孩子们众说纷纭,一边说还一边拿着牌子尝试。有的说插得太矮了,我都看不见,于是怡怡就把牌子向后放倒,可是其他孩子又说这样会压到菜的……就这样,在不断地调整牌子的位置时,牌子断了。瞬间,孩子们纷纷相互责怪起来,但很快他们就想到了办法——重新做一张标志牌。

活动设计起源

标志牌做多高？

可是新的牌子做多高合适呢？孩子们讨论了起来。小博说："最好能高到我的眼睛位置。""对，弟弟妹妹能看得到，我们也能看得到的位置。"有的孩子甚至用手来比画他想要的高度，可是还是很模糊。一番激烈的讨论后，他们选定用文文（班上个子最矮的女孩）的身高做标志牌的高度。"可是，文文究竟有多高呢？我们怎么才能知道呢？"老师疑惑地问。远远说："我们量一下不就知道了吗？"孩子们跃跃欲试……

对于5～6岁的儿童来说，测量的概念和技能往往离他们的生活有一定的距离，也有一定的难度。教师捕捉到幼儿的兴趣点，从而为开展主题数学创设了融入幼儿生活中的真实情境。

（二）实施中的注意事项

1.避免直接的传递和讲解，鼓励幼儿主动探索

教师怎么教影响到幼儿怎么学，由于幼儿的年龄特点，对于幼儿园数学认知活动来说，教师教学手段的选择尤为重要。幼儿关于数学技能的获得是一个难点，往往在活动中呈现出不同的发展水平，从而也反映出幼儿数学认知和思维发展的抽象水平，因此，教师若纯粹教幼儿练习数学的技能是没有任何意义的，只有给予幼儿充分的时间和空间，联系他们的生活经验，再尝试运用数学的概念和技能，才能帮助幼儿从模糊不正确慢慢走向较清晰而准确的理解，内化所学知识，从而掌握数学认知的基本技能。

2.积极关注幼儿的动向，及时给予支持和回应

幼儿对事物充满好奇，但却缺乏对待事物的准确客观认识；他们善于观察，却不能分轻重缓急；他们乐于实践，却缺乏安全意识；他们喜欢探索和实验，却不能长时间坚持，有始有终地完成一项任务。因此，在活动中，需要教师积极关注幼儿的情况和动向，及时地给予支持和回应。当幼儿在进行活动的反馈和小结时，教师全神贯注地倾听，不仅表示对幼儿的尊重、理解和鼓励，还能让幼儿体会到满足和自信。教师通过幼儿解决问题的行为表现和具体反应，分析幼儿的数学认知水平和数学概念发展特点，寻找更适宜的教育契机，从而能为促进幼儿的自我学习和相互学习提供有价值的依据。

（三）实施后的经验提升

1.在生活实际背景中，应让幼儿有足够充分的自主探索空间和动手操作的机会

在幼儿数学认知活动中，部分教师往往多采用讲解、演示的方法，很少让幼儿直接操作材料，这样幼儿在不理解的基础上只记住了一些数学语言或概念，这种枯燥的记忆方式使幼儿逐渐对数学失去了兴趣。因此，把数学概念转化为具体的事物，成为幼儿可以操作的材料，幼儿在操作的过程中再进行概念属性的内化，这样获得的概念对幼儿来说是能理解的，有意义的。如大班主题数学活动《测量》的教学目标主要是学习自然测量的方法，初步感受用不同材料测量同一物体和用同一材料测量不同物体。教师准备了很多材料：积木、绳子、回形针、铅笔、筷子、吸管、拼插玩具等让幼儿自选，或是幼儿自己寻找更多的材料，合作测量小朋友的身高、门、柜子、窗等，并将结果进行记录表征，通过分析和比较，最终得出结论。

2.积累自我解决数学问题的方法，灵活地运用数学经验，发展数学思维

每次数学活动过程中或是结束后的小结，都会请幼儿说说自己的发现，或者有什么问题需要解决。这样的问题方式，不但可以丰富幼儿活动的经验，还可以在不断地解决问题的过程中学会思考。解决问题是发现问题、分析问题之后的最重要的一个环节，只有通过问题解决，幼儿才能体验到数学的实用价值以及自我解决问题后的成功感，从而促进他们探究数学的积极性。

3.幼儿获得探索的方法：计划——解决——反馈

数学认知活动是幼儿对数学概念和技能求知探索的过程，他们可以在反复求知解答的过程中收获到有益的探索方法。譬如测量是最有用的数学技能之一，在与生活真实情境联系的背景下，测量能够给予幼儿充分的动手操作机会，并让幼儿积累解决数学问题的方法和发展幼儿的数学思维。在测量过程中，幼儿对测量的方法、技巧还较难掌握，尤其是测量的始端、终点、移动及其记号以及算出测量的结果，量后重复测量加以验证等。幼儿在测量过程中往往呈现出不同的发展水平，因为这个过程反映了幼儿数学认知和思维发展的抽象水平。因此，只有充分联系他们的生活经验尝试运用测量的技能，才能帮助幼儿从模糊不正确的游戏性测量慢慢走向较清晰而准确的自然测量，获得测量的基本技能。

第二节　区域数学认知活动

一、什么是区域数学认知活动

（一）区域数学认知活动的发生

区域学习是幼儿重要的学习方式之一。教师通过投放多样、丰富的材料，让幼儿在操作过程中获得观察、分析、推理、判断等经验，从而启发他们去思考和解决问题。幼儿通过学习操作，能促进思维能力的发展。

幼儿通过区域游戏进行数学认知的学习，能让他们明白抽象符号与具体概念之间的联系。教师通过为幼儿在区域中创设生活化、情景化的场景，帮助他们在具体的表征中探索、解决数学问题；在对话运用和实际的操作中，帮助幼儿将数学认知形象化；引导幼儿通过记录、统计、评价等方式，主动建构经验、发现新关系，促进数学认知活动的发生。[①]

（二）区域数学认知活动的价值

幼儿园数学认知活动的特殊性在于如何在幼儿的具体形象思维特征和数学的抽象逻辑学科特点之间搭建桥梁。而区域活动则是其中一种很好的搭建方式。

（1）激发幼儿学习的主动性。由于区域活动具有开放性、选择性和灵活性的特点，幼儿能按自己的意愿自主地选择活动内容、活动方式和活动伙伴，并能按自己的学习方式、速度去操作实践，因此能有效激发幼儿主动学习的积极性，同时也有利于教师观察、了解和记录幼儿数学认知活动的发展状况。

（2）推动幼儿个性化发展。由于幼儿在数学发展水平上存在明显的个体差异，因此通过区域游戏能更好地对幼儿实施个别化教育[②]。通过在区域中提供多层次、多维度的数学操作材料，让不同能力水平的幼儿自由选择，以满足每一个幼儿的需要，从而

---

① 俞莉：《多元表征：数学区域活动中发展幼儿数学能力的支持策略》，载《福建基础教育研究》2021年第9期。
② 黄瑾：《区域活动与小班幼儿的数学学习》，载《幼儿教育》2007年第11期。

推动幼儿区域数学认知活动中的个性化发展。

（3）促进幼儿数学思维和经验的发展。通过区域活动将抽象的数学知识和生动活泼的游戏形式相结合，能够帮助幼儿将具体的游戏情景迁移和应用到生活情境中，促进数学思维的发展。

二、如何设计区域数学认知活动

（一）区域数学认知活动的设计原则

1.趣味性

受年龄和生理发展特点的限制，幼儿的注意力时间短，且很容易被转移。而数学认知活动具有一定的逻辑性和目的性，需要幼儿在操作过程中保持一定的专注力和坚持性，因此在设计区域数学认知活动的时候，需要有生动的趣味性，结合幼儿的年龄特点，调动多感官参与，激发幼儿的学习热情，使他们能更轻松愉快地沉浸其中。

图7-14　以立体城堡模型结合照片的形式学习空间方位

图7-15　以动物喂食的情境认知图形

2. 挑战性

幼儿的数学认知能力是在不断地发现问题、解决问题、完成任务中发展起来的。因此也要求区域数学认知活动需要有一定的挑战性，能激发幼儿在完成任务后继续游戏的兴趣。根据幼儿的“最近发展区”设计相应的活动，能为他们带来通过挑战后更大的成就感和满足感，从而对幼儿的数学认知能力起到积极的促进作用。

图7-16　立体拼图既考验图形认知也需要空间感

3. 目的性

数学认知活动所独有的抽象性和逻辑性决定了它的活动设计需要具有一定的目的性，相较于其他的区域活动，需要更重视幼儿逻辑思维能力的培养，借助实物操作材料和图片载体等方式，帮助幼儿在抽象的逻辑概念和具体的形象思维之间搭建起桥梁，引导他们学习透过现象看本质。

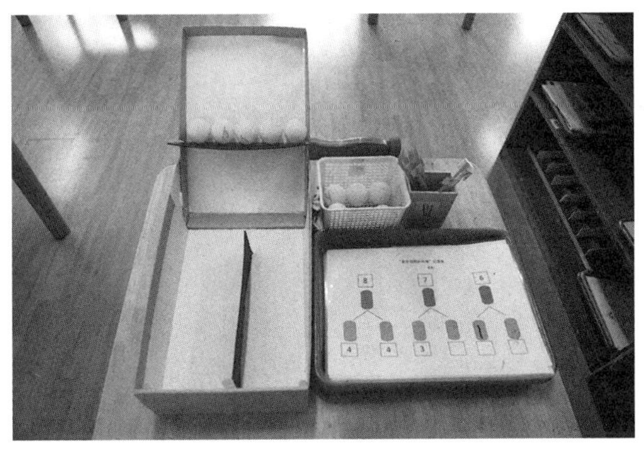

图7-17　可借助表格的形式体现目的性

4.发展性

数学认知活动对幼儿的影响，不仅仅体现在数学思维的形成和运用上，更多地表现在对幼儿良好学习品质和学习习惯的培养上。在设计区域数学认知活动时，不仅需要对幼儿提出一定的操作要求，有明确的规则和评判标准，培养他们的任务意识、规则意识，而且也要考虑到如何在操作过程中引导幼儿养成专注、细致、不怕困难、勇于探索等良好的学习习惯，这些学习品质能为幼儿以后适应小学阶段的学习打下良好的基础。

（二）区域数学认知活动的材料投放

1.丰富性

丰富多样的材料是幼儿进行操作的物质基础，可以引发幼儿主动探索的热情。因此，教师要为幼儿提供品种丰富、生动有趣的操作材料，充分激发幼儿操作的欲望。在区域数学认知活动中，对于同一种数的概念属性，教师可以提供多种材料和活动规则供幼儿操作。例如，在“模式”的学习中，教师可以为幼儿提供各种形状、颜色、材质各不相同的珠子、图形、小棍子等，幼儿通过自己制定排列标准或按照图片或任务卡等范例进行排列，在对材料的拼、贴、串、摆等操作中，感知和体验模式的多种形式，积累相关经验，从而理解“模式”的基本概念。

图7-18　编织软体积木

图7-19　软体拼插人偶

图7-20　串珠玩教具

2.层次性

幼儿的发展水平和速度存在很大的个体差异，因此教师应根据幼儿的身心发展特点，提供多种具有不同层次、不同难度的材料，满足幼儿的不同需要，科学有效地利用材料，充分发挥材料的操作性和探究性。

材料投放的层次性，首先体现在同一层次材料对不同年龄段孩子的要求不同。不同年龄的幼儿在学习、动作和心理等方面有很大差距，因此，教师要根据各年龄段幼儿的发展水平，遵循从易到难、循序渐进的原则，为幼儿操作活动提供有层次性的材料。比如：同样是“图形组合”材料，小班幼儿可按单一立体形状进行组合；中班幼儿可按平面图、多图形进行组合；大班则可以按大小、形状、横截面等进行多维组合。而对于同一年龄段的幼儿，则可以提供不同难度的材料，如颜色、大小相同，形状不同；颜色相同，大小、形状不同；颜色、大小、形状均不同等多个维度，允许发展水平不同的幼儿选择适合的操作材料，从而推动不同能力幼儿的发展。

图7-21　小班可按单一立体形状

图7-22　中班可按平面图，多图形

图7-23　大班可根据大小、形状、横截面等进行多维组合

3. 动态性

数学认知活动的特殊性要求区域材料的投放应当是动态的，因为材料要随着幼儿兴趣、操作观察、幼儿发展需求和数学学习内容等改变而适时增加指向更高学习目标的材料，教师通过观察，调整相应材料，这样才能更好地发挥区域材料的作用。此外，

教师在投放数学操作材料的时候,还应考虑到材料的可检验因素,因为数学认知活动是具有一定的评判标准的,但在区域活动中教师并不能做到对全部幼儿的观察与指导,因此材料具有动态性和可检验性就显得尤为重要。教师可以通过幼儿的记录和操作结果,了解每个幼儿的思考方式和解决方法,以此为依据,再结合教师自己的观察,对幼儿的操作材料进行适当的调整,以指向更高层次的能力发展。

经典研究介绍

学前儿童数学学习与发展核心经验

《学前儿童数学学习与发展核心经验》一书呈现的是数学领域教学知识研究的结果。本书由华东师范大学学前教育系黄瑾教授和陕西学前师范学院田方老师共同主编,南京师范大学出版社 2015 年出版。该书从“集合与模式”“数与运算”“比较与测量”“几何与空间”四大方面的数学主题入手,将儿童数学学习的核心经验归纳为 9 项——“集合与分类”“模式”“计数”“数符号”“数运算”“量的比较”“测量”“图形”“空间方位”。每一个核心经验独立成一章进行讨论,教师将会从其中领略到每个核心经验的若干要点、儿童在该核心经验学习中的发展特点,以及如何有效地支持和促进儿童获得该核心经验等。通过对这些概念要点的梳理、儿童行为的观察解析以及典型案例的分析,可以加深教师对数学的理解,帮助教师更清晰地理解如何在区域数学认知活动中结合幼儿核心经验发展进行材料投放。

三、如何实施区域数学认知活动

(一)幼儿的常见表现

1.依托多样的经验和丰富的体验

数学认知活动是一种抽象的概念学习,而幼儿对于数学的理解,却是从形象、具体的事物开始的。因此,在区域数学认知活动中,幼儿如果要理解某个数学概念,常常需要操作丰富多样的材料,积累关于这个概念的多种具体经验,并在体验这些经验的过程中逐步地完成概念属性的概括,才能真正理解数学概念的抽象意义。如认识10以内的分解与组合,幼儿需要操作各种10以内分解组合的材料的物体,从实物、图像到符号，到最后，无论数字怎么变化，幼儿都能准确写出10以内数字的分合，那他才算真正理解了10以内分解组合的抽象概念。

图7-24　实物操作图

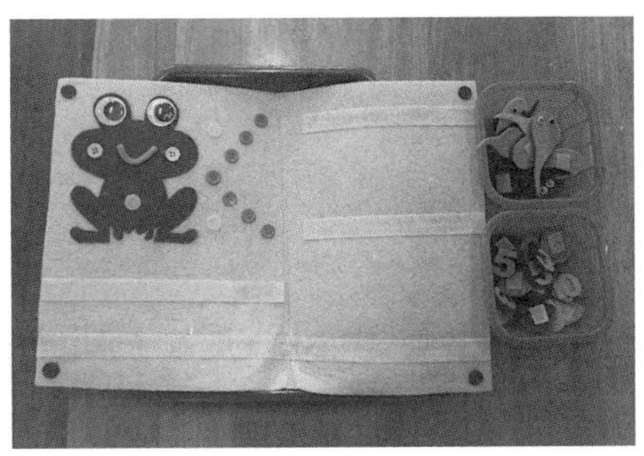

7-25　图像操作

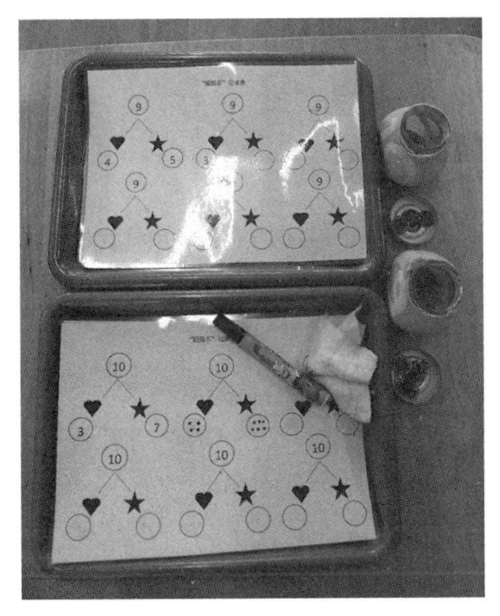

图7-26　符号操作

2. 实物、图像和符号起重要作用

在区域数学认知活动中，常常可见幼儿在操作许多由实物、图片或是符号构成的材料。这与数学学习的特殊性和幼儿的年龄特点相关。幼儿的思维方式是从具体到形象逐步发展的，而体现在幼儿的数学学习中，则可以具化为实物—图像—符号的发展，由此可见，在区域数学认知活动中，实物、图像和符号能起到搭建桥梁的作用，能帮助幼儿从具体形象思维水平向抽象逻辑思维水平发展。

3. 需要在反复练习中巩固和发展

幼儿数学认知能力的发展，是一个连续的过程。幼儿通过与材料的交互作用，获得最直接、最具体的感性经验，然后在与环境、材料的互动中，积累类似的相关经验，通过自我调节，在应用中巩固和强化，才能逐渐内化所学的内容。比如在学习按数取物的时候，操作材料的要求是按篮子上的数字取相应的实物材料，如1的篮子里放1个苹果、2的篮子里放2个苹果……幼儿在刚开始操作的时候，往往是按部就班地一个一个地拿苹果，对应匹配篮子的数字。但经过多次的反复操作后，幼儿的操作出现了简化和概括，他们会一次拿3～4个甚至更多的苹果，再逐一对应每个篮子的数量，直接放进去，到最后，甚至只要看一眼篮子上的数字，就可以直接放进苹果，不需要再用一一对应的方法来核对数量是否正确。从这个例子里可以发现，幼儿在反复练习中，通过自己的操作，经历了从动作水平思维向抽象水平思维转化的过程，重构了对数学的理解。

（二）实施中的注意事项

1. 观察介入时机和方式

区域数学认知活动不仅仅只是发展幼儿个体能力的学习活动，它更多地蕴含了教师隐性的教育，教师通过投放丰富多样的材料，给予有效的指导，激发幼儿的学习兴趣、有益思考和探索热情。因此教师的观察尤为重要，需要根据幼儿的表现判断他们现阶段的游戏水平、面临的问题以及需要的帮助，适时、适宜地介入指导。不能过度介入，剥夺幼儿独立思考、自主探索的权利，也不能毫无作为，否则容易导致幼儿的挫败感和无效摆弄。同时也需要通过观察，了解导致幼儿行为发生问题的原因，采取更有针对性的措施帮助他们解决。

2. 关注过程中的记录

幼儿操作过程从一定程度上体现了幼儿的思考过程，通过回顾幼儿在过程中的记录，能帮助他们重新审视、梳理自己的想法，把在操作材料过程中获得的粗浅、感性的经验，变得条理化、理性化，对于幼儿数学概念的形成和学习品质的培养有很大的推进作用。

图7-27　关注孩子的记录

3.注重幼儿的评价

幼儿与教师、幼儿与幼儿间的评价，有助于幼儿在分享交流中发展思维，提高比较辨别能力。教师除了可以对幼儿游戏的情况进行总结以外，还可以关注幼儿游戏中问题解决能力的发展，通过幼儿间互相交流、评价在活动中遇到困难时采取的策略和方法，帮助他们进行梳理提升，使幼儿在互帮互学中发展数学认知能力。

学习研究

区域数学认知活动中的教师支持

请结合你的理解说一说，在幼儿区域数学认知活动中，怎样才是合适的介入时机和教师支持。

第三节 一日生活数学认知活动

一、什么是一日生活数学认知活动

数学来源于生活，运用于生活，在我们生活的客观世界中处处包含着数学。幼儿的一日生活包括了其吃穿住行的各个方面。由于幼儿的年龄限制，如果只是简单地把数学内容直接灌输给幼儿，既无法激发幼儿对数学的兴趣，也会影响到数学的教学效果。因此，教师应充分利用幼儿生活环境的各种因素，将数学认知活动融入幼儿的一日生活中，并通过丰富多彩的教学方式，激发幼儿对数学的兴趣，提升幼儿的数学经验。

（一）一日生活数学认知活动的发生

我们从一个小小的案例出发，来思考数学认知活动是如何在幼儿一日生活中发生的。

案例

爬楼梯

灿灿是一个两岁半的小女孩，她喜欢玩爬楼梯的游戏。一次，在灿灿爬楼梯的时候，她的陪伴人带着她一起数数，走一阶楼梯，唱一个数："1、2、3、4、5……"这个边走楼梯边数数的游戏在灿灿与其陪伴人玩了很多天以后，灿灿开始了独自的数数游戏，她在爬楼梯的时候能够在不需要成人的带领下进行数数："1、2、3、4、5……"

由以上案例可以看出，生活中一件小事件就有可能会引发幼儿的数学认知活动。《纲要》中指出："要引导幼儿从生活游戏中感受事物的数量关系并体验到数学的有用和有趣。"生活中处处有数学，我们身边的许多事物都能为我们提供许多数学信息。因此，数学可以与幼儿的进餐、喝水、休息、游戏等生活中的各个环节进行链接，从而开展适宜的数学认知活动。

（二）一日生活数学认知活动的价值

《3～6岁儿童学习与发展指南》中明确指出，科学领域知识由科学探究和数学认知两大方面组成。由此可见，数学是幼儿教育阶段不可或缺的部分。数学是一门逻辑性、抽象性和概括性较强的学科，而3～6岁幼儿的思维发展阶段主要是具体形象思维，因此，幼儿要通过大量的直接感知、亲身体验和实际操作才能有效地学习抽象的数学知识。

幼儿的学习是以直接经验为基础，在游戏和日常生活中进行的。日常生活是幼儿熟悉的，将数学认知活动融入幼儿一日生活中，能够让幼儿对数学知识更加容易理解和表达，同时让幼儿有更多时间、空间参与到数学探究中去，更直接地感知、体验生活中的数学，也能够让幼儿的数学学习形式多样化，从而激发幼儿学习数学的积极性和主动性。

二、如何把握一日生活数学认知活动的契机

数学在幼儿的生活中无处不在。幼儿教师要善于抓住生活中的教育契机，让幼儿在一日生活中进行数学学习，从而激发幼儿对数学学习的兴趣，提升幼儿的逻辑思维能力。

（一）一日生活中的幼儿数学经验

生活中的数学是多样化的，幼儿在生活中能获得的数学经验包括了集合与分类、模式、计数、数符号、数运算、量的比较、测量、图形、空间方位等九个核心经验。教师可从数学的九个核心经验出发，把握生活中的数学教育契机，开展相关的数学认知活动。

（二）促进一日生活数学经验提升的原则

在一日生活中促进幼儿数学经验的提升需要从幼儿实际生活出发，在真实的生活情境中引导幼儿积累相关的数学经验。幼儿教师必须重视以下原则。

1. 生活性原则

为了激发幼儿的数学兴趣以及促进幼儿对数学的概念理解，选取的数学主题应偏

向生活化，以帮助幼儿解决生活中的数学问题为主，在真实的生活情境中提升幼儿的数学经验。比如以“植物生长”为主题，幼儿可以在活动中进行测量，直观感知植物的生长规律。

2. 趣味性原则

幼儿的学习主要通过游戏来进行，游戏化教学是激发幼儿对数学产生兴趣的最直接方法。通过游戏开展数学活动不但能够让幼儿在轻松的氛围下学习数学，感受数学的趣味性，还能让其喜欢数学。比如幼儿喜欢玩的“抱抱好人数”游戏，幼儿在游戏的过程中需要运用到计数、数运算等数学经验，还能感受到数字游戏的魅力。又如幼儿经常接触的剪纸活动，剪纸是幼儿非常喜欢的一项活动，在这个有趣的活动中，幼儿不仅可以感受到剪纸艺术的美，还能了解数学的模式、对称等。

3. 具体性原则

幼儿的具体形象思维决定了开展数学学习应做到具体化，以幼儿的直接感知、亲身体验和实际操作为主。为了促进幼儿对数学抽象概念的理解，在数学的学习中必须伴以具体的操作行为。比如，幼儿通过观察日常生活中各种形状的物品，了解各种各样的图形以及不同图形在实际生活中的作用；通过立体图形和平面图形的比较，了解立体图形与平面图形的联系与区别。

4. 多样性原则

在幼儿的生活环境中会出现各种各样的数学问题，因此教师在推进幼儿数学认知活动的时候要有开阔的眼光、扎实的专业知识，在数学内容的选取上要做到多样化，尽可能地发散幼儿的数学思维。以幼儿日常生活中的“排队”为例，教师既可以引导幼儿进行计数的活动（统计排队人数），也可以引导幼儿开展集合与分类的活动（男孩女孩分开排、长发短发分开排等），又可以进行量的比较活动（男孩比女孩多多少）等。

三、实施一日生活数学认知活动的策略

（一）实施中的注意事项

1. 关注幼儿的兴趣

具有好奇心是幼儿的天性。在日常生活中，幼儿会对许多事情产生兴趣，教师可

以通过观察幼儿的日常行为、与幼儿交流等方式发现幼儿在数学方面的兴趣点，当教师根据幼儿的兴趣开展相关的教学活动时，活动的开展与推进会更加顺畅，更容易让幼儿进行深度的学习与探索。

2.重视幼儿的自主性

幼儿是学习的主体，是自己的主人。每个幼儿都有自我表达和表现的需要，在一日生活数学认知活动中，教师应站在引导者、支持者、合作者的角度，重视幼儿的自主性，避免一味说教。

3.关注幼儿经验的提升

在实施一日生活数学认知活动中，教师应关注幼儿的最近发展区，基于幼儿数学发展水平来推进活动的发展，才能促进幼儿数学经验的有效提升。

（二）实施中的有效策略

1.立足生活，发现幼儿存在的数学问题

通过观察幼儿的一日生活，及时发现幼儿存在的问题，教师才能更好地了解幼儿的发展水平，抓住教育契机。将数学活动融入幼儿的一日生活，以幼儿在数学方面存在的问题为前提，开展适宜的数学活动、创设合适的生活环境、投入科学的学习材料。

案例

奥特曼有几个

玩具分享日，君君从家里带来了一盒奥特曼模型。在自由游戏时间，君君拿着他的奥特曼玩具，放在地板上摆弄着。老师看到了，走过去对君君说："君君，你拿了这么多奥特曼来幼儿园呀，有几个呀？"君君兴奋地数着摆在地面上的玩具："1，2，3，4，5，6，7，8，9，10，11，有十一个。"老师发现，君君带来的玩具模型只有7个，但是君君点数的过程中，出现手口不一致、重复数的情况，即数词顺序正确，动作对应错误。这说明该幼儿没有掌握好数数的一一对应原则。教师发现君君出现的这一个关于数学方面的问题后，对其他幼儿的情况进行了调查，发现全体幼儿中，有30%的幼儿没有掌握好数数的一一对应原则，由此老师根据班级幼儿的情况开展了关于点数一一对应的数学活动。

幼儿教师根据幼儿在日常生活中出现的关于数学方面的问题，分析幼儿现有的发展水平，能够更好地把握数学活动的内容和目标，降低对数学活动设计的盲目性和目标设定的不准确性。

2.数学活动与生活活动相结合，促进活动的连贯性

《幼儿园指导纲要（试行）》中明确指出，幼儿园各领域的教育内容是相互渗透的，从不同的角度促进幼儿情感、态度、能力、知识、技能等方面的发展。生活活动在幼儿的一日生活中贯穿始终，将数学活动与生活活动相结合，不仅能够促进幼儿多方面的发展，也能极大限度地提高数学学习的连贯性。比如，幼儿园的考勤活动。教师为了让幼儿进行手口一致的点数并且说出总数以及让幼儿初步学习分类，在班级中开展了考勤活动，这是一个数学与生活相结合的活动。

考勤活动中，教师根据性别分组，让男孩、女孩面对面坐好，然后教师与幼儿进行整体人数的点数并且要说出最后的总数，点数整体人数之后，请男孩来点数女孩的人数并说出总数，再请女孩来点数男孩的人数并说出总数。活动进行一段时间后，幼儿已经熟悉考勤活动的已有形式了，教师开始尝试加入新内容。教师不再将幼儿分成男孩和女孩两个小组，而是通过与幼儿讨论，一起来制定分组标准，如将全体幼儿分成穿长袖的小组和穿短袖的小组；幼儿人数的点数可进行个人与整体自由转换，如教师有时会请手口不一致点数较弱的幼儿来进行人数的点数，有时会请全体幼儿一起进行点数，有时又会请幼儿自主选择一个幼儿进行点数。即分类的标准不受限制，点数的形式也不再受限制，考勤活动的内容不是一成不变，而是根据幼儿的已有水平进行不断的改进。

考勤活动是每天早餐后的谈话时间进行的，是一个持续性的活动，将考勤活动与数学活动有效结合，也促进了数学活动的持续进行，符合活动开展的连贯性和一致性。

将数学活动融入生活活动中，从幼儿熟悉的事物出发，可以让枯燥的数学知识变得更加有趣，从而提高幼儿对数学的兴趣，让幼儿从被动的数学知识接受者变成主动的数学知识学习者。生活活动在一日生活中不断呈现，数学活动和生活活动相结合，能够让数学活动连贯化、系列化，能够让幼儿在连续性的活动中进行数学领域知识的系统构建，同时能够让教师对幼儿发展水平的把握不再是片段式的，而是连贯的、动态的，从而提高对幼儿发展水平把握的准确性。

3.重视生活环境,创设渗透数学知识的环境

环境是重要的教育资源,幼儿的学习离不开环境。创设一个有利于幼儿学习与生活的环境,会对幼儿的学习与发展产生极大的作用。因此,要将数学活动融入幼儿一日生活当中,幼儿教师应注重幼儿生活环境的开发与创设,让数学知识融入环境中。比如教师根据幼儿在数学学习的过程中出现的问题,创设一个以问题为导向的环境。由《吃饭我真棒》一例进行说明。

教师根据班级中幼儿点数手口不一致这一问题,设置了鼓励墙——“吃饭我真棒”。在一个板块中贴有每个幼儿的照片,每个幼儿照片旁边还贴了一小段麻绳,幼儿在规定的时间内吃完饭,保持桌面干净,并且饭后自主完成洗漱工作,就能将一个星星夹子夹到自己照片对应的麻绳上面。在每个星期五下午,教师会和幼儿一起统计每个孩子得到的星星夹子,获得10个或者超过10个星星夹子就能得到一个小奖励。每个星期的小奖励不同,可能是得到一次当小教师的权利,也可能是得到一张好看的手工作品。

通过这个鼓励墙的设置,幼儿不仅在吃饭方面有了进步,对自己得到的星星小夹子也是相当关注的,经常有幼儿在吃完饭后或者其他的自由活动时间会站在鼓励墙前点数自己得到的星星夹子,甚至有的幼儿会将别人的星星夹子都点数一遍,幼儿手口不一致点数的问题在教师有意识创设的环境中得到一些改善。由此可见,创设适宜的数学环境不仅能够解决幼儿在数学学习中出现的问题,还能够激发幼儿学习数学知识的积极性,极大地激发幼儿的主观能动性。

4.引导幼儿自主解决生活中遇到的数学问题

数学来源于生活,也应回归生活。幼儿学习数学的目的就是为了运用数学的方法去解决生活中的问题。当幼儿通过直接感知、亲身体验和实际操作等方式,积累了一定的数学经验以后,教师应引导幼儿学会运用自己的已有经验解决生活中遇到的数学问题。比如下面的例子。

一次区域活动结束后,6名在建构区域游戏的幼儿将积木收回到摆放积木的柜子里。教师发现,其他图形的积木都归整得很整齐,只有那些长短不一的长方体木条摆放得非常凌乱。教师想到,前不久刚开展了数学活动《比一比》,活动中幼儿对生活中的各种物品进行了长短的比较,在这里也可以鼓励幼儿用比一比的方法摆好积木。于是，教师询问这几名幼儿："我发现长方形的积木有长有短，摆放得不是那么整齐，你们能够让一样长的积木放在一起把它们摆好吗？"幼儿想办法，有的在讨论，有的拿着木条在摆弄。雨沫最先想到解决办法："老师，我们拿积木来比一比，把一样长的放在一起就可以了。"于是，几名幼儿根据雨沫提出来的建议将木条进行了分类，解决了积木凌乱的问题。现在幼儿就将已学到的数学知识迁移到了自己的生活中，解决了生活中遇到的数学问题。幼儿运用比较长短的方法解决问题，既是幼儿学习的迁移，也是幼儿学习的巩固。因此，可以将其看成是数学活动《比一比》的延伸活动，这个活动源于生活，在实际应用中帮助幼儿巩固相关的数学知识，也促使幼儿从被动的知识接受者变成主动的知识学习者。

本章小结

本章着重讨论学前儿童数学认知的设计与实施。从数学认知活动发生的三个主要场域着手，探讨主题数学认知活动、区域数学认知活动和学前儿童一日生活中的数学认知活动的发生、价值，活动方案设计和组织实施策略。学前儿童数学认知活动的发生与其生活情境密切相关，引导其观察、发现生活中的数学，在生活情境中理解数学并乐于积极解决问题，能促进学前儿童观察能力、操作能力的发展和思维水平的提升。当学前儿童的数学认知活动发生时，教师如何引导其探索、操作、体验、发现，就显得至关重要。教师应捕捉学前儿童的数学活动兴趣，进而生成主题数学认知活动，抑或通过区域活动材料的投放、观察引导数学活动的深入。本章旨在促进教师学习、思考、总结出组织各类型数学认知活动的策略，以促进学前儿童数学能力的发展。

思考与实训

1. 简述各类型数学认知活动的特点。
2. 结合实例分析学前儿童数学活动的设计方法。
3. 观察一个学前儿童数学活动片段，分析教师实施数学认知活动的策略。

专题探讨

幼儿数学教学的方法有哪些？

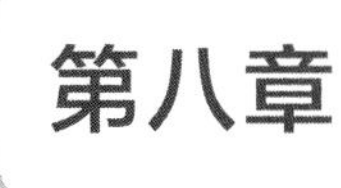

第八章

学前儿童科学教育活动的统整

学习目标

- 理解统整含义及统整学前儿童科学教育的基本理论。
- 了解以统整取向的学前儿童科学教育活动的基本类型以及相互间的联系与区别。
- 掌握主题单元活动、项目活动的设计,能够开展有关活动设计实践。
- 了解STEM教育与学前儿童STEM教育的内涵,掌握STEM理念下的学前儿童科学教育活动的实践策略。

学习重难点

- 重点:统整学前儿童科学教育的基本理论。
- 难点:主题单元活动、项目活动与学前儿童STEM科学教育活动的实践。

案例破冰

表8-1　中班主题单元活动:奇妙的电池①

活动名称	活动目标
活动1:会动的玩具	1.通过玩各种玩具,根据玩具是否能动进行分类 2.通过玩各种电动玩具,愿意探索电池
活动2:电动玩具都会动吗	1.通过观察、操作、实验、谈话,进一步了解电池的知识 2.培养动手能力和对科学探索活动的兴趣
活动3:安装电池	1.认识电池,将电池与电池盒的正负极进行对应 2.在认识电池的基础上,学习正确安装电池的方法

① 刘淑环:《幼儿园探究式科学主题活动的生成与实施》,中国农业出版社2020年版,第89-95页。

续表

活动名称	活动目标
活动4:安装两节电池	1.能够根据安装一节电池的经验,安装两节电池 2.在安装电池的过程中发现电池的多样性
活动5:我们见过的电池	1.扩展对不同型号、形状电池的认识 2.知道电池给我们生活带来的便利以及危害

请仔细分析以上主题活动内容,并对主题活动的特点进行思考,展开讨论。

第一节 学前儿童科学教育活动统整的理论

《幼儿园教育指导纲要(试行)》(以下简称《纲要》)指出:"幼儿园的教育内容是全面的、启蒙性的。各领域的内容相互渗透,从不同的角度促进幼儿情感、态度、能力、知识、技能等方面的发展。"《3～6岁儿童学习与发展指南》(以下简称《指南》)也明确指出:"儿童的发展是一个整体,要注重领域之间、目标之间的相互渗透和整合,促进幼儿身心全面协调发展,而不应片面追求某一方面或几方面的发展。"可见,"促进幼儿身心全面和谐发展"是贯穿学前教育的一个核心教育理念。在实施学前儿童科学教育时,理应也必须坚持"以幼儿为本,促进幼儿身心全面和谐发展"的教育理念,以整合性的教育思想设计、开展科学教育活动,加强领域内部以及不同领域之间的联系、渗透与整合,关注教育内容、教育环境、教育方法手段以及教育资源之间的综合运用,有机整合各种教育因素,共同促进幼儿的全面和谐发展。

要想组织开展好整合性的学前儿童科学教育,必须要理解学前儿童科学教育的统整基本理论,掌握学前儿童科学教育活动的统整实践原理。本章将在前几章学习的基础上,对幼儿园统整课程的理念进行介绍,并对在统整理念的指导下如何实施学前儿童科学教育进行探讨。

一、什么是统整课程

统整课程自19世纪开始萌芽,发展至今,已成为世界各国基础教育课程改革与发展的基本趋势。什么是统整课程?我们需要先从"统整"的词义说起。统整在现代汉语中,与整合、综合意义相近;在英语中,为"integrate",属于动词,有"结合,使成整体"的意思;在现代哲学意义上,统整是指"由系统整体性及其系统核心的统摄、凝聚作用而导致的使若干相关部分或因素合成为一个新的统一整体的建构、序化的过程。"[①]将统整理念用于幼儿园课程改革中,它与整合、综合、整体等具有相似的含义,其核心内

① 黄宏伟:《整合概念及其哲学意蕴》,载《学术月刊》1995年第9期。

涵是指在各教育要素间建立联系，相互渗透与连接。统整课程，可译为integrated curriculum，是一种采用各种有机整体的形式，使学校教育教学系统中分化了的各要素及其各成分之间形成有机联系的课程形态，旨在改善现有课程因学科分化而产生的隔离以及与现实生活相脱离的现象，使学生获得完整的学习经验。它不仅是组织学科内容的技术和重新安排学习计划的方法，也是一种包括教育目的、学习本质、知识组织和使用、教育经验意义的课程设计的理论，具有课程整合、与实际生活结合、师生共同参与研讨、注重实际行动等特质。①

从以上统整课程的含义可看到，统整课程追求的是学科间的内在联系，追求儿童的整体发展，追求课程要回归儿童生活，追求转变儿童的学习方式，它超越了学科课程，是一种跨学科的、整合的、生活的、受内在探究驱动的课程。科学在本质上是跨学科的，科学的进程离不开其他学科的支持：要广泛运用数学进行测量和解释数据，运用语言进行交流，同时科学与技术、与社会问题之间也是密不可分的。②因此，学前儿童科学教育以学科课程的形式来进行是不利于学前儿童获取完整知识经验的。相对于学科课程，统整课程更加有利于学前儿童建立整体性知识经验，能有效促进幼儿在科学以及其他方面的学习。20世纪80年代以来，我国的幼教工作者一直在进行统整课程的理论与实践探究，已高度认可统整课程对儿童学习与发展的重要意义。统整课程为幼儿园课程改革提供了一种系统性与背景性的思维方式，其价值追求具体有以下几方面：关注儿童的生存方式，满足儿童成长的需要和社会发展的需要；转变儿童的学习方式，发展终身学习的愿望、创新精神与实践能力的培养；面向儿童的“生活世界”，珍惜其童年生活的独特价值，密切儿童与自然和社会的联系；尊重幼儿合法权利，重视家园共育，提升幼儿生活与学习的品质。③

二、统整课程倡导回归儿童生活的课程观

杜威在论述教育本质时，提出“教育即生活”，即学校教育要与儿童的学校生活、社

① 李子健等：《中国大陆幼儿园统整课程的理念与设计——以重庆市幼儿园为例》，载《西南师范大学学报》2005年第1期。

② [美]大卫·杰纳·马丁：《建构儿童的科学——探究过程导向的科学教育》，杨彩霞等译，北京师范大学出版社2006年版，第379-380页。

③ 夏力：《学前儿童科学教育活动指导》（第三版），复旦大学出版社2014年版，第155页。

会生活及儿童本身的生活相联系，在儿童的生活中促进其进一步发展。《指南》中也明确指出："幼儿的学习是在生活中进行的，要珍惜生活的独特价值。"因此，幼儿园课程回归儿童生活是应然也是必然的课程改革道路。由此可见，统整学前儿童科学教育课程也势必走上回归儿童生活的必由之路。

（一）儿童生活是学前儿童科学教育课程统整的基础

《纲要》在科学领域的教育指导要点中指出："科学教育应密切联系幼儿的实际生活进行，利用身边的事物与现象作为科学探究的对象"，这里提到的幼儿实际生活，包括幼儿在园的一日生活、家庭生活与社区生活等不同的方面。幼儿在园的一日生活里，幼儿在教师的引导下进行集体科学学习，在幼儿园环境的影响下自发进行个体科学学习。在家庭生活里，家长可带领幼儿开展家庭科学小实验、家庭科学小游戏，也可利用幼儿的好奇心，及时捕捉教育契机开展随机科学教育活动。在社区生活里，社区蕴含的丰富教育资源可为幼儿科学教育提供有力的支持，让幼儿可以从更广阔的环境中进行科学学习，将科学学习融入社会生活中，如围绕社区教育资源，可以生发出"社区中的建筑""社区中的植物""社区中的车辆"等许多探究主题。因此，幼儿科学教育应超越幼儿园的范围，将幼儿园、家庭与社区进行有机的联合，形成三者间的教育合力，共同促进、支持幼儿的科学探究。

其次，聚焦在幼儿园场域中，幼儿的一日生活又可划分为集体性学习活动、游戏活动、生活活动等层面，而每一类活动在幼儿的发展中均具有各自独特的教育价值，也是科学教育不可缺少的重要环节。集体性学习活动是开展科学教育的主要途径；游戏活动可极大地发挥幼儿的自主科学探究，实现在玩中学，学中玩；生活活动将科学教育渗透在幼儿一日生活中，能够使幼儿更好地感受科学与实际生活的关系，培养积极的科学态度。因此，幼儿科学教育应贯穿在幼儿在园的一日生活中，珍视每一类活动的教育价值，以幼儿生活为主线统整学前儿童科学教育活动，从而有效地引导幼儿利用身边的事物与现象作为科学探究的对象，以实现在生活中学习，在生活中发展。

（二）儿童生活是学前儿童科学教育课程统整的源泉

关于儿童生活的教育价值，众多学者都进行了深入的探讨。陶行知提出"生活即教育"，强调生活具有教育的意义，教育不能脱离生活。陈鹤琴也指出"大自然、大社会都是活教材”,儿童教育内容应从儿童生活的大自然与大社会中选取。基于学前儿童天生的好奇心与求知欲,他们往往会对生活中的事物产生探究兴趣,发问一万个为什么,他们乐意探究的也是生活中那些充满新奇、充满未知奥秘的现象和问题,比如“天空为什么是蓝色的,白云为什么是白色的”“太阳公公和月亮婆婆为什么不能同时出现”,这就决定了幼儿科学教育具有鲜明的生活化的特征。那么,如何实现幼儿科学教育的生活化?那就必须使儿童生活成为科学教育的源泉。

第一,科学教育内容的选择要从幼儿生活入手。教师要转变自己的教育理念,关注幼儿的生活,依靠观察来发现幼儿生活中内隐的科学教育内容,从幼儿关心的、好奇的事物与现象中发掘科学教育内容。如幼儿园中的各种植物、各类不同材质的操作材料、各类日常生活用品、沙池、水池等,均可以成为科学教育的极好素材。第二,将科学教育随机渗透在幼儿一日生活中。在日常生活中,教师需善于捕捉幼儿的兴趣点,及时抓住科学教育契机,对幼儿的科学学习进行针对性的引导。如因季节更换,树叶的变黄掉落、草丛中的虫鸣、搬运食物的蚂蚁等,教师均可从幼儿的兴趣点中生成科学教育课程,让幼儿对生活中的事物进行探究学习,使得生活成为一种实践体验。第三,创设丰富多彩的科学学习环境。环境是幼儿的第三位老师,幼儿的学习多半发生在与环境的相互作用中。因此,教师也应充分利用幼儿园的活动空间,创设一个丰富多彩的、能引发幼儿主动进行科学探究的教育环境。总之,只要教师能高度关注幼儿的生活,在一日生活中善于发现幼儿的探究兴趣、善于发掘教育资源、善于利用生活中的教育资源,就能形成适应幼儿生活、适应幼儿发展规律与学习特点的科学教育课程。

人物介绍

陶行知

陶行知(1891年—1946年),安徽省歙县人,中国人民教育家、思想家。1927年在南京北郊晓庄创办乡村师范学校——晓庄学校,创办第一个乡村幼稚园——燕子矶幼稚园。陶行知一生都在致力于教育改革,他提出生活教育理论,强调“生活即教育、社会即学校、教学做合一”,注重培养儿童的创造性,提出“六个解放”,其教育思想对中国教育影响深刻。

三、统整课程体现培养全面和谐发展的儿童的课程观

幼儿教育具有启蒙性，旨在提高幼儿的基本素质，为其一生的发展奠定基础，这意味着我们需培养全面和谐发展的儿童，才能塑造完整的人。中共中央、国务院在2019年发布的《中国教育现代化2035》中，将“更加注重全面发展”列为推进教育现代化八大基本理念之一。紧接着，2021年发布的《中国儿童发展纲要（2021-2030年）》将“坚持促进儿童全面发展”列为五项基本原则之一。虽然2001年颁布的《幼儿园教育指导纲要（试行）》将幼儿园课程划分成五大领域，但也强调五大领域要相互渗透，以培养全面发展的幼儿，如在语言领域中就明确提到“幼儿语言的发展与其情感、经验、思维、社会交往能力等其他方面的发展密切相关，因此，发展幼儿语言的重要途径是通过互相渗透的各领域的教育，在丰富多彩的活动中去扩展幼儿的经验，提供促进语言发展的条件。”由此可见，幼儿科学教育也必须从促进幼儿全面发展出发，以达成培养全面和谐发展的儿童的目标，塑造完整儿童。

那么，“完整儿童”该如何去理解？杜威曾基于儿童经验具有的连续性特征，提出其“完整儿童”观念，即教育要横向渗透于儿童生活的方方面面、教育要促进儿童智力、社会性、道德和身体的共同发展。[①]继杜威后，克伯屈也对“完整儿童”的概念做出自己的解释，“完整儿童”含有两种意义：“首先，我们绝对不能忽视儿童变动生活中各方面间的联系。其次，儿童会作为一个统一的有机整体进行恰当反应。”从杜威与克伯屈对“完整儿童”的解释来看，一方面说明教育要回归儿童的生活，以儿童感兴趣的生活现象与问题为经验学习的来源；另一方面也说明儿童的发展是整体的，身体、情感、认知和行为等各方面的发展是一个有机整体，相互协调、不可分割。幼儿的生活是整体的，在成长过程中，幼儿所获取的外部经验均是整体性的经验，而不是零碎的知识点或知识面。比如，幼儿在操作积木时，他获取的有关积木的大小、形状等外形特征经验，会经由触觉感受到积木的光滑，在操作过程中会感受到积木的重量，在叠加积木的过程中会感受到平衡的数学基本概念和美觉感受等，这都是整体性经验的获取，足以说明幼儿的学习与发展是整体的，幼儿科学教育也应当是一种整体的教育。统整课程的核心理念恰好与儿童发展整体观相契合，统整课程追求学科间的内在联系，强调儿童的

---

① 张斌贤等：《“完整儿童”观念在美国的早期演变》，载《比较教育研究》2020年第11期。

整体发展，将儿童完整的生活要素整合于幼儿园各学科领域活动中，从而促进幼儿的全面和谐发展。

儿童发展整体观给幼儿科学教育的启示是，必须坚持以统整课程理念为指导思想，从培养全面和谐发展的儿童的层面出发，建构幼儿科学教育课程体系，强调课程的综合性、生活性，避免课程脱离幼儿实际生活，恢复幼儿生活的完整性，促进科学与幼儿生活的交融。但值得注意的是，统整性的幼儿科学教育课程并不意味着不再需要分领域教育，也不能只重视课程组织形式上的统整，即将科学活动与语言、社会、健康、艺术等学科领域活动之间相互交叉融合，借助不同领域活动的内容、形式或手段来开展科学教育活动，更重要的是需要建立起一种系统性、整体性的思维方式，使我们能从促进儿童整体、全面发展的高度，以儿童活动为基础，对科学教育进行跨学科领域的统整，软化学科边界，重建幼儿园课程体系。[①]

拓展阅读

“完整儿童”观念的现代演变[②]

19世纪末20世纪前期兴起的“完整儿童”观念，是19世纪浪漫主义儿童观出现之后对理想儿童培养目标的再次界定，是美国现代儿童观念的重要表达。它的兴起不仅影响着美国教育的发展走向，而且对教育活动中关于儿童地位、学校角色等方面的认识保持着持续影响。

关于“完整儿童”观念的讨论在现代依旧存在，学者们沿袭了这一观念早期发展时的主张。他们认为其内涵依旧包含儿童的整体发展，提出“生理和情感上的健康是完整儿童的基础”等观点。也有学者像20世纪早期那样，指明在“完整儿童”培养目标的实现过程中，需要更多地关注学校、家庭以及社区环境对儿童健康发展及学业成就的影响。不过在后续发展中，“完整儿童”观念的内涵还扩展至全纳教育背景下，将残疾、智力障碍等弱势儿童纳入普通教育体系，其指向得到了不断的丰富与补充。

①夏力:《学前儿童科学教育活动指导》(第三版)，复旦大学出版社2014年版，第156页。

②张斌贤等:《“完整儿童”观念在美国的早期演变》，载《比较教育研究》2020年第11期。

第二节　学前儿童科学教育活动统整的实践

在梳理完学前儿童科学教育活动统整的基本理论后，接下来将对学前儿童科学教育活动统整的实践展开讨论。统整学前儿童科学教育活动开启了一种新的科学教育课程模式，具有明显的综合性、生活性、自主性、实践性、生成性等基本特点。从当前幼儿园科学教育活动改革的实践来看，学前儿童科学教育活动的统整实践形式主要分为两个类型：分领域的科学教育活动统整、跨领域的科学教育活动统整。

一、分领域的科学教育活动统整

自从2001年教育部颁发《幼儿园教育指导纲要（试行）》后，我国幼儿园课程就由“学科课程”转变为“领域课程”，更加关注知识经验的内在联系。分领域科学教育活动的统整不同于单一的分科教育活动，它是以某一领域教育为主，其他领域教育为辅，借助其他领域的活动内容、形式、方法或手段来达成本领域的教育目标。在分领域的科学教育活动统整实践中，又可分为两种类型，一是以科学领域为主的科学教育统整活动，二是以其他领域为主的科学教育统整活动。

（一）以科学领域为主的科学教育统整活动

以科学领域为主的科学教育统整活动指的是在实现科学教育目标的前提下，以科学学习为主，借助其他领域的教育形式和手段，建构形式多样的科学教育活动。常见的活动统整类型有以下三种。

1. 科学与语言领域的结合

《纲要》中科学领域目标之一为“能用适当的方式表达、交流探索的过程和结果”，这与语言领域目标中的“乐意与人交谈；能清楚地说出自己想说的事”，无疑是有着共同的目标指向。语言是思维表达的基本方式，可以说是思维的外壳，而科学是一种思维的方式，可见科学教育和幼儿语言发展有着密切的关系。在科学教育活动中，教师往往要鼓励、引导幼儿将其在活动中看到的、想到的、做到的、发现的都用自己的语言表达出来，可以说任何一个科学教育活动都离不开幼儿语言的表达，任何一个科学教育活动都能发展幼儿的语言。因此，在科学教育活动中，教师要适当地提出问题、创设交流的机会，让幼儿把探究过程中的发现、想法与感受用语言表达出来，以丰富幼儿的语言表达、发展幼儿的语言。如在小班科学活动《五彩的泡泡》中，为了引导幼儿感知不同形状的铁丝框吹出的泡泡形状不一样，教师提出问题："你拿的铁丝框是什么形状的？吹出的泡泡是什么形状的？你的泡泡和他的泡泡有什么不一样的地方？"从而引导幼儿将自己的观察结果说出来。这样不仅使幼儿对铁丝框形状与泡泡形状的对应关系有了真实的感受，也发展了自己的语言。

2. 科学与艺术领域的结合

艺术形式可以是幼儿表达其探索结果的手段，也是表达情感的方式。适当地将美术、音乐等幼儿喜欢的艺术形式有机整合到科学教育活动中，不仅可以丰富科学教育活动开展的形式，增加科学教育活动的趣味性，也能让幼儿在科学探究的过程中，体验美的感受。如在大班科学活动《毛虫变变变》中，教师设计了一个"音乐游戏——小毛虫变变变"的活动环节，孩子们以极大的热情与兴趣参与其中，纷纷用自己的身体动作来演绎毛毛虫的整个生长过程。这样不仅能够巩固对毛毛虫生长变化的科学经验认知，提高幼儿参与活动的积极性和主动性，而且也让幼儿获得了美的感受。需要注意的是，要把握好科学与艺术二者的关系。将结合点放在借助艺术形式、手段、方法来改进科学教育活动形式这一基点，以调动儿童学习的积极性，使活动更适合幼儿学习和生活的特点，确保科学探究活动的顺利开展，促进科学教育目标的达成。在设计和组织活动时，应坚持形式服从内容的原则，把握好二者的结合度，不能以过多的艺术形式冲击科学教育任务的完成，否则就可能产生本末倒置现象。①

3. 渗透多种价值观的科学教育

幼儿的发展是身体、认知、情感、行为等的整体发展过程，任何一种教育活动都具有多重教育目标，正如在设计教学活动时，活动目标均需覆盖认知、技能与情感三维目标一样。而科学教育活动内容本身就蕴含着许多价值观教育的要求。如在中班科学活动《纸和纸制品》中，就可以渗透"节约用纸"的环保意识；在大班科学活动《美丽的蝴

①夏力：《学前儿童科学教育活动指导》（第三版），复旦大学出版社2014年版，第158页。

蝶》中，就可以渗透“珍爱生命、人与大自然和谐相处”的价值观念；在大班科学活动《火箭飞上天》中，就可以让幼儿萌发“爱国主义情感”、渗透“科学技术造福人类”的思想观念。因此，在科学教育活动中，教师应注意挖掘和利用价值观因素。但也要明确，幼儿价值观的形成是一个长期的、潜移默化的过程，教师只需适时适当地进行引导，而不能把它变成一种说教。

（二）以其他领域为主的科学教育统整活动

从前面内容，我们看到，科学领域与其他领域有着千丝万缕的联系。那么，在其他领域的教育活动中，同样也可以渗透科学教育，使幼儿在其他领域活动中也能感受科学、表现科学。很多儿童文学作品常将自然界中的现象以诗歌、散文、儿歌、故事等方式表现出来。比如中班语言诗歌《伞》，诗歌内容为“公路边的大杨树，是小喜鹊的伞。池塘里的大荷叶，是小青蛙的伞。山坡上的大蘑菇，是小蚂蚁的伞。下雨了下雨了，大家都有一把伞。”幼儿在学习诗歌的同时，能更加生动直观地感受到动物与其生活习性的一一对应关系。大班语言散文《秋天的颜色》，幼儿可以通过生动形象的描述，感受秋天到来时大自然的景色，加深幼儿对于绚丽多彩的秋天的感受。又如儿歌《小花猫》：“小花猫，喵喵喵，早上起来舔舔毛。爱吃鱼来，爱睡觉，调皮可爱四处跑。”它用简短干练的话语将猫的声音特征、生活习性做了形象的描绘。因此，在开展语言活动时，教师可以适当引导幼儿关注其中蕴含的科学内容。

除了语言活动之外，在艺术活动中也常常渗透科学教育的内容。如在大班音乐活动《秋天多么美》中，幼儿在学唱歌曲时，不仅能感受歌曲的优美旋律与节奏特点，也能感受秋天的美，知道秋天是收获的季节。大班美术活动《树叶变变变》中，幼儿进行树叶贴画，不仅能发展其动手操作能力，感受美、体验美，也能进一步了解树叶的特征。因此，当音乐、美术活动的主题涉及科学教育内容时，教师可以适当提示幼儿、引导幼儿用艺术手段表现其科学经验，以促使幼儿经验的迁移。

二、跨领域的科学教育活动统整

与分领域的科学教育活动统整不同，跨领域的科学教育活动统整是围绕一个特定的主题或任务，跨越学科的界限，将各领域的教育内容联系起来，充分利用各种教育资源，形成一个较为完整的综合性教育活动。目前，我国幼儿园课程实践中，跨领域的科学教育活动统整主要有两种模式：主题活动和项目活动，这两类活动有共同点也有明显差异，共同点在于均极大限度地保证了教育内容的有机结合、贴近幼儿生活实际、注重幼儿的探究学习、活动开展时间也较长等，不同点在于主题活动具有教师预设的特点，而项目活动则具有生成性活动的特点。以下将对这两类活动做详细的介绍。

（一）主题活动

在幼儿园领域中，主题活动是指在一段时间内围绕一个中心内容来组织的教育教学活动。[①]在主题活动中，教师根据预设的课程目标，依据幼儿的兴趣爱好及发展水平，以某一核心经验为主题，将涉及的领域内容有机融合，形成一个个紧密联系又相对独立的活动。运用灵活多样的教育手段和方法开展活动，能够使幼儿在持续的、联系密切的活动过程中获取完整性的知识经验，促进幼儿全面和谐的发展。

1.主题活动的特点

从以上对主题活动的解释中，可以看到主题活动的突出特点是打破了学科之间的界限，从幼儿的现有认知发展水平出发，选择幼儿感兴趣、贴近幼儿生活、有教育价值的主题，将健康、语言、社会、科学、艺术等领域的学习内容围绕主题进行有机的统整，组织开展一系列的教育活动。其次，主题活动来源于幼儿的实际生活，有着明显的生活化特点。主题活动往往诞生于幼儿的实际生活中，从他们感兴趣的问题出发；在构成主题的一系列活动中，可以是集体教学活动、可以是区域活动、可以是生活活动、可以是游戏活动，还可以与家园、社区活动结合进行，即主题活动发生在幼儿的一日生活的各个环节中。最后，主题活动也存在着循序渐进的特点。围绕核心主题设置的各类活动，存在着先后顺序，这一点也是为了贴合幼儿的认知发展特点与知识经验的内在逻辑性。需要注意的是，主题活动的各个活动之间、涉及的各学科领域内容之间，必须建立内在有机联系，而不是简单的拼凑。主题活动中的统整是指将本来具有内在联系而又被人为分割的内容重新整合为一个有机整体。[②]

① 冯晓霞：《幼儿园课程》，北京师范大学出版社2001年版，第206页。

②夏力：《学前儿童科学教育活动指导》（第三版），复旦大学出版社2014年版，第160页。

2. 主题活动的设计

主题活动的设计涉及各个课程要素的编制和处理，主要包括主题的选择、主题名称的确定、主题活动目标的设计、主题活动框架的设计、逐个单元活动的设计等。

(1)主题的选择

“主题”是主题教育活动的核心，它表明幼儿将从中获得的关键经验，同时又是教师选择组织学习内容、设计教育活动、展开教育过程的基础。①因此，选择合适主题是主题活动设计的起点。主题的来源可以有以下几种。

第一，来源于幼儿的实际生活。主题活动具有生活化特点，从主题的选择开始就应贴近幼儿的生活，从幼儿感兴趣和需要的问题出发，发掘有教育价值的主题内容。如在班级的种植区中，有孩子发现同一时间种下的植物，生长的速度不一样，有的已经长出茂密的叶子，有的才长出一点新芽，为什么植物的生长速度这么不一样？幼儿对此产生了极大的关心和兴趣，教师就可以顺应幼儿的兴趣，设计“植物的生长过程”的主题活动。又如，户外活动时，幼儿发现影子总是跟着自己，自己往哪走，影子就会跟着人一起走，教师可设计出“光和影子”的主题活动。除开从幼儿生活中会接触到的自然事物与自然现象外，幼儿的社会生活也是主题活动的源泉。如刚结束周末回到幼儿园，幼儿在和别的孩子讲述周末去超市的感受，孩子们纷纷开始讨论超市有什么，教师由此可以生成“超市”的主题活动。又如有幼儿周末出行搭乘了高铁，对高铁的速度惊叹不已，教师由此可以生成“磁悬浮列车”的主题活动。总之，教师应关注幼儿的生活，从他们感兴趣的、想探究的问题和现象出发，发掘有教育价值的主题，来开展主题活动。

第二，来源于学科领域内容。从学科领域内容中选取主题是一个便捷有效的途径。教师可从学科领域中选取有意义的内容，加以扩展和组织，形成一系列的围绕核心内容开展的各类活动。比如“好吃的蔬菜”“春天在哪里”“交通工具本领大”“我家的电器”“奇妙的磁铁”“动物怎样保护自己”等。从学科领域内容出发的主题活动，可以以某一领域为主，扩展延伸到其他领域，也能根据幼儿的发展需要演绎为跨领域的统整性活动。

①郦燕君：《学前儿童科学教育》，高等教育出版社2011年版，第214页。

第三，来源于现有的教育素材。教师可以从现有的教育素材中选择适合幼儿的内容来设定主题，也可以根据实际的教育需要来预设一定的主题。[①]一些文学作品、艺术作品中就蕴含着多学科领域内容，可以作为主题活动的良好素材。如绘本《肚子里有个火车站》，用生动形象、诙谐幽默的方式让幼儿了解自己的消化系统，书中也体现了火车站的基本构造、乘坐火车的公共交通规则，并且留有很大的扩展空间，这种作品就是很好的主题活动素材。值得指出的是，在运用现有教育素材生成主题时，一定要充分考虑幼儿的兴趣需要和认知特点，不能脱离幼儿的实际生活。

需要注意的是，主题内容确定后，教师还应考虑这个主题是否适宜。一般情况下，适宜的主题往往带有以下明显倾向：符合幼儿的兴趣和需要；贴近幼儿生活实际；蕴含教育价值、涵盖多个领域的教育内容、有充足的教育资源，具备可行性。也可以通过"问问题"的反向思维来思考主题的价值，如下图8-1。

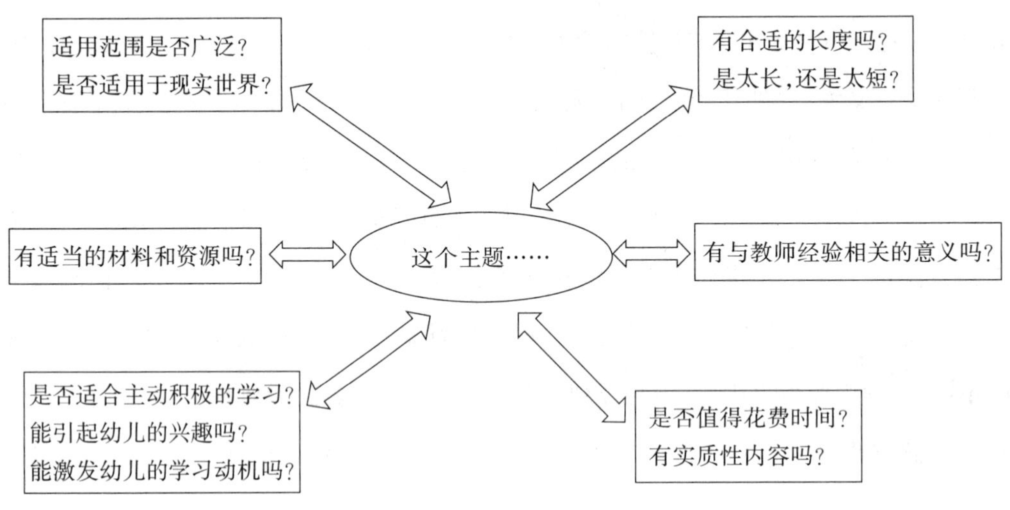

图8-1　检验主题[②]

（2）主题名称的确定

主题内容选取好后，需要为主题确定一个适当的名称。主题名称和集体教学活动名称的确定是共通的，在命名时，教师需站在幼儿的角度去思考，用幼儿的语言习惯来命名，名称需富有童趣、生动形象，能激发幼儿探究学习的兴趣，同时也要突出主题活动的中心内容。如"奇妙的种子""我是环保小卫士""毛毛虫变变变""好玩的沙"等。

① 赵华民：《学前儿童科学教育》，郑州大学出版社2014年版，第159页。

② [美]Patricia L. Roberts，Richard D. Kellough：《跨学科主题单元教学指南》，李亦菲等译，中国轻工业出版社2005年版，第55页。

(3)主题活动目标的设计

主题活动目标指的是主题的总目标,要制定主题活动目标,必须对主题的教育价值进行详细的分析,从中分解出具体的教育目标。基于每个主题都蕴含着多个学科领域的教育价值,教育目标也应当是多方面的。在编制教育目标时,需涵盖各学科领域,应符合本班幼儿的实际发展水平,能满足身体、认知、情感、行为等方面的发展要求。

如小班主题活动《花儿朵朵》的活动目标[①]如下。

(一)健康领域

1.初步了解春季自我保护的方法,形成健康的生活方式,如多喝水、多运动。

2.在与花儿有关的体育活动中,平稳地控制身体。

3.在运用感官了解花儿特征的过程中,学会用安全的方式保护自己。

(二)语言领域

1.喜欢听故事、儿歌,理解其大意。

2.愿意用语言与别人交往,喜欢应答。

(三)社会领域

1.愿意与同伴交往和游戏,初步学会与同伴分享。

2.初步学会轮流,体验规则的重要性。

(四)科学领域

1.关注周围环境中的花儿,有好奇心和探索欲望。

2.能运用各种感官感知花儿的特征,并进行自发的探究活动。

3.感知春季明显的特征,体会花朵与人们生活的关系。

4.关心爱护花草,有初步的环保意识。

(五)艺术领域

1.喜欢参与与花儿有关的美术活动,在活动中感到快乐和满足。

2.大胆学唱与花儿有关的歌曲(六度范围内),并进行简单的律动。

(4)主题活动框架的设计

主题活动框架设计就是围绕主题目标设计各单元的活动内容,以确保主题目标的实现。具体包括以哪种类型组织活动,为幼儿提供哪些学习内容,以及各单元活动开展的先后顺序。主题往往都覆盖了多个学科领域内容,因此,在设计主题活动框架时,

①王凤新:《幼儿园主题式科学探究课程》,中国农业出版社2020年版,第50页。

教师需发散思维,以主题为中心,设计全方位覆盖的活动框架,使各个单元活动联结成一个彼此联系、由共同主题统整成的学科网络。在幼儿园教育实践中,一般多采用主题网络图、单元活动表格等方式来设计主题活动框架,如图8-2、图8-3、表8-2、表8-3所示。

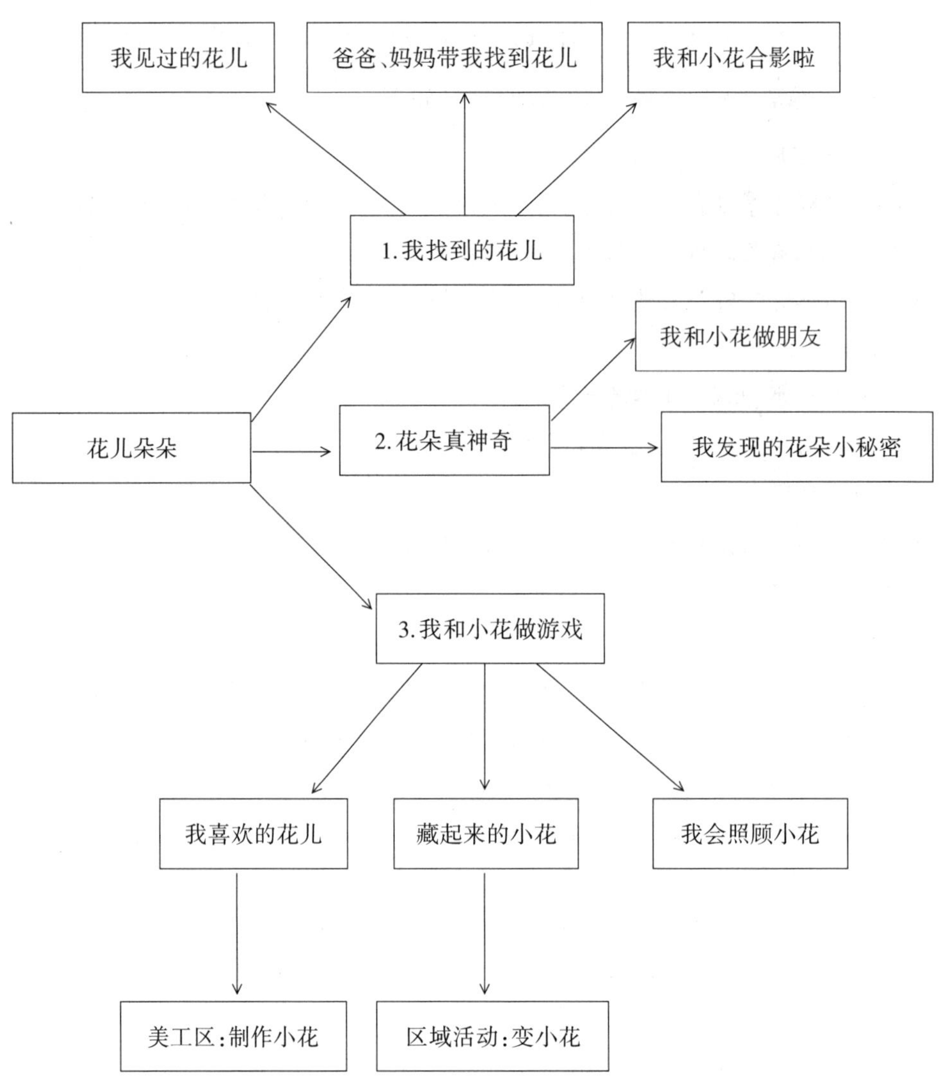

图8-2 小班《花儿朵朵》主题活动网络图[①]

①王凤新:《幼儿园主题式科学探究课程》,中国农业出版社2020年版,第51页。

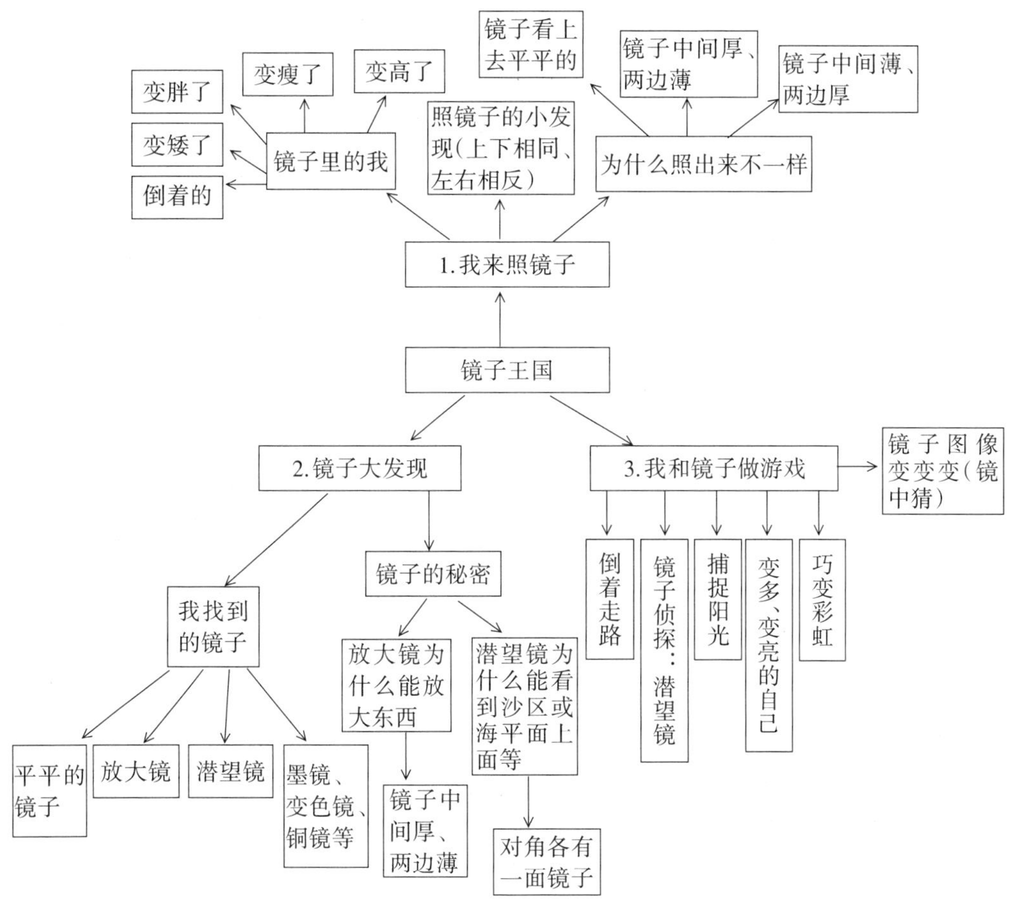

图8-3　中班《镜子王国》主题活动网络图①

表8-2　中班《我爱小动物》单元活动表格

活动目标	集体教学活动	区角活动	环境创设	家园同步
1.热爱和关心小动物，喜欢探索大自然的奥秘 2.了解动物眼睛的特点和作用 3.能用自己的语言说出自己的发现	科学活动：《神秘的动物眼睛》 美术活动：《画一画动物眼睛》	语言区：放置有关动物的图书、绘本 养殖区：带领幼儿实际观察幼儿园养殖区小动物的眼睛	主题墙：布置“动物眼睛”的主题墙	请家长带幼儿到动物园参观，主动引导幼儿观察动物的眼睛，说一说特点

①王凤新：《幼儿园主题式科学探究课程》，中国农业出版社2020年版，第85页。

表8-3　大班《好玩的齿轮》单元活动表格(节选)[①]

时间	活动名称	活动目标	重点领域	生活活动	区域环境与材料
第一周	一起来挑战	1.通过讨论、体验等方式,一起制订齿轮挑战赛的游戏规则 2.分组合作,设计齿轮挑战赛宣传图	社会	1.谈话活动:分享生活中不同的齿轮玩具,感受它们的不同 2.家园共育:收集齿轮玩具的资料并分享 3.过渡环节:可以在楼道玩齿轮玩具 4.户外分散活动:体验自行车游戏	1.语言区: ①画出自己喜欢的齿轮玩具,说一说自己为什么喜欢 ②收集齿轮玩具的图片,自制图书 2.美工区: ①投放齿轮玩具的欣赏画 ②画齿轮玩具的线描画 3.科学区 ①投放各种齿轮玩具 ②投放齿轮转动记录表
	齿轮转呀转	1.能够运用"XX转啊转,齿轮带着XX转"的句式,仿编有关齿轮的儿歌 2.感知儿歌的节奏以及押韵方式,大胆进行仿编	语言		
	齿轮作用大	1.通过对比观察,发现齿轮玩具都有凹凸的齿,能沿中心轴转动,一个齿轮可以带动许多齿轮一起转 2.通过活动,初步了解齿轮的作用,知道齿轮可以传递动力	科学		
	我喜欢的齿轮	1.运用多种技能,如粘贴、剪、折纸等方式,制作自己喜欢的齿轮造型 2.能做到画面丰满,布局合理,大胆创新	艺术		

①王凤新:《幼儿园主题式科学探究课程》,中国农业出版社2020年版,第126-127页。

续表

时间	活动名称	活动目标	重点领域	生活活动	区域环境与材料
第二周	齿轮与链条	1.愿意积极动手、动脑解决齿轮与链条之间的问题,体验齿轮转动的乐趣 2.探究齿轮与链条的连接方法,发现齿轮可以带着链条一起转动	科学	1.过渡环节:请幼儿说一说齿轮的好朋友 2.家园共育:搜集生活中各种带有齿轮的玩具和物品 3.户外分散活动:观察幼儿园里的齿轮,并进行记录 4.午睡前的故事环节:听一些关于齿轮的故事	1.语言区: ①投放一些关于齿轮的故事 ②说一说关于齿轮的词语,玩想象词语游戏 2.美工区: ①能用剪、折、粘贴等方法尝试画出自己喜欢的齿轮玩具 ②利用废旧物,如毛线、树枝、果壳等制作自己喜欢的各种链条 3.科学区: 观察大齿轮和小齿轮的不同,并进行实验
	齿轮俱乐部	1.搜集生活中各种带有齿轮的玩具和物品,发现齿轮在不同物品中的作用 2.当别人的想法与自己不同时,能倾听并接受别人的意见	社会		
	我与齿轮	1.喜欢参加"我与齿轮"的绘画活动,感受色彩带来的美 2.愿意和别人分享、交流自己的齿轮绘画作品	艺术		
	我是小齿轮	1.乐于参加慢跑、躲闪跑等游戏,体验活动的乐趣 2.在躲闪跑的游戏中,能够躲避他人的撞击	健康		

编制主题网络可采用以下几种方法[①]。

第一,网络拉近技术,所谓的拉近技术是一种放大主题网内某一内容的一种技巧,使其成为新的网络内容。例如,主题"超市"应包括食品、服装等,按其类别关系拉近,如食品有生食、熟食等;服装有童装、男装、女装等。

①夏力:《学前儿童科学教育活动指导》(第三版),复旦大学出版社2014年版,第164页。

第二，衍变技术，所谓的衍变技术就是按事物特殊性或一般性的关系发展主题。如，床——大床、小床、婴儿床、双层床等；麻雀——鸟、野生动物等等。

第三，情景化是发展主题的另一种方法。如对幼儿而言，直接讨论“食品”是比较困难的，但创设一定具体化的情景，如买食品、准备食品、提供食品那就容易理解了。

值得提醒的是，主题活动框架的设计不是要建立内容间的联系，而是紧扣活动主题，发散思维，大胆联想，贴近幼儿生活，将原本就存在内在联系的内容联结起来，使主题与各单元活动之间的联系更加紧密、更加自然和谐。

(5)逐个单元活动的设计

每一个主题活动都是由各个单独的单元活动来支撑完成，单元活动的设计就是按照主题活动框架的顺序，逐一设计每个具体的单元活动方案。每一个单元活动的设计仍然是要包括以下主要部分：活动名称、活动目标、活动准备（物质准备和经验准备等）、活动过程、活动延伸等。在设计每个单元活动方案时，需注意与前后单元的衔接与延展。此处以大班主题活动《好玩的齿轮》中第一周与第二周的科学集体教学活动做示例，具体如下。

案例

大班主题活动《好玩的齿轮》中第一周与第二周的科学集体教学活动设计①

活动一：大班科学活动《齿轮作用大》

一、活动目标

1.喜欢参与齿轮的探究活动，对科学活动感兴趣。

2.了解齿轮的作用，知道齿轮可以传递动力。

3.在操作中爱护玩具，游戏后认真收拾、整理玩具。

二、活动重难点

重点：通过操作实验，感知齿轮可以传递动力。

难点：发现凹槽和齿的空隙大小合适，连接在一起的齿轮转动时才更省力。

①王凤新：《幼儿园主题式科学探究课程》，中国农业出版社2020年版，第128-129页。

三、活动准备

物质准备:自行车、齿轮玩具、记录表。

经验准备:在区域活动中玩过齿轮玩具。

四、活动过程

1.收集生活中的齿轮,初步了解齿轮的作用

(1)幼儿共同收集生活中的齿轮,利用晨间播报环节,通过绘画作品展示,与同伴分享齿轮在生活中的应用。

(2)出示自行车,教师引导幼儿发现自行车中的齿轮和链条,观察并发现齿轮的作用。

提问:你们知道自行车为什么能向前行进吗?

小结:原来自行车是利用齿轮和链条传递力量向前行进的。

2.寻找幼儿园里的齿轮玩具

(1)观察并记录齿轮的特点及作用

提问:①幼儿园里有哪些齿轮玩具? ②齿轮在玩具中的作用是什么? ③齿轮有什么特点? ④转动齿轮,你有什么发现?⑤齿轮给我们带来了什么便利?

小结:齿轮是圆形的,中间有轴,边缘有齿,可以转动。凹槽和齿的空隙大小合适,可以让我们更省力。

(2)幼儿分享记录的内容

3. 幼儿交流与分享收集来的、带齿轮的物品

教师:小朋友们带来了许多带齿轮的物品,请大家自己去看一看,感受一下。

五、活动延伸

1.制作简易的齿轮玩具

2.在晨间播报环节分享自己见过的、不同机器的齿轮,介绍其不同的作用

活动二:大班科学活动《齿轮与链条》

一、活动目标

1.愿意动手、动脑解决齿轮与链条之间的问题,体验齿轮转动的乐趣

2.探究齿轮与链条的连接方法,发现齿轮可以带动链条一起转动

3.能够大胆分享齿轮与链条连接的好方法

二、活动重难点

重点:探究齿轮与链条的连接方法,发现齿轮可以带动链条一起转动。

难点：能够积极动手、动脑解决齿轮方向与链条方向相同与不同的问题。

三、活动准备

物质准备：齿轮玩具、记录表、视频。

经验准备：在区域活动中玩过齿轮玩具。

四、活动过程

1.问题导入，吸引幼儿的兴趣

播放幼儿区域活动中玩齿轮与链条遇到问题的视频，引导幼儿观察视频中的小朋友遇到了什么问题，思考应该如何解决。

2.幼儿分组，尝试连接齿轮与链条

(1)幼儿第一次尝试连接齿轮与链条

提问：①你们用了什么方法？②你们遇到了哪些问题？(齿轮与链条没有连在一起转动)③怎样才能让齿轮与链条一起转起来呢？

小结：原来，齿轮凸起的齿要与链条上每一个小孔都对接上。

(2)幼儿再次连接齿轮与链条

提问：①你们组的齿轮与链条一起转起来了吗？②你们用了哪些好方法？有什么新的发现吗？

小结：除了齿轮的齿与链条需要连接在一起，齿轮之间也需要对接在一起，才能让链条与齿轮一起转动。

3.游戏“齿轮大比拼”

游戏玩法：幼儿自由分组进行比赛，时间2分钟。看看哪一组能用更多的齿轮带动一根链条转动。

五、活动延伸

幼儿在区域活动时继续挑战齿轮与链条的连接，尝试创新玩法。

3.项目活动

项目活动，又被称为方案教学、项目教学法。早在1918年，美国学者克伯屈在杜威进步主义教育思想影响下就已经发表了有关“方案教学法”的文章，倡导这种新的教学模式。近些年来，引起学前教育界关注的意大利瑞吉欧教育实践，其主要的特点之一就是方案教学。[①]我国的一些学者也已将方案教学的理念和实践引入我国，并进行了本土的幼教实践。

①朱家雄：《在凯茨指导的方案教学教室里》，载《幼儿教育》2002年第10期。

关于项目活动的定义，凯茨等人认为项目教学作为一种幼儿教育方法，泛指一种教与学的方式，而不是一组特定的教学技巧，或一系列一成不变的活动、惯常程序或策略。这一教学法强调，教师不仅要对整个班级，而且要对孩子个体做出积极回应。凭借对儿童的专门知识，她能够鼓励孩子们以个人独特的方式与他人、物体及环境产生互动。作为一种学习方式，项目教学法强调让孩子积极参与自己的作业计划、进展和评估，鼓励孩子主动地对自己的工作负起责任。[①]基于此，我们给项目活动下个定义：项目活动是幼儿在教师的支持、帮助、引导下，围绕某个大家感兴趣的“问题”或“话题”进行深入的研究，在合作研究中发现知识、理解意义、建构知识的过程。项目活动不同于主题活动，主题活动中的“主题”往往是教师根据幼儿的兴趣和需要进行预设的内容，但项目活动不是由教师单方面预先设计的，而是教师与幼儿围绕某一“问题”或“话题”，不断延展、不断生成、不断建构的课程。在一个项目中，儿童的想法、问题、推理、预测和兴趣，是所提供的经历所完成的工作的主要决定因素。[②]

(1)项目活动的特点

项目活动具有典型的生成性特点，活动过程中应注意引导幼儿进行探究性的学习，教师的主要作用是支持、引导幼儿的活动，这非常契合科学活动的特性，因此，项目活动非常适合运用于幼儿科学教育活动中。项目活动主要具有以下四个鲜明的特点。

第一，项目活动具备生成性和动态性。项目活动是生成性目标取向的课程，它的活动进程并非完全是预设好的，也不是由教师单方面事先设计好的，而是教师和幼儿共同确定、共同规划的，并且它的活动计划只是教师和幼儿对活动的预期和大致的规划，并不是一成不变的，具备很大的弹性，可以根据幼儿的兴趣需要和实际活动情况随时做出调整。项目活动的课程评价也提倡一种动态评价方式，相较于学习结果，更加关注幼儿在探究过程中的表现。教师应当采用多种方式对幼儿的活动进程进行记录，如照片、图片、录音、录像等，作为反思、展示、交流及评价活动的依据。

第二，项目活动强调幼儿的合作探究性学习。凯茨提出：“项目活动意味着对某一

①[美]丽莲·凯茨、[美]西尔维亚·查德：《开启孩子的心灵世界：项目教学法》，胡美华译，南京师范大学出版社2007年版，第5页。

②[美]丽莲·凯茨、[美]西尔维亚·查德：《开启孩子的心灵世界：项目教学法》，胡美华译，南京师范大学出版社2007年版，第6页。

主题进行深入的探究，探究的成员通常是班级中的小组，有时候包括全班，有时候是单独一个幼儿，其主要特征在于围绕主题寻找相关问题的解答。”[①]项目活动是围绕一个中心问题进行的持续的、深入的探究学习，并且需要花费一定的时间，而所持续的时间不由教师来控制，而是由幼儿的学习进展情况来决定。在项目活动中，幼儿的主体性得以体现，他们主动地进行观察、操作、实验和讨论，进行认识和探索，获取大量的直接经验，并与教师、同伴、材料和环境进行持续的多向互动，在探究的过程中发现自我、发展自我。

第三，项目活动重视师幼对话与合作。在项目活动中，教师不再是知识的传授者和幼儿的管理者，而是幼儿活动的支持者、引导者和共同研究者，强调师幼间的平等对话与双向合作。由于项目活动的生成性与动态性，教师要具备敏锐的观察力，了解幼儿的活动进程，在适当的时候给予幼儿支持和帮助，必要时与幼儿一同研究问题，以推进项目的探究进程。在瑞吉欧教育体系中，教学过程被比作教师和儿童在进行乒乓球比赛，教师必须接住儿童抛过来的球，并以某种形式推挡给他们，使他们想同我们一起继续游戏，或许还能发展出其他游戏。如何“将球推挡回给孩子”很重要，瑞吉欧的教师不是借助于明确的控制和规范，而是通过教师对幼儿的活动的关心、支持、建议和帮助来实现活动的继续和延展。[②]

第四，项目活动注重幼儿的多种表达方式。让幼儿回顾与主题相关的个人经验并表达出来，这种表达的过程会加深幼儿对他们所观察事物的了解。幼儿可以用语言讨论这些经验的差异性、个人不同的意见，并陈述所要调查的问题，还可以用画图、数学符号、戏剧扮演或模型制作等各种方式来表达和解释个人经验。鼓励幼儿把自己的想法进行整理，以和教师与同伴交流。[③]

(2)项目活动的设计

项目活动的过程可分为三个阶段：开始阶段、发展阶段和结尾阶段。凯茨等人认为，项目活动三阶段具有以下关系。

---

①[美]裘迪·哈里斯·赫尔姆、[美]丽莲·凯茨：《小小探险家——幼儿教育中的项目课程教学》，南京师范大学出版社2004年版，第3页。

②朱细文、王海珊：《瑞吉欧的项目活动(上)——项目活动的课程与教学特色》，载《学前教育》2000年第3期。

③ 郦燕君：《学前儿童科学教育》，高等教育出版社2011年版，第219页。

第一阶段:项目活动的开始阶段——选择主题

在开始阶段,教师和幼儿对所关心的问题进行讨论,认真分析,确定项目活动主题。主题可以是教师引发的,也可以是幼儿的兴趣浮现的,一般用一个简短的词语表示,如"影子"。选择主题应考虑要符合幼儿的兴趣、适合幼儿的发展需要,贴近幼儿的生活。主题确定后,教师和幼儿通过讨论,将讨论衍生的问题进行梳理、筛选,提出关键活动,形成主题网络图。以下将对主题的选择和编制主题网络图做进一步的说明。

步骤一,提出主题,确定主题。项目活动主题主要来源于以下几个方面:幼儿的兴趣;幼儿的日常生活事件;教师对幼儿的观察、倾听与了解;教师的经验或社区的资源。项目主题的选择除了需符合幼儿的兴趣和发展需要、贴近幼儿的生活外,也要考虑是否能提升幼儿的经验水平,是否有利于促进幼儿的进一步发展,能否充分利用幼儿园、家庭与社区所具有的教育资源。

拓展阅读

选择主题的一般性原则[①]

1.探究的过程应帮助幼儿们更精确、更充分地了解自身的经验及环境。然而,并非幼儿经验中的所有现象、环境都值得他们投入精神与注意力。

2.此主题应该增强幼儿仔细观察周遭值得观赏的环境现象的能力与特质。

3.此主题应能提供给幼儿大量应用多元互动技巧的机会。

4.此主题应提供机会让幼儿了解各种不同媒介、素材的功用及限制,而且能发展其运用各种媒介的技巧。

步骤二,编制主题网络图。确定主题后,教师应组织幼儿围绕主题进行讨论,通过"头脑风暴"的方式,将大家想到的与主题有关的内容记录下来。主题网络也可以是由教师根据幼儿的经验和问题来拟定一个初步的主题网络,在实施过程中,教师可根据幼儿的具体经验进行调整和补充。主题网络图需列出可能出现的问题、有机会进行的课题与可能需要参观的地点等。如下图8-4所示。

①[美]裘迪·哈里斯·赫尔姆、[美]丽莲·凯茨:《小小探险家——幼儿教育中的项目课程教学》,南京师范大学出版社2004年版,第31、第34页。

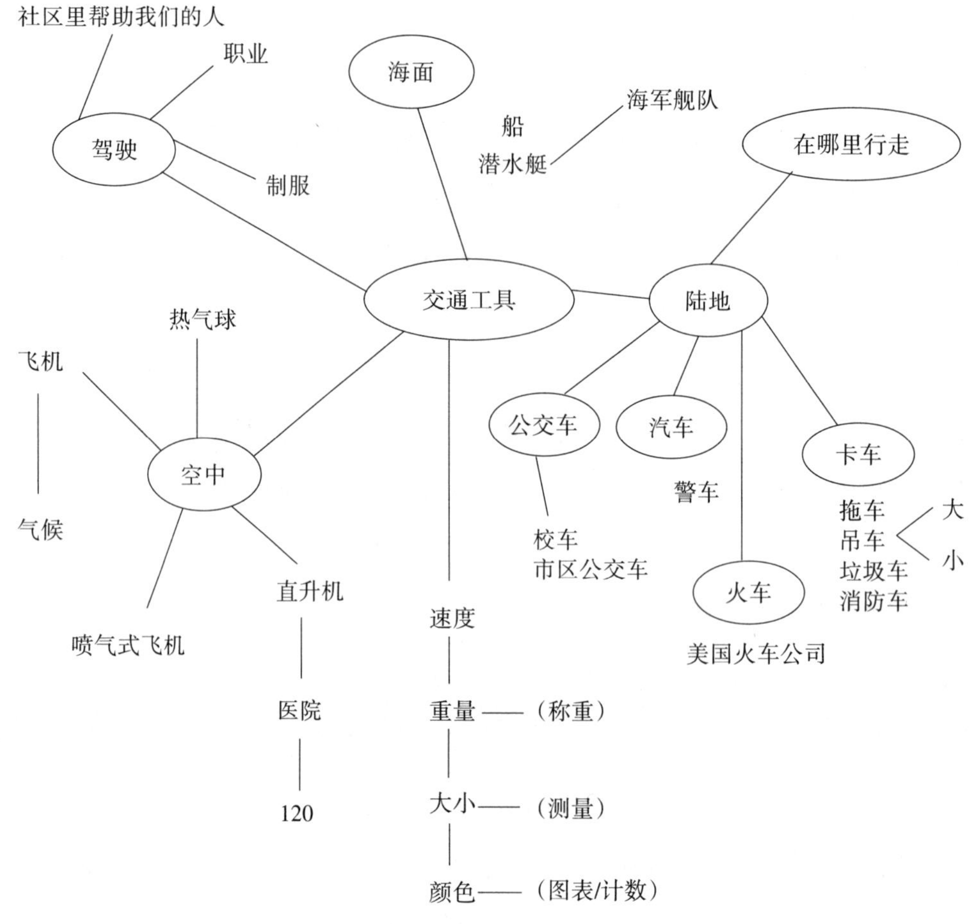

图8-4 预先计划的主题网络图[29]

步骤三:做好展开活动的准备。教师要根据主题网络图,收集有关资料,提前准备好相应物资设备与活动材料,需要的话布置好提供探究的教室情境,联络家庭与社区,为项目活动的实施做好准备。

第二阶段:项目活动的发展阶段——探究

本阶段的主要工作是幼儿执行探究的实际过程。教师为幼儿提供各类学习资源,帮助幼儿进行调查,支持幼儿进行各种不同的调查,包括收集真实的物体、书本及各类研究资料、与专家进行谈话等。在项目活动的发展阶段,教师需鼓励每一个幼儿都积极参与到探究活动中,认真观察、大胆猜测、实践验证、做好记录、获得新的发现。在探究过程中,教师应支持幼儿发挥自己的才能,来展现自己的发现,支持幼儿开展相互交流与讨论、展示学习成果。

凯茨等人将发展阶段的活动分成三大类，分别是建造活动、调查活动与戏剧表演，在三大类活动中融合了语言、数学、科学、音乐、美术等各种知识和技能的学习，如当儿童建造模型时，他们会问有关设计和建筑的各种问题。模型可以用废料、泥土、木头建造，也可以使用建筑玩具、配套元件或其他材料。儿童可以讨论他们的模型应包括什么，如：他们可以讨论救护车的构成，包括外部和内部。在制作模型的过程中，他们可以讨论自己正在解决的问题——如何把轮子装上去，模型要多大，如何把所有必要的部件都安装到里面。最后，他们可以讨论精加工，如红十字标志和车灯，直到满意地完成整个制作。[①]整个过程就涵盖了语言、数学、美术、科学的基本知识和技能。

第三阶段：项目活动的结尾阶段——总结分享

项目活动注重幼儿的多种表达，在结尾阶段，教师组织幼儿回顾、反思整个活动，引导幼儿通过作品的形式进行学习成果的总结与分享，如作品展览、图画展示、报告、游戏、谈话、戏剧表演等。通过作品的展示，幼儿向教师、其他幼儿、家长、参与方案的专家和实地参访人员讲述项目的成果，和他人分享学习的内容和成果，这不仅是幼儿活动的记录，也是幼儿之间互相交流讨论的资料，还是教师了解幼儿学习过程的资料。在总结分享过程中，教师需帮助幼儿梳理整个活动过程，帮助幼儿有目的地回顾、反思与评价整个活动。

案例

项目活动——番茄苗架子工程（有删减）[②]

一、项目的开始

孩子们在班级的阳台自然角里种植了番茄，从播种到种子发芽、从抽出新叶到长高长大……他们天天浇水除草、观察记录。有一天，小海给番茄浇水，发现其他组的番茄苗都长得直直的，只有自己组的番茄苗长歪了。正一筹莫展时，教师微笑着提醒道：“你可以请自己组的小朋友们一起来想想，有什么好办法可以解决这个问题呢？”就这样，一次项目活动开始了。

---

①[美]丽莲·凯茨、[美]西尔维亚·查德：《开启孩子的心灵世界：项目教学法》，胡美华译，南京师范大学出版社2007年版，第109页。

②肖菊红：《在玩中学——幼儿园科学微项目活动精选》，复旦大学出版社2021年版，第173-189页。

二、项目的发展

1.架子倒了怎么办

小海组的小朋友立即开始商量，昊宇提出为长歪的番茄苗搭个架子，用什么材料来搭架子就成了当前聚焦的问题。孩子们利用散落在地上的几根长短不一的油菜秆进行搭建，几番尝试，均以失败告终。在旁目睹了整个过程的教师，提出建议“不如把这个问题告诉其他小朋友，大家一起来解决这个问题”。于是，全班小朋友开始一起去寻找搭架子的合适材料。

2.什么材料适合搭架子

孩子们纷纷到材料区寻找，找来日常卷纸芯、线卷芯、塑料吸管等，尝试过后都被大家否定了。这时教师提问：“我们到底需要有什么特点的材料，哪些更适合给番茄苗搭架子呢?”经过比较之前的材料，分析后总结得出：要找长长的、直直的、牢固的材料来搭架子，还需要能固定架子的辅助材料。活动区的材料都不合适，小朋友们提出到教室外面去寻找更合适的材料。最后，孩子们发现粗粗的、长长的树枝和直直的、牢固的竹子、木条等都适合做番茄苗的架子。

3.怎样搭架子

材料都找到了，那么番茄苗的架子该怎样搭呢？当孩子们一筹莫展的时候，教师适时提出建议：“可以到幼儿园里找找看，说不定能得到什么启发呢!”孩子们兴奋地来到户外，开始寻找可以参考借鉴的东西。幼儿首先想到去菜地，那里的环境和班级的自然角最相似，他们马上找到了像帐篷一样的丝瓜架子。随后他们还发现了用一根竹子固定的向日葵、用很多根木条固定的樱花树等。每种架子的材料、固定的方式都不一样，幼儿在观察讨论中进一步了解各种各样架子的特点，为后面搭架子活动奠定基础。

4.选哪个架子方案

孩子们带着这些发现回到教室。老师请小朋友们以小组为单位，讨论架子需要什么材料、怎么搭，并用自己喜欢的方式记录下来。经过热烈的小组讨论后，孩子们兴奋地围坐在一起，老师引导大家轮流介绍自己小组的方案并说出理由。最后发现一共有三种方案。方案一：用一根树枝和布条固定番茄苗，简单方便。方案二：用两根竹子分别固定在番茄苗的两边，两根竹子比一根竹子牢固。方案三：用三根竹子搭成三角形的架子来固定番茄苗，很牢固。经过举手投票，最后方案三以最高票数通过。

5.三角架子搭起来了

根据投票选出的方案，孩子们纷纷回家收集了所需要的材料。最终选择了粗细、高矮合适的竹竿，讨论了三根竹子的位置安排及三角形的角度大小等。随后三名幼儿分工合作搭好了三角架子，将长歪的番茄苗固定在架子上。这个过程中，幼儿有冲突、协商、交流、合作，全程都十分投入，最后成功地搭建起了架子。

6.神奇的三角形

在搭番茄苗架子的时候，孩子们发现很多植物的架子中都可以找到三角形，于是自然而然地对三角形产生了兴趣。针对孩子们共同的兴趣点，老师带领小朋友们一起用硬版纸条围成的三角形做了一个有趣的实验，看三角形会不会变形，最后验证了三角形不会变形，稳定性非常好。接着，老师提供了一些生活中的图片，请大家找找里面有没有三角形，孩子们在上海东方明珠塔、自行车架子、照相机架子等物体上都找到了三角形，有的还不止一个。活动最后，老师请孩子们在幼儿园里或回家和爸爸妈妈一起继续寻找生活中的三角形，用照片或绘画的方式记录下来，并思考这些三角形的作用，下次跟班级里的小朋友们进行交流分享。

7.生活中的三角形

孩子们迫不及待地在幼儿园寻找三角形，发现了拓展区里的双面攀爬架、树屋里斜斜的爬梯、广告牌的撑脚、帐篷的三角顶。孩子们兴趣浓厚，回到家后和爸爸妈妈继续寻找。在家长的支持下，孩子们发现生活中有很多三角形，衣架、台历、折叠桌和小椅子的椅脚、照相机架子，高跟鞋、蜘蛛网里隐藏的三角形等，从而进一步了解了三角形的特点及其在生活中的广泛运用，激发了幼儿对生活中三角形的兴趣。

三、项目的结束

活动已经接近尾声，在这个过程中，孩子们观察、绘画、讲述、记录，每一组都有一本有意义的成长故事书，里面藏着大家的问题、发现、思考和收获，这一本本成长故事书就成了孩子们分享回顾的宝藏书。每一组的孩子们聚集在一起，翻看自己的故事书兴奋地交流着。在小组充分交流回顾后，老师请每组推选代表在班上进行分享。孩子们一边用实物投影仪展示成长故事书，一边介绍搭架子时的有趣故事，其他孩子都听得很认真，并时不时地补充。

在整个搭架子的过程中，有精彩瞬间，也有记录发现，师幼共同把这些内容展示出来。“瞧，这是我在墙角里发现的蜘蛛网，有很多三角形呢!”彤彤指着自己的记录纸。“我们晨练时玩的木架子也是三角形的。”灵灵笑眯眯地说。孩子在与环境的互动中回顾已发生的事情，梳理经验；教师观察判断将提供什么样的材料和资源；家长能看到学习的过程和价值。

经典研究介绍

儿童的一百种语言

瑞吉欧·艾米利亚是意大利北部的一个小镇，因其卓越的幼儿教育模式，成为全世界教育家的灵感来源。《儿童的一百种语言》正是阐释瑞吉欧教育体系的经典著作，讲述了"孩子有一百种语言，一百双手，一百个想法，一百种思考、游戏、说话的方式。一百种倾听、惊奇、爱的方式，一百种歌唱与了解的喜悦"，鼓励儿童通过各种"表达的、交流的和认知的语言"，探索周围的环境并表达自我，强调儿童的自主探究学习，注重幼儿园、家庭和社区联合的教育模式。

学习研究

主题活动与项目活动的联系与区别

请结合你对主题活动与项目活动的理解，谈一谈主题活动与项目活动的联系与区别。

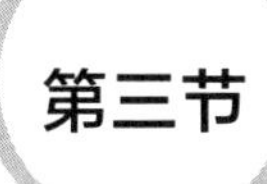

第三节　基于STEM理念的学前儿童科学教育活动

STEM教育起源于美国，是四个领域的跨学科整合教育。20世纪80年代，美国国家科学委员会（National Science Board，NSB）首次提出了STEM教育的理念。经历了三十多年的发展，STEM教育在美国不论是宏观上还是微观上都已取得大的发展，收获了许多重要研究和实践成果。随后，我国也开始加快推进STEM教育的举措。2017年《中国STEM教育白皮书》的颁布标志着STEM教育受到了国家层面的重视。同年颁布的新课标《义务教育小学科学课程标准》明确提出技术和工程成为新增科目，基础教育包括学前教育都开始关注到STEM。学前儿童的STEM教育以知识整合为核心，基于项目形式让儿童面对真实问题情境，在问题解决的过程中获得批判性思维、创造性思维、合作交流等复合思维和能力，是指向21世纪公民素养的教育，这不仅与我国《3～6岁儿童学习与发展指南》五大领域的核心价值基本契合，[①]而且也为我国幼儿园科学教育课程的改革与建设提供了新的借鉴。

一、学前儿童STEM教育的内涵

（一）什么是STEM教育

STEM是科学（Science）、技术（Technology）、工程（Engineering）、数学（Mathematics）的单词首字母缩写组合。顾名思义，STEM教育包含了科学、技术、工程、数学四个学科领域。从表面上看，STEM教育是分科的，它代表着科学、技术、工程、数学四门独立的学科领域。首先，科学是关于自然界客观规律的认识，是发现客观存在事实和规律的过程，是关于“是什么”和“为什么”的知识；技术是发明的过程以及可以运用的工具，技术是关于“做什么”和“怎样做”的知识，这种知识既可以是方法、技巧、程序，呈现形式是相应的工具和产品；工程是一个活动，它是运用技术进行设计，解决问题并制作产品的过程，工程一定是不断迭代、更新的；数学是对数、量、形关系的研究，在科学探究

①李天顺：《在〈3-6岁儿童学习与发展指南〉培训班上的讲话》，载《学前教育研究》2012年第12期。

以及技术和工程制作中都会运用数学，数学是解决问题的工具。这是四者的区别，同样的，四个学科间也有非常紧密的联系。科学是工程设计的知识基础，技术是科学或者工程的产物，同时又运用于科学中，数学作为工具，自然出现在各个活动中。[①]而这一点也决定了STEM教育是跨学科的整合性课程。STEM教育要将这四门学科内容组合形成有机整体，以更好地培养学生的创新精神和实践能力。[②]可以说，STEM教育理念秉持整体育人观，强调跨学科整合教学模式，打破单一学科界限，以问题为导向，在真实生活情境中培养学生发现问题、探究问题、解决问题的创新思维能力，并以综合、多元的形式培养学生的全面素质。在教育实践中，常以项目式教学为主要教学方式。

经典研究介绍

STEAM教育

STEAM教育理念最早起源于美国，其前身是STEM教育。为加强美国K12和STEM教育，弗吉尼亚科技大学学者格雷特·亚克门及其团队于2008年将"A"作为一个重要的人文因素纳入STEM，正式提出了STEAM教育。STEAM教育是科学（Science）、技术（Technology）、工程（Engineering）、艺术（Arts）、数学（Mathematics）的单词首字母缩写组合，分别对应五个学科领域的教育，其中艺术包括艺术与人文学科。STEAM教育理念是集科学、技术、工程、艺术与数学多学科融合的、培养学生综合素质的新兴教育理念，在学前教育实践中常以项目式学习为主要教学方式。

（二）学前儿童STEM教育的定义

关于学前儿童STEM教育的定义，目前并没有一个权威性的定义，但也有研究者从自身研究的角度来解释学前儿童STEM教育。韦倩倩、陈时见认为幼儿园STEM教育借助互联网和技术手段，基于真实问题情境，将技术与工程融入科学和数学活动中，关注幼儿兴趣培养的同时，帮助其发展STEM素养。[③]杨柳玉、杨晓萍认为学前儿童STEM教育是由儿童、环境、教师等构建的科学素养取向、儿童本位取向和实践取向的

①王春林：《基于项目活动的幼儿STEM课程实施的行动研究》，华中师范大学2019年。
②余胜泉、胡翔：《STEM教育理念与跨学科整合模式》，载《开放教育研究》2015年第4期。
③韦倩倩、陈时见：《幼儿园STEM教育的基本特征与实施策略》，载《河北师范大学学报（教育科学版）》2021年第6期。

全方位、立体化整合系统，本质上是在众多孤立学科中搭建一个以儿童为中心的整合系统，为儿童提供整体认识世界的机会，形成跨学科的、立体的意义整合。① 王春林在其硕士论文中提出幼儿STEM课程是指在学前幼儿的教育活动中进行的重点围绕STEM核心经验和特点开展的一系列有计划、有组织、有目的的教育活动的总和。

美国学前STEM教育研究者莎莉·穆莫对学前STEM教育给出的定义是教育者有目的、有计划、有组织地以科学与数学为核心，关注儿童的兴趣、有意义的材料与活动，整合科学、技术、工程、数学、艺术等内容，为幼儿提供真实的情境，帮助儿童在解决问题或完成任务的过程中亲历科学探究、体验工程设计过程，提升幼儿的STEM综合素养(情感态度、知识、技能、思维认知)，理解STEM与生活的联系。②本文中采取莎莉·穆莫对学前STEM教育的定义。在幼儿园教育实践中，学前儿童STEM教育往往以项目式教学为主要实施方式。

(三)学前儿童STEM教育的特征

关于STEM课程特点的研究，余胜泉、胡翔认为，STEM教育的核心特征是：跨学科、情境性、实证性、趣味性、设计性、协作性、技术性等。他们指出，STEM课程的设计应采取跨学科整合的方式，将科学、技术、工程和数学等整合在一起，强调关注学科间的密切联系、强调综合运用知识解决真实世界中的问题。③基于STEM教育的特点，结合学前儿童的身心发展特点与学前教育的一般规律，总结出以下四个学前儿童STEM教育活动的特征。

1.跨学科知识学习

跨学科是学前儿童STEM教育的本质性特征，从以上学前儿童STEM教育的定义就可看出，STEM教育指向解决问题，在解决问题的过程中不仅涉及多个学科的知识经验，也会整合多种学科技能，强调各学科知识与技能的整合。如《风扇转转转》这一学前儿童STEM教育活动中，幼儿将可能在科学、技术、工程、数学等方面获得以下经验：科学——了解简单的电路知识；技术——熟练运用剪刀、剥线钳等工具，连接简单

---

①杨柳玉、杨晓萍：《学前儿童STEM教育：构成要素、理念及本土化》，载《陕西学前师范学院学报》2021年第7期。

②[美]莎莉·穆莫(Sally Moomaw)：《早期STEM教学：科学、技术、工程与数学的整合活动》，李正清译，南京师范大学出版社2017年版，第16页。

③余胜泉、胡翔：《STEM教育理念与跨学科整合模式》，载《开放教育研究》2015年第4期。

的电路;工程——设计和制作风扇;数学——材料的大小、形状和数量。[①]

2.真实情境性与体验性

学前儿童STEM教育注重幼儿学习与实际生活的联系,强调要以幼儿的现实生活为导向,以实际问题激发其内在学习动机和兴趣,将贯穿于整个活动中的现实问题转化为一系列学习任务。[②]比如幼儿园里的斜坡、幼儿的玩具汽车、自然界的动植物和自然现象等,均可以成为教育素材。其次,STEM教育活动以真实问题为任务驱动,注重幼儿动手、动脑、参与学习过程,强调幼儿的过程性学习体验,在发现问题、探究问题、解决问题的过程中获得过程性知识经验。

3.协作性

《纲要》中,明确提出要培养幼儿合作的态度和能力。STEM教育的核心之一就是通过相互协作来培养学生解决问题的能力。STEM教育立足于实际问题,鼓励幼儿之间的协同合作,通过群体间的互帮互助,进行深度探究,以小组协作的方式来解决问题。

4.设计性

STEM教育过程中倡导幼儿以产品或模型的成品设计与制作来应对问题,通过实物的外化表现,整合并运用学科交互知识,创造性地解决真实问题。STEM教育的设计性特性其实是一种认知思维的物化过程,它需要学习者通过综合的思考、度量,有针对性地进行成品设计产出。[③]这样的成品泛指幼儿在STEM教育活动中完成的各类作品,可以是用建构材料搭建成的小板凳、亲手制作的小风扇,也可以是呈现光影关系的皮影戏道具等。

二、基于STEM理念的学前儿童科学教育活动的实施策略

前面,我们已经详细分析了学前儿童STEM教育活动的定义和特征,STEM教育和学前儿童科学教育有着非常多的契合点,比如均注重幼儿的跨学科学习、注重幼儿的探究过程、注重在真实情景中培养幼儿的问题解决能力、注重幼儿的小组协作等。我

①杨凌:《在做中学——幼儿STEM项目活动精选》,复旦大学出版社2021年版,第124页。
②韦倩倩、陈时见:《幼儿园STEM教育的基本特征与实施策略》,载《河北师范大学学报(教育科学版)》2021年第6期。
③邬思勇:《基于STEM教育重塑学前儿童科学教育旨归》,载《陕西学前师范学院学报》2018年第4期。

国学前儿童科学教育在长期教育实践中存在重知识讲授、重形式轻操作、成人绝对主导等问题。[①]因此，将STEM理念引入学前儿童科学教育活动或许可以带来理念与实践上的新突破。接下来，将专门针对幼儿园范畴内的科学教育活动，阐述STEM理念下的科学教育活动的实施策略。

（一）以项目活动为科学教育课程模式

项目活动是STEM教育被广泛认可的实施方式。在上一节中，已对项目活动做了详细的解释，在此不再赘述。结合科学教育的特点，以项目活动为科学教育课程模式需要做到以下三点。

1.体现完整儿童观念，目标综合化

STEM教育的核心是跨学科整合，注重培养幼儿的综合能力，而学前儿童的培养取向也是全面和谐发展，因此，基于STEM理念下的科学教育项目活动必然也要延续这一取向。在活动目标设计上，就应体现完整儿童观念，不应只涉及单一的科学知识获取、科学技能的发展，而应注重培养幼儿的科学探究兴趣、良好的科学态度，活动探究中的问题解决、逻辑思维、团队协作等方面的能力与素养，实现活动目标的多维度综合与幼儿的全面发展。

2.注重建立核心概念，内容整合化

"核心概念"是各学科之间或学科内部之间的普遍意义上的联系，可以统整科学、技术、工程和数学等多领域内容，有助于幼儿跨学科思维的发展，实现综合素养的提升。[②]科学教育项目活动的内容要结合幼儿科学学习的特点，在充分分析STEM教育要素的基础上进行扩展，使幼儿能够探究核心概念，进行多学科知识的学习，促进全面发展。比如围绕"材料特性"这一核心概念进行的《制作小板凳》项目活动的STEM要素分析如下。

---

①邬思勇：《基于STEM教育重塑学前儿童科学教育旨归》，载《陕西学前师范学院学报》2018年第4期。

②韦倩倩、陈时见：《幼儿园STEM教育的基本特征与实施策略》，载《河北师范大学学报（教育科学版）》2021年第6期。

表8-4 《制作小板凳》项目活动的STEM要素分析表

S（科学）	材料的不同特性	在选择和使用材料的过程中，感知纸盒、海绵、铁盒、皮革、木头、塑料等不同材料光滑与粗糙、软与硬的特性
	结构稳定性	增大凳腿与地面的接触面积，板凳更稳固；降低凳子的中心，板凳更稳固；增加凳腿与凳面的支点，板凳更稳固
T（技术）	简单工具的使用	尝试使用剪刀；使用透明胶、双面胶进行粘贴
E（工程）	制作小板凳	收集适宜的材料，制作小板凳
	改进小板凳	针对小板凳在使用中出现的问题，进行调整改进
M（数学）	比较	凳面宽、窄的比较；凳腿高、低的比较；材料的大小、多少的比较
	计数	凳腿的数量、板凳的数量

3.关注真实问题情境，设计人文化

首先，科学教育项目活动的主题内容需来自幼儿生活中的真实问题情境，从幼儿的生活中衍生出活动主题，使幼儿从真实生活体验出发，将生活经验与科学内容相连接，唤起幼儿的已有经验，探究生活中的事物与现象，从而实现经验的建构。其次，在设计项目活动时，不仅需要关注到集体幼儿，也需关注到幼儿的个体差异，以能够达成促使全体幼儿的全面发展。最后，在强调科学知识的习得与各方面能力培养的同时，也需注重在活动中培养幼儿的人文精神，积累人文经验，在活动过程中学会尊重、学会关爱。

（二）以幼儿自主探究为科学教育实施核心点

幼儿园科学教育存在着幼儿动手探究不足的缺陷，这恰恰是科学教育实施的核心点，幼儿是在自主探究的过程中获取直接的科学经验、发现问题和解决问题的。科学教育中，凸显幼儿的探究主体性需注意以下三点。

1.重塑教师角色，成为引导者与支持者

在科学教育活动中，教师的角色非常重要，教师应该成为幼儿科学探究的引导者与支持者，才能为幼儿的自主探究创设良好的氛围。在活动过程中，教师可以通过有效提问的方式，提出“是什么”“如何做”“为什么这样做”这样层层递进的问题，引导幼儿将注意力放在思考问题、解决问题的关键点上。此外，教师应适时适当地给予幼儿支持，包括探究材料的提供、经验的补充、操作的示范、引导同伴合作等，以保障幼儿的探究能够持续下去。

2.创设探究环境，激发自主探究

意大利幼儿教育家蒙台梭利提出，幼儿是具有“吸收性心智”的，他们能通过与外部环境之间的相互作用来调节自身，激发潜能。[①]因此，良好的探究环境对于幼儿科学教育是至关重要的。首先，教师应为幼儿创设一种自由宽松的探究氛围，鼓励幼儿全身心投入科学探究中，满足幼儿自主探究的愿望。其次，教师要给予幼儿充足的探究时间，保障幼儿能够进行充分的自我思考与实践探索，不应该因为教学活动时间的限制而人为强制性地打断幼儿的探究。最后，在活动前教师应为幼儿准备好丰富、足量的探究材料，以便在幼儿进行实践操作时能够拥有充分的选择权，在与不同材料进行多感官接触的基础上，激发幼儿的想法与探究欲望。并且也要注意材料的适宜性、安全性与操作性，即提供的材料是安全的、幼儿可操作的、可供幼儿完成探究任务的。

3.组建探究小组，培养协作能力

同伴协作的方式在一定程度上可以更好地达到探究目标，有利于幼儿获得更丰富的经验。在幼儿进行科学探究时，教师可以有意识地引导幼儿进行分工合作，必要的时候依据实际情况，帮助幼儿完成分组，促进幼儿间的同伴学习与协作。教师也可依据此次活动的具体内容，提前分好探究组别，引导各小组进行小组内外的合作与交流。

（三）以多元化评价方式为科学教育评价要点

基于STEM教育理念的指导，在科学教育项目活动的总结反思阶段，教师宜采用多元评价作为活动评价方式。从评价形式来看，应采取结果性评价与过程性评价相结合的方式，且更应注重过程性评价。基于科学教育项目活动注重幼儿的自主探究过程，在进行评价时，应该更加关注幼儿在探究过程中表现出的问题解决能力、思维逻辑、语言表达、材料的操作使用、同伴合作表现等，而不是把最后完成的作品作为评价的中心点。从评价主体来看，应采取教师评价、幼儿自评与幼儿互评的方式，且应弱化教师评价的地位。活动结束时，教师应引导幼儿回顾、反思自己的探究过程，并且通过相互交流、分享彼此的探究成果，使幼儿在表现自己、了解别人的过程中完成自我建构。

---

①[意]蒙台梭利：《蒙台梭利幼儿教育科学方法》，任代文译，人民教育出版社2001年版，第5页。

案例

中班STEM科学项目活动——走进皮影戏[①](有缩减)

一、问题引入

在一次参观科技馆的活动时,通过观看皮影戏,幼儿对皮影戏产生了浓厚的兴趣,也想玩一玩皮影游戏。了解到幼儿的需求,教师就把“皮影戏”的项目活动提上了日程。开展前,教师对幼儿将可能在活动中获得的STEM经验进行了梳理:科学——材料的稳定性、透光性,光源与影子之间的关系;技术——材料之间的连接、固定以及工具的正确使用;工程——皮影戏架子的搭建,制作皮影戏表演需要的道具,规划设计皮影戏表演的内容;数学——测量、空间关系、统计与数字比较。

二、经验准备活动

(一)亲子活动:皮影戏小调查

教师请孩子们在爸爸妈妈的陪伴下,通过观看皮影戏表演、查阅资料、向他人请教等方式,进行一次皮影戏小调查,初步了解皮影戏。在调查后的交流讨论中,孩子们总结了以下经验:皮影戏表演要有光源;要有幕布,影子是投在幕布上的;表演皮影戏需要有一个架子把幕布撑起来;表演皮影戏需要一些道具,如皮影戏里的角色人物及花、草、树等背景。

(二)集体教学活动:测量

以绘本《一寸虫》为教学媒介,引发幼儿对测量的兴趣,获得测量的关键经验:能选择适当的材料,用首尾相连的方法测量出物体的长度,如纸的长度等于8块积木首尾相连的长度;能用硬尺测量纸的长度、架子的长度等。

三、问题解决

要想完成一次皮影戏表演不是一件简单的事情,先从哪里开始好呢?孩子们讨论后一致认为,制作幕布是最简单的。于是,幕布的制作活动开始了。

(一)什么材料适合做幕布

在幕布的选择上,经过一番激烈的讨论,幼儿想到了两种生活中常见的材料:纸和废旧的布,并自行分成了两组进行幕布实验。

第一组的幼儿找来纸片,将8张A4纸以上排四张、下排四张的方式粘在一起,经过实验发现纸做的幕布观看体验很清晰,非常成功。有幼儿觉得粘在一起的A4纸和老师做海报用的铜版纸很像,大家觉得使用铜版纸更方便,于是找

---

①杨凌:《在做中学——幼儿STEM项目活动精选》,复旦大学出版社2021年版,第40-51页。

来铜版纸进行尝试。

第二组的幼儿找来了三种废旧的布：一面蓝花、一面白色的床单；粉色纱巾，上面有粉色波点；淡蓝色纱巾。经过实验发现这三种布都不适合用来制作幕布。

在幕布选择的过程中，孩子们对材料的透光性有了一定的经验认识。他们最终选择了透光性比较好，又能在幕布上产生影子的铜版纸。在实验的过程中，孩子们也发现了一些问题，如：拿幕布的孩子也想看表演，扭来扭去，导致幕布拉不直；拿灯的孩子找不到合适的距离，与表演的孩子之间的站位出现了问题。于是孩子们提出问题：有什么办法能将幕布固定下来?通过再次观看皮影戏，孩子们一致认为搭建一个皮影戏台可以解决上面的问题且很有必要。

(二)固定幕布的架子如何搭建

孩子们在班级中找到了各类搭建架子的材料。可是，在皮影戏台材料的选择和搭建问题上，孩子们出现了分歧，诸如“PVC架子VS积木架子VS纸箱架子”“先贴幕布再固定皮影戏台VS先固定戏台再粘幕布”等不同的想法。孩子们各执己见，教师并没有否定孩子们的想法，而是将持同样观点的孩子分为一组，进行亲身实践，验证自己的想法。

通过实践操作和讨论后，孩子们归纳出了搭建皮影台的大致步骤。第一步，收集好所需的材料；第二步，用PVC管、箱子搭建好皮影戏台(用绳子、透明胶固定)；第三步，用尺量皮影戏台的大小，量出并裁剪成适当大小的铜版纸；第四步，粘贴幕布(师幼、幼幼合作)，简单的皮影戏台搭建完毕。

(三)表演什么节目

解决了幕布和皮影戏台的问题，孩子们开始讨论他们需要表演的节目，大家把想表演的内容都列出来，然后进行投票。通过投票，《西游记》所得票数最多，孩子们决定表演《西游记》。于是，孩子们先是回顾了故事里的主要角色。接着着手制作道具与舞台背景。在孩子们制作道具的同时，教师也购买了孙悟空、猪八戒等皮影道具，一方面为孩子们制作道具提供灵感，另一方面，让后面的皮影表演更加顺利。然后通过熟悉故事内容、梳理故事主要情节等方式，确定了角色的上场顺序；并在科学区进行光影探索活动，巩固加强了影子大小与光源关系的经验。终于，一切准备就绪，孩子们开心地表演了《西游记》的故事。

四、拓展与延伸

孩子们在“走进皮影戏”这一活动过程中自己选择皮影戏幕布、搭建舞台、制作道具、表演皮影戏，对皮影戏有了各自的独特认识。他们用自己的方式把整个过程记录下来，完成了自己的科普图画书。在后期的探究中，孩子们又开展了彩色影子的探究，教师也根据孩子们的兴趣在区角中投放了相应的材料，如玻璃纸、彩色光源等。

五、项目活动思考

皮影戏这个具有成都特色的民间艺术深深地吸引了孩子们。孩子们在"选择皮影戏幕布"—"搭建皮影戏台"—"决定表演内容"—"制作角色道具"—"表演皮影戏"的过程中，从初步的经验认知到对于材料、光影特性的深度学习，不断成长着。

1.在与材料的互动中推进课程，促进孩子们的能力发展。教师为孩子们提供了各种各样的材料，推动着孩子们与材料深入地互动，如孩子们在触摸、寻找、选择材料的过程中，对班级现有的材料进行观察、比较和分析，对材料属性进行判断、评估，从而选择出更加适合他们需要的材料；在对纸箱、PVC管、积木等材料的对比、实验中发现结构的稳定性，对材料有了更加深入的了解。

2.在课程中培养STEM能力。在探究活动中，教师非常注重孩子们STEM能力的培养，如工具使用、统计、数据对比分析等，并通过区域活动、自由活动让孩子们在操作过程中不断地运用，为问题解决奠定了基础。

当然，在皮影戏活动开展的过程中，孩子们对光影的秘密也做了深入的研究。他们发现了光源与幕布距离及影子大小之间的关系，还对彩色的影子产生了兴趣……

本章小结

本章在介绍学前儿童科学教育活动统整的基本理论上，介绍了学前儿童科学教育活动统整的实践类别：分领域的学前儿童科学教育统整活动——包括以科学领域为主的科学教育活动、以其他领域为主的渗透性科学教育活动；跨领域的学前儿童科学教育统整活动——包括主题活动、项目活动。本章还介绍了目前我国幼儿园科学教育研究热点——STEM教育的理念，也详细解剖了STEM教育理念下的学前儿童科学教育活动的实施策略。

思考与实训

1.简述学前儿童科学教育活动统整的基本理念。

2.请到幼儿园现场观摩科学教育主题活动或项目活动或STEM科学活动，也可观看活动实录。

3.幼儿园科学主题活动的设计。

请以小组形式，任选一个年龄班，共同设计一个以科学领域为主的主题活动，要求：写出设计思路、设计主题网络图，每人选择1~2个活动撰写活动方案。

各小组于课堂上交流讨论所设计的主题活动。

专题探讨

如何培养孩子的科学思维？

科学与其说是一种知识体系，不如说是一种思维方式，科学探究过程就是用科学的思维方式获取知识的过程。因此，学前儿童科学教育隐含的一项重要任务即是初步培养幼儿的科学思维。幼儿科学思维的内涵包括以下几点：1.相信客观知识的存在，并愿意通过自己的探究活动去认识客观世界；2.对于未知的事物会做出猜想，并知道主观的猜想是需要客观事物来证明的；3.相信事实，只有在全面地考察事实之后才会做出结论；4.通过对事实进行合乎逻辑的推理而得出结论，并知道任何结论都是暂时性的，需要更多的事实来证明，结论也可能被新的事实所推翻。[①]那么，如何培养幼儿的科学思维呢？

① 张俊：《论幼儿科学思维的启蒙》，载《幼儿教育（教育科学版）》2006年第4期。

第九章 学前儿童科学教育环境与材料的支持

学习目标

- 了解当前学前儿童科学教育心理环境营造中的问题。
- 理解学前儿童科学教育中材料的意义及内容。
- 掌握学前儿童科学教育心理环境营造的策略。
- 掌握学前儿童科学教育材料选择的标准与投放的要点。

学习重难点

- 重点：了解当前学前儿童科学教育心理环境营造中的问题及策略。
- 难点：学前儿童科学教育材料选择的标准与投放的要点。

案例破冰

王老师最近在班级走廊的转角处创建了一个科学角。刚开始，孩子们对科学角里所有的材料都很好奇，按照自己的想法玩玩这个、玩玩那个，玩得不亦乐乎。一段时间以后，许多材料破损了，孩子们也渐渐对熟悉的材料失去了兴趣，不愿意再到科学角里玩耍了。

如果你是王老师，你应该如何处理当前的情况呢？本章的内容会带给我们一定的启示。

第一节　心理环境的营造

人类发展生态学理论认为，人的生存、发展是在和环境的相互作用、相互影响的过程中进行的。环境，是幼儿无声的启蒙老师，是学前教育的重要组成部分。陈鹤琴先生曾说过："儿童教育要取得较大的效益，必须优化环境。"《幼儿园教育指导纲要(试行)》中亦指出："环境是重要的教育资源，应通过环境的创设和利用，有效地促进幼儿的发展。"幼儿园科学教育环境，是幼儿进行科学探究、主动学习的重要场所，对幼儿科学学习起到了重要的促进作用。幼儿园科学教育，应以环境创设为基础，激发幼儿的探究兴趣，使幼儿真正融入科学探究的过程中，并最终形成一定的科学探究技能和科学探究品质。

一般来说，可大致将"环境"分为自然环境和社会环境两种。自然环境，是指直接或间接影响人类身心与发展的自然界。社会环境，是指人在自然环境的基础上创造和积累的物质文化、精神文化和社会文化的总和。幼儿所处的环境是一个综合的整体，本章所指的幼儿园科学教育环境，指的是在幼儿园中，人为设计、创造并提供给儿童的科学教育环境，分为物质环境和心理环境两个方面。

幼儿园科学教育心理环境主要是指在幼儿园科学教育中，建立良好的师幼关系与幼幼关系，形成良好的教育活动秩序，有效广泛的信息沟通，营造宽松、和谐、安全的情感氛围等。①

安全的心理环境是幼儿进行有效科学学习的前提。《幼儿园教育指导纲要(试行)》中对科学领域的要求是："为幼儿的探究活动创造宽松的环境，让每个幼儿都有机会参与尝试，支持、鼓励他们大胆提出问题，发表不同意见，学会尊重别人的观点和经验。"心理学家罗森塔尔和雅克布森也做过研究，证明教师创设宽松的心理环境，以及教师的态度都会影响着幼儿的学习状态和行为。只有在幼儿感到宽松和谐、安全可靠且富有支持性的环境中，幼儿才能消除顾虑，集中精力大胆尝试和探索。

① 刘敏钰：《学前儿童科学教育》，科学出版社2018年版，第196页。

经典研究介绍

布朗芬布伦纳的生态系统理论

在布朗芬布伦纳看来,人在社会中生活,在与环境的交互作用的过程中扮演着重要的角色。他认为,个人的行为不仅受社会环境中的生活事件的直接影响,而且也受到发生在更大范围的社区、国家、世界中的事件的间接影响。布朗芬布伦纳在他的理论模型中将人生活的环境以及与环境的交互作用称之为"行为系统",并把该系统分为从小到大的四个层次,也就是:微系统、中间系统、外层系统、宏系统。

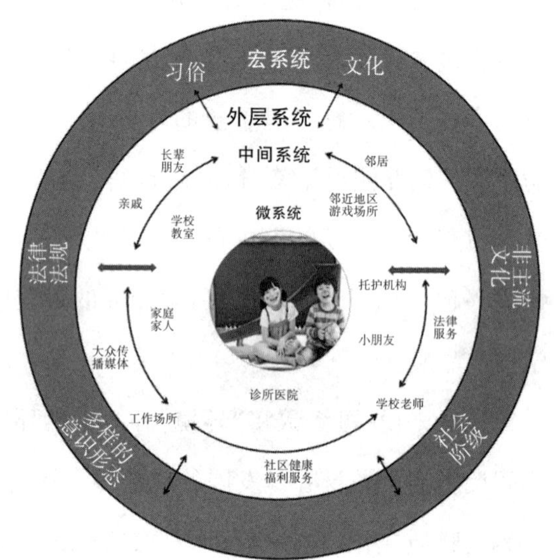

图9-1 布朗芬布伦纳理论模型

微系统:微系统是指与个体直接的、面对面水平上的交流系统。例如,直接作用于儿童的各种行为的复杂模式、角色,以及家庭、学校、同伴群体、工作场所、游戏场所中的个人的交互作用关系。

中间系统:中间系统是指各个微系统之间的联系或相互关系。布朗芬布伦纳认为,如果微系统之间有较强的积极的联系,发展可能实现最优化。相反,微系统间的非积极的联系会产生消极的后果。例如,儿童在家庭中与兄弟姐妹的相处模式会影响到他在学校中与同学间的相处模式。

外层系统:外层系统是指两个或更多的环境之间的连接与关系,其中一个环境中不包含这个个体。例如,儿童生活在家庭里,但家庭不是与外界隔离的。父母对待儿童的方式会受到学校、教师的影响,也会受到社会、雇主和朋友的影响。

宏系统:宏系统是指与个人有关的所有微系统、中系统及外系统的交互作用关系。这是一个有文化特色的系统。可以依据信念、价值观、做事情的传统方式、可预期的行为、社会角色、社会地位、生活方式、宗教等内容来描述这个系统。

一、当前安全心理环境营造实践中的主要问题

幼儿认知和理解周围世界的需要，常常表现为强烈的好奇心，充满探究的动机和无数个“为什么”的提出，同时也伴随着乐于动手操作、亲身尝试等特点。而在当前幼儿园科学教育实践中，教师有时并未能了解幼儿特点，幼儿探究的深层需要并未获得尊重与满足，且教师在进行活动实施过程中的引导缺乏一定智慧，具有发展促进性的评价还相对较少，鼓励幼儿大胆探究的心理氛围还需进一步营造。

（一）缺乏对幼儿探究与认知需要的理解

在幼儿园的一日生活中，幼儿常常表现出对某件事物强烈的好奇，并积极主动对事物进行探究，这往往是引导幼儿进行科学探究的好时机。然而，教师们往往因为各种原因错失这一良好的时机，没有关注及正确理解到幼儿探究与认知的需要，甚至对幼儿的一些行为加以指责，这种行为容易阻碍幼儿探究行为的发生，也对良好心理环境的营造产生了负面影响。

1. 教师常“有意”“无意”地忽略幼儿的探究需求

案例1

教室里，老师和孩子们讲述着秋天来了的变化“秋天到了，小树叶由绿变黄，一个个好像穿着金黄裙子的小姑娘，在秋风中翩翩起舞……”君君突然举起小手并急切地说道：“老师，老师，我们家的树，树叶还是绿的，一点都没有黄。”老师看向男孩点了点头，示意其坐下，继续讲述。君君有些不甘心地继续说道：“真的，老师，我们家的树，树叶是绿的。”他见老师并未给予其回应，便讪讪地坐在了椅子上。

案例2

户外活动时间，两个幼儿在草丛中发现了两只蜗牛，便大声地呼喊其他的同伴一起过来看蜗牛，瞬间，幼儿围在了一起，兴致勃勃地看着两只蜗牛在地上爬行，还不时和身边的同伴分享其猜想。很快到了吃午饭的时间，老师催促大家回到教室，幼儿想把蜗牛一起带回去，却被老师制止了，老师说：“蜗牛喜湿，带到楼上时间长了会死的。”幼儿流露出失望的眼神。

幼儿处在一个多彩的世界里，身边的很多事物都能引发其探究的兴趣。但在幼儿园的一日生活里，教师为了活动能够顺利进行、为了一日常规能正常地开展等种种原因，往往有意或无意地忽略幼儿对周围事物探究的需求。表面上看，教师的某种目的得以实现，但实际上，教师这种有意无意的忽略，会打击孩子的积极性，使得幼儿的探究热情不断下降。正如案例1所述，幼儿对于身边的事物是有所观察的，在老师的讲述和自己的认知经验发生冲突时，非常大胆地表达了自己的意见，但是老师为了使活动能够正常进行下去，对孩子的话语进行了忽略。如果老师能抓住这个教育契机，引导幼儿思考为什么会出现这样的现象，并进一步启发观察和表达身边秋天的变化，无疑会是更符合幼儿生活特点的一次活动，也能更好地激发和保护孩子的探究热情。因此，作为幼儿教师，在幼儿园的一日活动中，应充分关注幼儿在各种活动中出现的探究需求，保护其探究热情，并为其提供良好的探究条件，进而帮助其有效进行探究。

2. 教师常曲解幼儿的探究行为

案例3

近来，小乔老师往科学区里投放了万花筒玩具。几天过去了，老师发现，万花筒被几个男孩拆成了好几部分。老师非常生气，在区域活动后的谈论环节以不爱惜材料为由批评了他们，并要求他们这个星期内不能再进入科学区。事后，另外一个带班老师问起其中一个男孩为什么不爱护区域里的材料，小男孩委屈地说："我没有不爱护，我只是想看看里面装了什么而已。"

案例4

班里最近来了两位新成员，它们是在水里游来游去的美丽小金鱼。孩子们喜欢极了，常常围在一起观察和讨论。一天，孩子们喝完课间牛奶后，老师发现鱼缸里的水一片浑浊，还有一股牛奶味，老师生气极了，大声问道："是谁往这个鱼缸里倒牛奶的？这样做，不知道会伤害它们吗，这样它们会死的！"幼儿一片静默，一个孩子偷偷看了一眼老师，急忙低下了头，片刻便传来了抽泣声："老师，我不想让鱼儿死，我只是想让他们长高个……"

我们不难发现，因为幼儿的思维水平和行为特点，幼儿在进行探究时往往难以如老师想象般进行。幼儿的探究有时会带来一定的破坏性，有时也会有“好心做坏事”的结果。正如上述案例，幼儿基于玩具万花筒里有什么的强烈好奇之下对玩具进行了拆解，或者基于生活经验把牛奶倒进了鱼缸里，这些行为是老师所不想看见的，但却是幼儿满足自身好奇心，进行科学探究的具体尝试和操作。老师仅仅是看到了表面上幼儿的破坏行为，把其视为品德问题或行为问题加以评判和教育，没有看到幼儿乐于探究的良好动机和通过探究可能获得的有益经验。因此，教师应该准确认识幼儿的探究行为，在有破坏行为出现时，不要急于批评，而是应该耐心了解幼儿的真正动机与需求，并进行积极的引导，进而帮助幼儿更加合理地进行科学探究。

3.教师常误解幼儿的认知特点与水平

案例5

小班的几个孩子正围在一起观察母鸡，只见母鸡扑棱着翅膀跳起来。一男孩问其他孩子：“你们说，这只鸡为什么飞不上天啊？”另外一个孩子洋洋得意地说道：“我知道！你们看，它多胖啊，怎么能飞上天呢？”这时，老师在一旁纠正说：“你们猜错了，真正的原因是鸡的翅膀退化了，所以才飞不上天。”接着，老师带领着几个孩子反复复述了几遍，老师问“这下你们懂了吗？”孩子们都说懂了。但是，当孩子再次提问其中一个男孩时，他的回答是：“因为鸡的翅膀化掉了。”“不是化掉，是退化，看来刚刚你们并没有认真倾听老师所讲的内容，来和我一起说，退化……”老师急忙说道。

幼儿的思维特点是具体形象思维占主导，受儿童自身思维发展水平的影响，儿童的科学学习也局限于具体的形象水平。抽象的科学概念与科学原理对于学前儿童来说是难以理解的。如果仅靠老师一味地向幼儿讲解抽象的科学知识，孩子往往难以理解，即使幼儿当时记住了，但隔一会儿便会忘记。正如上述案例所述，孩子通过生活经验的迁移，提出了一个非常好的问题，即“为什么这只鸡有翅膀却飞不上天？”教师抓住了这个教育契机，却使用了一个并非妥当的方法。教师忽视了幼儿的猜想，并直接指出了幼儿的错误，并企图通过语言讲授的方式，让幼儿明白这个道理，这无疑是缺乏对幼儿探究特点的把握，亦对幼儿的认知水平产生了偏差。因此教师应准确把握幼儿的探究特点，正确认识幼儿的认知水平，接纳幼儿的错误观点，因势利导，帮助幼儿用其合适的方式探究问题、解决问题。

(二)缺乏对幼儿有效的引导与评价

幼儿处在一个具有丰富刺激和调整的环境中,无时无刻不受到周围环境各种刺激的影响。虽然幼儿的科学学习是个人经验基础上的主动建构,但不可否认,他人的支持与引导是必不可少的,因此,教师在幼儿的科学学习中扮演着非常重要的角色。但在幼儿园科学教育实践中,教师在科学活动过程中还存在着对幼儿缺乏有效引导,对幼儿的评价容易出现偏差,这样的行为常常会挫伤幼儿的探究热情和活动积极性,妨碍幼儿通过自己的探究过程主动建构科学经验。

1. 教师过多关注结果,忽视了探究的过程

案例6

教师引导幼儿将油和水混合在一起,让其观察会发生什么变化。幼儿有的将油倒进水里,有的将水倒进油里,并用小棒进行搅拌;有的发现液体变浑了,有的发现搅拌之后液体像牛奶;有的发现搅拌后液体产生许多泡泡;幼儿都很兴奋,纷纷将自己的发现告诉教师,而教师对幼儿抛过来的诸多问题并未回应,只是一直在追问幼儿:“油和水分开了吗?”

面对教师提出的问题:“油和水混合在一起会发生什么变化?”幼儿在操作过程中发现了很多有趣的现象,并很想把自己的发现告诉教师和其他小朋友,但教师关注的焦点仅仅是预设的问题和答案。其实,幼儿在操作过程中所发现的现象,正是油和水混合过程中所必然发生的一些变化,而这一变化的过程正是观察的重点。案例中,教师表面上让幼儿自由发言、自由探究,但实际上幼儿始终处于被控制的状态。教师感兴趣的是自己预设的答案,自然也就忽略了其他不同的意见及相应的引导。

在教育实践中,教师在指导幼儿探究时常常有种种做法,使幼儿感到正确的答案存在于教师的头脑中,最常见的情况是幼儿发现了什么总是去问老师是不是、对不对,常常关心自己的发现是否与老师一样,长此以往,幼儿只能形成对教师的依赖,并设法去迎合老师的想法,如果从教师那里得到的反馈总是否定的,幼儿就会不敢或不愿意再探究了。因此,教师应明确,幼儿的探究过程比探究结果更有价值,教师应给予幼儿

充分的探究时间和表达机会，引导幼儿进行持续的观察和操作，并给予积极的回应和淡化结果。教师更要避免自己充当“判官”的角色，要让客观事实的自然反馈来调整幼儿的认识。这对于幼儿形成尊重客观事实的态度、专注于探究活动本身都具有极其重要的意义。

2. 评价空洞，缺乏激励与促进作用

案例7

在一次教育活动中，小刘老师请小朋友自己选材料制作能浮在水面上的小船。刚刚第一个完成了，刘老师马上在全班表扬他：“刚刚真棒，已经做好了一条小船。老师看看还有谁做完了？”[①]

案例8

在一次大班科学活动中，老师先出示一个魔盒，告诉幼儿里面有个小精灵，并告知小精灵在魔盒里的位置（贴红纸的地方），幼儿的操作任务是通过打孔看到小精灵。之后，教师提供给幼儿操作材料并提出要求：怎么才能打最少的孔而最清楚地看到小精灵？（关键经验就是要求幼儿探索在精灵所在位置的对面魔盒上打孔，才能使打孔最少而看得最清。）整个活动，幼儿始终热情高涨，由于对神秘的小精灵特别感兴趣，最后许多幼儿干脆撕开盒子直接拿到小精灵。活动最后，教师把孩子们集中在一起，进行了简单的评价：今天小朋友们都玩得特别高兴，而且也都通过打孔找到了小精灵。

《幼儿园工作规程》中提出，尊重每一个幼儿不同的发展水平，促进每一个幼儿在原有水平上的发展。这一重要精神早已为每一位幼儿教师所知晓，但在实际工作中，仍有一部分教师有意无意地违背这一原则，总是情不自禁地在全班表扬聪明的、做得最快最好的孩子，表扬那些与教师期望一致的孩子。正如案例7中，教师的评价标准在于孩子做船的速度。在一个科学技术制作活动中，教师表扬的是全班做得最快的人，这个不免对幼儿的探究造成深层的影响。幼儿会更多地关注教师的态度，总是想调整自己的行为使其能得到老师的表扬和认可，孩子关注和感到愉悦的不是自身的探

① 刘占兰：《幼儿科学教育》，北京师范大学出版社2000年版，第197页。

究过程和结果,而是老师的表扬。同时这也可能造成幼儿的趋同性和模仿性,而非创造性。

近年来,教师们比较注意评价以表扬和肯定为主,但肯定和表扬常常是空洞的,缺乏对幼儿探究活动的启发、引导和促进。教师们最常使用的肯定评价用语是“真棒”“你真聪明”“你真能干”“你今天有进步”。类似的语言评价使幼儿无法从中获得具体的关于探究本身的信息。幼儿不知道自己好在哪里,自己的探究和发现是什么,如何进行下去。正如案例8中,在活动结束时,教师如果可以先请个别幼儿谈谈自己的操作过程,并引导全体幼儿进行活动体验交流,在此基础上教师可以进行总结评价,使幼儿知道应该在精灵所在位置的对面魔盒上打孔才能打孔最少而又看得最清,这比简单的总结和笼统的评价更加有效。

要使学前儿童科学教育有效进行,教师必须避免上述问题。教师要理解和尊重幼儿自发的探究和认知的需要,尊重他们的认识特点与水平,欣赏他们独特的发现,采用激励引导式的评价方式才能为幼儿创设安全的心理探究环境,为幼儿的主动探究提供基本的前提和良好的氛围。

经典研究介绍

马斯洛的需要层次理论

人类的需要是一个复杂的系统结构。美国人本主义心理学家马斯洛对需要进行了卓有成效的研究,提出了著名的需要层次论(need hie-rarchy theory)。该理论把人的需要分为七个不同层次,需要的层次越低、越基础,对人的影响也就越大。马斯洛认为,基本需要得以满足,更高层次的需要才能出现。自我实现(self-realization)是最高层次的需要。

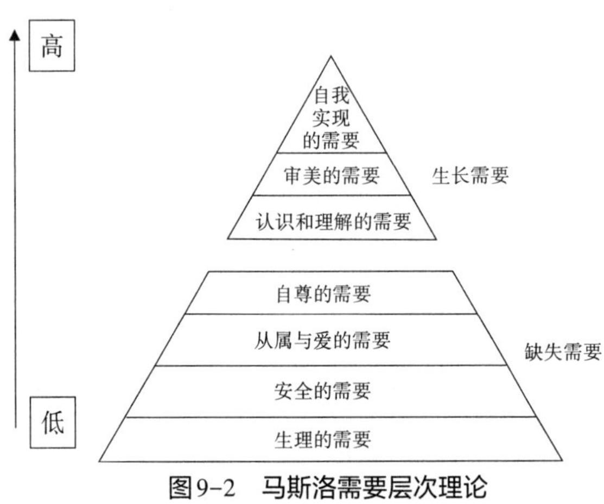

图9-2 马斯洛需要层次理论

二、营造安全探究氛围的主要策略

皮亚杰特别强调建立积极主动学习的课堂环境，为儿童提供心理上的安全感。教师要为幼儿的探究活动创设宽松的环境，让每个幼儿都主动参与尝试、鼓励其大胆表达不同想法，具体而言，可有以下策略。

（一）尊重和接纳每一个幼儿的观点、兴趣、探索及发现

幼儿的观点与兴趣，往往与教师不尽相同。正如前文所提，幼儿对蜗牛充满了兴趣，乐于探究，教师却认为蜗牛难以在教室存活。教师应该要尊重和接纳幼儿的兴趣、想法与做法，为其创设良好的探究条件，提供他们需要的探究工具，拓展幼儿相关的科学经验。只有这样，幼儿才能置身于心理安全的环境中，大胆进行科学探究与表达，不断发展幼儿的科学品质。

案例9

木棉花是臭的

中5班的公开课里，老师正在引导幼儿认识木棉花。在了解了外形特征后，老师请幼儿们去闻一闻木棉花的气味，期待着他们回答"木棉花有股淡淡的香味"。然而，幼儿的回答出乎教师的意料："木棉花没有味道。""它是臭的。""有点香有点臭""有股药味"……幼儿的回答五花八门，老师却没有制止或批评幼儿的发言，而是因势利导，请幼儿再次确认，并引导其去探究为什么木棉花会出现不同的气味。活动结束时，老师对幼儿认真探究、大胆表达自己发现的行为进行了表扬，并总结了在探究中获得的经验。

不得不说，案例中老师的处理方式令人赞叹，也给予了我们许多的启示。当幼儿提出的观点与教师不符时，教师要做的不是否定，而是尊重与接纳。虽然幼儿的年龄特点决定了他们认识的局限性，但是幼儿也有一双善于发现的眼睛，作为教师，我们应该要充分地尊重和相信幼儿。同时，在幼儿的兴趣点上，结合实际情况生成教育，教师无法预知孩子的所有兴趣与行为，却可以在尊重的基础上，创设条件和幼儿一起去探索，并让幼儿在探索的过程中不断调整并形成自己的认识，发展探究解决问题的能力。

(二)正确认识幼儿认知水平,给予幼儿出错的权利

科学教育的理论与实践证实,错误在儿童的科学探究和概念形成中具有建设性的意义。

案例10

儿童面前摆着3朵红花和5朵白花。

教师问:白花多呢还是红花多?

儿童在想:白花多呢还是红花多?

儿童回答:白花多。

案例11

图9-3　三角形不同形式排列

教师问:上图中哪边的三角形更多?

儿童指了指左边依次排列的三角形,说:"这边更多。"

以上这个例子,典型地表现了幼儿对数的概念的发展水平。根据皮亚杰的观点,当一个幼儿说出答案时,他相信真真切切摆在他面前的实物。由于他不能在头脑中同时容纳整体和其他的部分,且守恒概念还在发展中,所以,他不能考虑最初教师提出的问题,他是按照他的理解向自己提问的。①

因此,创设良好的心理探究环境,需要教师尊重幼儿,给予幼儿出错的权利,并应把幼儿的错误作为了解他思维线索的机会和背景,而不要为了得到教师认为正确的答案而去追问幼儿。追问往往会使幼儿变得谨小慎微,只敢说教师认为正确的东西。在科学教育活动中,教师应做到尽量让自然结果反馈,让客观现实调整幼儿的认识,这不仅可以使幼儿在心理上感到更安全,而且可以使幼儿逐渐形成尊重事实,相信通过探

① 刘占兰:《幼儿科学教育》,北京师范大学出版社2000年版,第200页。

究能解决问题的意识。

（三）了解幼儿行为的真实意图，避免误解或伤害幼儿

幼儿总是怀着强烈的好奇心和良好的动机去探究周围的世界，但由于思维发展的特点，幼儿在认识事物时，常常有自己独特的、与成人不一样的想法和做法。

案例12

离园后，刘老师在科学区检查材料时发现，区域内的三棱镜少了一块，刘老师仔仔细细地找完了教室的角落，都没有发现，便决心等第二天小朋友来园后再问一问。第二天一早，刘老师便被天天妈妈拉到了一边，拿出了三个棱镜，对老师说："这个是昨天晚上在天天床上发现的，估计是在幼儿园里拿回去的，我和他爸爸已经批评他了，告诉他不能把幼儿园里的东西拿回家。他也认错了，老师你别批评他了。"之后妈妈就走了。刘老师把天天叫到跟前问他："为什么把三棱镜拿回家呢?"天天说："老师，我没想着要拿，妹妹不相信我会变彩虹，我……我拿回去变给她看，我会还回来的。"

下午，刘老师在班上宣布了一个重要决定：区域材料外借。即在不影响其他小朋友探究的前提下，如果小朋友想把玩具材料借回家，和老师说一声，并在小本子上登记一下，记着第二天带回来就行了。

在以上的案例中，我们能强烈地感受到幼儿乐于探究的精神和分享表达的愿望。同时，教师的做法令人称赞，她没有轻率地把孩子的行为定性成"品德或规则问题"，而是通过询问，了解到幼儿把三棱镜拿回家的真正动机，避免了误解或伤害幼儿。更可贵的是，教师能及时调整自己的教育策略和对玩具材料的管理方法，既满足了幼儿探究、学习及分享的愿望，也为儿童树立了良好的规则意识。

幼儿是天生的探索者，他们经常表现出积极主动的探究和认识周围世界的强烈愿望。当幼儿出现某些在成人看来是错误的、破坏性行为的时候，教师不要急于批评或制止幼儿，更不能轻率地对孩子的某些"违反常规的行为"定性，而要真诚地询问，耐心地倾听和观察，甚至以幼儿的方式操作物体去真正了解幼儿的真实意图，为幼儿提供心理安全的探究环境，避免误解或伤害幼儿。

(四)挖掘每一个幼儿探究活动的独特价值,鼓励和支持其探究行为

幼儿的探究活动需要教师的支持,如果教师对于幼儿的探究行为加以鼓励和支持,幼儿就能够更加大胆地进行探索和尝试。相反,幼儿的行为如果不能得到教师及时的支持与强化,幼儿就很难充分地认识自己探究行为的价值所在,从而降低对世界探索的欲望。因此,教师要善于挖掘每一个幼儿探究活动过程和结果的价值,使每一个幼儿在每一次的探究活动中都有所发现,有成功的体验。尤其是那些表面上看“失败了的幼儿”,教师更要给予支持和鼓励,并培养他们乐于探究和从不同角度看问题的态度和品质。

案例13

最近,中2班的孩子在做种植豆芽的实验,孩子每天入园第一件事就是观察自己的绿豆苗有没有长高,并且给它补充“能量”——水。天气逐渐寒冷,明明开始往自己的绿豆苗里倒热水。老师看到后并没有马上制止,而是接纳了明明的做法。不久后,明明的绿豆苗开始腐烂,老师引导明明和其他孩子进行观察,并启发思考,为什么有些绿豆苗长得很好,有些绿豆苗却腐烂了,同时鼓励明明:“这个实验也很好,让我们知道了什么情况下绿豆苗会烂掉,下次,我们就能把绿豆苗种得更好了。”

在这个案例中,老师能够深入挖掘幼儿探究活动的独特价值,而并非用一个尺子去丈量所有的孩子。老师的这种处理方式为幼儿创造了安全的探究氛围和环境,对于明明来说,化解了绿豆苗腐烂所带来的消极情绪。同时他也直观地看到了自己的做法所带来的变化,更加深刻地了解了绿豆苗生长需要的条件。对于同伴来说,在老师的引导下,他们不会嘲笑他的失败,而会把他的实验看成是一种具有独特价值的探索,从中也会获得“不能往绿豆苗里倒热水,这样它们会腐烂”的经验。

(五)给予每一个幼儿以激励性的评价和具体的反馈

无论幼儿的想法对与错,教师都应该真诚地接纳,并鼓励幼儿大胆地表达他们的看法。教师可以通过相应的肢体动作,如点头、微笑、点赞来表示接纳,也可以通过语言,如“这个想法很有意思”“这依然是一种可能”“还有其他的想法吗”来引导幼儿进行

表达。在此期间,教师的态度和言行最好是中立的。在幼儿安全地表达了自己的想法后,教师对所有的幼儿都应进一步地询问。教师不但应询问回答错误的幼儿的想法,而且也要询问回答正确的幼儿的想法。这种做法会使所有的幼儿都感到安全。对于回答正确的幼儿来说,教师的询问不仅可以巩固正确的回答,而且有助于增强幼儿的推理过程。对于回答不正确的幼儿来说,询问有助于幼儿澄清他们的理解,接受教师的指导。[①]

同时教师要特别注意在进行表扬的过程中,关注的不应该是儿童自身,即不要一味地称赞幼儿“你真棒”“你真好”“你真聪明”,笼统地表扬会使受表扬的幼儿不知道自己究竟好在哪里,甚至使幼儿只关注教师的喜好。教师要表扬的,是幼儿的探究和操作,给予他们具体的反馈,肯定他们的发现和独创性,让幼儿感受到教师的关注与支持。

总之,安全的、鼓励幼儿探究的心理氛围是使学前儿童科学教育成为引导幼儿主动探究过程的前提和基本条件,教师必须努力为幼儿营造这样一种安全的氛围与环境。

① 刘占兰:《幼儿科学教育》,北京师范大学出版社2000年版,第208页。

第二节 材料的准备

皮亚杰认为,认识发生于主体与客体之间同化与顺应的相互作用之中。幼儿在进入形式运算前,操作客体对于其逻辑思维的发展至关重要。对幼儿而言,操作客体具有决定性意义。为了进行思维,幼儿需要他们面前有容易处理的客体,或者是再现已经处理且无须任何实际努力就容易想象出来的客体。要促成主客体相互作用就要为幼儿提供适宜的材料,进而引发幼儿的主动探索,帮助幼儿在与材料的相互作用中获得有价值的经验。

一、材料在学前儿童科学探究活动中的意义

在学前儿童科学教育中,材料按照组织的形式可分为两种,一是教师专门组织的科学集体教学活动中为幼儿投放的材料,二是教师面向区角或者在日常生活中投放的供幼儿自主探究的材料。

(一)材料是幼儿学习与探究的重要介质

幼儿的认知发展是在其不断与环境的相互作用中获得的。幼儿的年龄特点决定了其对周围世界的认识是具体的、形象的、感性的,需要以事物和材料作为中介,并在很大程度上需要借助对物体的直接操作。

对幼儿而言,材料是引发其主动探究的刺激物,也是其主动建构对外界事物认识的中介与桥梁。孩子天生的好奇心与探索使他们愿意并乐于摆弄和操作其看得见摸得着的各式各样材料,而有目的、有意义、符合幼儿年龄特点的材料能够引起其主动探究。我们常常可以看到,在科学区里,幼儿全神贯注地摆弄手中的材料,不断进行操作、尝试,并为操作结果或惊叹或欢呼或疑惑。幼儿正是通过不断操作材料,在操作材料中看到自己对客体作用的结果,并在结果反馈下不断调整、扩展和深化,从而获得富有价值的经验。因此,我们不难发现,材料是幼儿学习与探究的重要介质。

(二)材料是教师实现教育目标与内容的重要载体

对于教师而言,材料应该是教育目标和内容的具体物化,是引发幼儿探究动机与兴趣,支持幼儿开展科学探究,实现教育目标的重要载体。正如上文所言,幼儿是在对物体操作中获得经验、认识世界的。一个科学活动的开展,尤其是教师组织的集体教学活动,教师如果仅仅依靠语言,企图通过"长篇大论"让幼儿习得相应科学知识与经验是难以实现的。因此,教师应努力将教育目标和内容,将期望幼儿获得的科学经验蕴含在物质环境与操作材料中,使幼儿在组织操作材料的过程中,就能达成教育所期待的目标。

玩水

年龄班:小班

材料:大水盆一个(内装有水)、塑料筐、瓶子、量杯、勺子

核心概念:水无色、透明、会流动的特性

幼儿操作:(1)用瓶子等容器来玩水;(2)用勺子或量杯往塑料筐和瓶子里灌水,观察灌水的结果,讨论为什么塑料筐里盛不住水。

教师指导:引导幼儿多感官来发现水的特性。启发幼儿说一说:"水是什么样子的?""玩水的时候你发现了什么有趣的现象?"

评析:水是幼儿生活中最为常见的事物,幼儿常常自发地进行许多玩水的活动。对于小班幼儿而言,了解水的特征,能够描述水的基本特点是他们需要获得的关键经验。本活动虽然也是玩水,但是教师通过提供材料和引导,将需要幼儿了解的内容蕴含其中,让幼儿在操作材料中更加针对性地对水的特性进行探索,丰富其科学经验,亦发展其观察、思考与交流表达的能力。

二、学前儿童科学教育活动的材料内容

在科学教育活动中,供幼儿使用的材料是多种多样的,从内容范畴划分,一般分为以下四大类。

(一)操作探究类

此类材料一般可供幼儿进行观察、操作与实验,是当前科学教育中最常见,且是幼儿最喜欢的一类材料,根据所涉及的科学内容,可大致分为以下几种。

(1)光:让幼儿了解光的直射、反射和折射等作用的材料,如平面镜、凹凸透镜、凹凸面镜、显微镜、多棱镜、玻璃纸、手电筒等。

(2)热:让幼儿感知热能的材料,如蜡烛、酒精灯、小铁棒、小勺等。

(3)电:让幼儿探索电路的材料如电池、电线、小灯泡、小电扇等;让幼儿探索摩擦生电的材料,如塑料棒、玻璃棒、皮毛、木屑等;让幼儿探索电的功用的材料如手电筒、遥控汽车等。

(4)磁:让幼儿了解磁铁的相吸相斥现象,由磁力产生的悬浮和摇摆等现象的材料。如磁铁、铁钉、曲别针、铁砂、非铁质金属材料(如各种扣子、小勺子、金属丝)等。

(5)声:让幼儿体验发声、传声、声控等作用的材料。如发声材料音叉、摇铃、风铃、鼓、捏气发声的各种塑料小动物玩具等;传声玩具如传音筒、电话等;声控材料如声控小台灯等。

(6)力:让幼儿体验重力、浮力、弹力、惯性、力的传动作用等的材料。重力材料如沙漏、液压计时器、斜坡和可滚动的各种物体等;浮力材料如容器、水、可沉浮的各种材料,包括但不限于木制品、海绵、金属制品等;弹力玩具如弹簧秤、皮球、皮筋等;惯性材料如玩具小汽车、小人、积木、木棒、装水的瓶子、纸条等;力的传动材料如齿轮传动器等。

(7)空气:让幼儿了解空气的作用和风的形成及作用的材料。如纸片、竹蜻蜓、气球、风筝、小风车等。

(8)水:了解水的特性、水的三态变化等现象的材料。如小杯子、底部有孔的容器、冰块、酒精灯等。

(9)化学:体验溶解的材料如糖、盐、泡腾片、土、沙子、石头、水等;体验材料之间因发生相互作用而产生变化的现象,如氧化现象、简单去锈、巧去墨渍、醋泡软蛋壳、制作酸奶等需要的材料,包括易氧化的水果、醋、盐、铁钉、墨水、洗洁精、菌粉、牛奶、洁净容器等。需要注意的是,化学类材料须无毒无害,不能有腐蚀性,必须确保幼儿在操作中不会有危险发生。

（10）天文气象：观察星空、气候变化等现象以及做记录的材料，如天文望远镜、观察记录册等。

（11）动植物：供幼儿感知自然万物多样性的动物与植物。动物主要包括个体小、管理方便、无危险、便于喂养、幼儿感兴趣且便于观察的种类，常见的如热带鱼、乌龟、小鸟、蝌蚪、蚯蚓、蚂蚁、蚕等。植物包括不同根茎、不同花朵、不同果实等。各种种子、种植所需要的工具，如浇水用具（喷壶、小桶）、小铲子、扫帚、各种容器等。

图9-4　水中开花小实验材料

图9-5　科学角中探究物理现象的材料（部分）

（二）科技制作类

这一类内容主要关注幼儿进行各种科技制作时所需要的材料。

（1）某一种特定制作所需要的材料，如制作风车、小陀螺、降落伞等所需的彩色卡纸、圆形穿孔硬纸片、小木棍、塑料膜、细绳等；各种建构活动如造桥、搭构房子等需用到的各种纸板、木板、线、铁丝、竹片、各种长短和粗细的螺丝钉、线绳等；编制活动需要的各色毛线、卡扣、剪刀等。

（2）用于各种制作活动的通用材料及工具。

观察工具：放大镜、手持透镜、望远镜、显微镜等。

测量工具：自制尺子、标准直尺、计数器、天平、勺子及量杯等。

清洁工具：抹布、纸巾、海绵、扫帚、垃圾筐等。

制作通用材料：剪刀、胶水、固体胶、打孔机、订书机等。

辅助工具：安全护目镜、罩衣等。

记录工具:用于标志或做图标的纸张、不同颜色马克笔等。

(三)观察阅读类

此类材料主要适用于一些无法提供实物给幼儿操作和实验,但对幼儿而言是他们感兴趣且必要。

(1)模型:地球仪、地图拼图等。

(2)挂图:悬挂或张贴在墙上的关于科学内容的画图,如人体的构造、迷人的海底世界、奥妙无穷的太空、嫦娥五号探月等。

(3)图书及音像资料:科学图书及绘本,如《投递一个吻》《不可不知的科学》《小雨滴旅行记》等和可以让幼儿边听边看的各种音像资料。

(四)科学玩具类

(1)教师直接购买蕴含一定科学原理的成品玩具:如磁性玩具(走迷宫、磁飞镖、钓鱼……)、声控玩具(声控小鸟、声控汽车……)、遥控玩具、体现力的玩具(回转式浮球玩具、弹力球……)等。

(2)利用废旧物品自制的玩具:如利用纸盒、雪糕棒做的小汽车、用蛋壳、砂石、毛线做的不倒翁、硬片、木棍做的旋转陀螺等。

三、学前儿童科学教育活动中选择材料的标准

(一)材料的选择需符合科学性

科学教育活动必须要具有科学性,这也是自然科学本身的特点和科学教育的性质所决定的。教师要帮助幼儿获取周围物质世界广泛的科学经验,并在感性经验的基础上形成初级的科学概念。在孩子的心目中,老师往往就是权威,教师往往直接影响着幼儿对身边事物的探索与认识。这就要求教师在组织探究活动时,关注活动的科学性,也要求教师根据教学内容选择的材料也必须具备科学性。教师要对所选的材料有充分的科学认识和了解,不能仅凭自己的生活经验常识,对材料做出草率的判定。如若不然,一旦幼儿接受认可这些科学概念以后,要想再纠正这些错误的概念就变得困难了,这样势必会误导孩子。

如在《有趣的镜子》的活动中，教师设计的目标是通过操作，感知不同的镜子能反射出不同大小的图像。在活动前，幼儿收集了各种不同的镜子(收集镜子的过程，也是认识镜子的过程)。在活动中，教师选择了平面镜、凹透镜、凸透镜三种镜子作为观察实验的对象，活动取得了很好的效果。但在活动快结束时，一个孩子的提问点出了这个活动的漏洞。"老师，为什么有两个镜子是透明的，有一个镜子照的是自己呢?"在教师选择的这三种镜子中，透镜虽然也是镜子，但它没有反射功能。教师误将凹透镜、凸透镜与凹面镜、凸面镜混淆在一起，将不是同一类的东西放在一起比较，在不知不觉中就交给了孩子一个错误的信息。好在有孩子发现了这一问题，教师及时带领全体孩子将两类镜子做了比较，在比较的过程中进一步了解了面镜与透镜概念。又如，在一些科学活动区里，教师投放了许多自制产品，常见如天平。老师的出发点是好的，能够将废旧材料变废为宝，也能激发幼儿的动手操作兴趣，但是有些老师却没有关注在制作过程中的科学问题，一些天平在没有放置任何物体时就已经发生了倾斜，那么这样的材料是会对幼儿的探究造成不良影响的。

(二)材料的选择应具有生活性

在幼儿的日常生活中，蕴含着许多科学现象和科学知识。科学材料的选择，应该密切联系幼儿的实际生活，选择幼儿身边熟悉的、来源于幼儿生活的、作用于幼儿生活的材料。材料的选择既要考虑幼儿的生活经验、贴近幼儿生活的事物或科学现象，从幼儿兴趣点出发，引导幼儿去发现、解决问题。

如小班科学活动《好听的声音》，教师准备的材料源于幼儿生活中熟悉的材料如矿泉水瓶和黄豆、花生等，同时以幼儿的生活经验为前提，让幼儿自身去触摸感知、动手操作瓶子，充分调动幼儿的想象力，并验证自己的想法。甚至还有孩子用瓶子去尝试着装水，盖上瓶盖摇一摇，听一听声音。整节课，材料来源于幼儿生活，也作用于生活，突出了材料的"生活化"特性，创造了各种各样好听的声音。

(三)材料的选择需关注不同幼儿的年龄特征与能力

维果茨基的研究表明，教育对儿童的发展能起到主导作用和促进作用，但需要确定儿童发展的两种水平：一种是已经达到的发展水平，另一种是儿童可能达到的发展水平。这明确了教师在进行材料选择时应符合幼儿的知识经验和智力发展水平，保证幼儿在教师的帮助下，通过一定的努力能够达成教育目标。教师要根据幼儿的年龄特点，选择适合的材料，对于同一年龄层次的幼儿，还需根据能力的不同，选择由易到难的材料满足幼儿的探索需求。如果提供的材料过于复杂，幼儿操作起来就有一定的难度，对活动势必就会失去兴趣；相反提供的材料过于简单，程度过浅又会达不到活动的效果，降低幼儿的知识能力水平，阻碍他们的认知发展，抑制他们的学习兴趣。

总之，教师要正确认识幼儿的能力，提供符合幼儿年龄特点与能力的材料，让幼儿在教师的指导下，通过自己一定的努力才能达到目标。同时，教师还应在教育过程中结合实际情况灵活掌握。

(四)材料的选择需要具备探究性

教师需根据活动提供具有可探究性的材料，可探究性意味着科学探究活动的材料具有可操作性和结构性的特点，教师在材料的提供上应考虑材料本身所具有的可探索的结构。材料的结构性指的是材料在使用时能揭示自然现象间的某种关系。例如教师为幼儿提供关于磁力的材料：磁铁、铁块、回形针、纸片、木片等，幼儿通过操作，能够了解其中蕴含的关系：磁铁能吸住铁块、回形针，却没办法吸住纸片、木片；磁铁之间同极相斥、异极相吸等。教师在选择时需关注材料的结构性，帮助幼儿进行合理探究。

同时，教师在选择和准备操作材料时可结合实际情况，提供成品、半成品或结构较低的材料，供幼儿自主选择，有利于幼儿的深入探究。例如《小车跑起来》活动，教师可给幼儿提供成型的各类玩具汽车若干，便于幼儿玩耍和观摩汽车的基本结构和特点，还可以给幼儿提供更多的半成品材料，如牙膏盒以及小型的食品包装盒(钻了孔和未钻孔的，幼儿可以根据自身能力和需要去选择带孔还是不带孔的牙膏盒或包装盒)、用硬纸板剪成的汽车轮胎(可以是圆形的，也可以是三角形和正方形的，便于幼儿自己发现汽车轮胎的特点并进行正确的判断与选择)、矿泉水瓶盖以及其他辅助材料如橡皮筋、橡皮泥、石头、钉子、一次性筷子等材料。这些材料需要幼儿不断地探究和发现，并进行重新组合和使用，才能搭建出一辆轮子会滚动的小汽车。又如以“不倒翁”为例，当前市面上有很多制作精巧的不倒翁，有些教师为幼儿提供的正是这些买来的，不可拆卸的不倒翁，而有的教师提供的则是利用“套蛋”玩具自制的不倒翁。前者虽然精致,却很难让幼儿进一步探究其中的秘密。评价一个科学活动材料的好坏,不是看其外观,更应看其能否让幼儿通过自己的探究获得发现并能积累科学经验。

(五)材料的选择需把握互动性

只有主动地与材料互动,才能调动幼儿的积极性,激发探究的欲望,使幼儿的探索活动更加深入,并从中获取丰富的科学知识经验。因此,我们在科学探究活动中,要把握材料的“互动性”效能。其中,互动性包括幼儿与材料直接的互动,也包括了师幼之间、幼幼之间在材料上的互动。

所谓幼儿与材料的互动性,体现在幼儿作用于物体所产生的作用明显地被观察及感受到,这对幼儿建构动作与动作结果之间的对应关系是必需的。幼儿与材料之间的有效互动,能让幼儿获得多种经验,如发散幼儿的具象思维,激发幼儿去发现、去寻找、去探究科学奥秘的欲望。因此,在选择材料时,教师应关注提供的材料应该能使幼儿通过操作明显地看到事物间的关系。例如小班科学《有趣的瓶盖》活动中,教师准备了各种各样的瓶子与瓶盖,创设了“饮料加工厂”的情境,让幼儿自主探索瓶子与瓶盖的匹配,在这个活动中,幼儿与材料之间能很好地互动,这有利于幼儿发现事物间的关系,获得新经验,有利于幼儿认识的主动建构。

同时,在材料的选择上,教师要考虑到师幼的有效互动性。在操作时,教师要以幼儿为主体,教师是引导者、合作者、支持者和观察者。在互动方式上,有教师与全班幼儿之间的互动,还有教师与小组、个体幼儿之间的互动。在适当的时候,针对不同幼儿给予不同的引导:对于能力较弱的幼儿,教师给予及时的帮助和引导;对于能力较强的幼儿,可以在材料上进行有针对性的引导,如发散幼儿的思维。在有效的互动中更好地去开展科学探究活动。此外,幼儿社会性发展动力的来源之一是同伴交往,而在科学活动中,材料是幼儿同伴交往的重要媒介。教师可结合实际,通过控制材料数量与种类,引导幼儿合作探究,互相模仿及影响,共同解决问题。

(六)材料的选择需呈现多元性

材料的多元性体现于供幼儿选择的材料的多样性。科学探究活动的材料本身要丰富多样,这样才能让幼儿根据自己的需要与兴趣选择材料,为幼儿的自主学习提供保证。此外,材料的多元性还体现在其种类与呈现方式上。科学活动的探究材料,不仅包括孩子的探索材料，当然也包括教师的各类教具材料，如媒体类材料，利用电视、电脑、视频转换仪等现代电子媒介或平台来展现或演示教学活动内容，从而化远为近、化静为动、化难为易，使幼儿对教学活动内容有更好的体验和理解。例如，在小班科学活动《变一变》中，教师需要演示变形金刚玩具的玩法，为了让孩子看得更清楚，教师利用视频转换仪放大局部和变形的方法，让孩子们直观地看到步骤。激起幼儿的兴趣后，再引导幼儿用橡皮泥、纸、保险丝和线绳进行变形组装。与此同时，教师在孩子操作时进行录像，录制孩子动脑筋思考如何变形的全过程，在最后小结时，投放到大屏幕上，既让大家分享，也让幼儿看到自己的动手动脑过程，感受到科学探究的快乐。因此，在活动中要选择种类多元的材料，凸显材料“多元化”的特征，进而引起幼儿的兴趣，促进幼儿主动参与活动。

（七）材料的选择需明确安全性

幼儿安全是重中之重，只有在安全的基础上，才能谈教育。幼儿好奇心强，什么东西都想去摸一摸，探个究竟，但又缺乏防范危险和自我保护的意识。因此在材料的选择上教师还要考虑到安全问题。教师应该选择无毒、无味，对幼儿无伤害隐患的材料。在准备时要明确使用的材料是否容易破碎、是否有尖锐棱角，要将不安全的材料剔除。

此外，教师在材料的选择上，还要考虑到幼儿在使用材料时的安全性。在幼儿操作之前，教师要对幼儿进行相应的安全教育，明确操作规则，当出现问题时可以如何处理等。同时，在幼儿的操作过程中，教师需要巡回指导，尽量关注到每个孩子的操作过程，确保幼儿安全使用材料。

小资料

蒙台梭利的数学教具

蒙台梭利数学教育最大的特点就是把抽象的数学逻辑变成大量可操作的具体材料，通过作业活动，对难以理解的数学加以分析，最后再加以统合，是一个由简单到复杂、由具体到抽象的发展过程。蒙台梭利所设计的工作材料是以“十进制”原理为中心，体现一定的数学概论，并且遵循从简到繁的数学学科的规律性和系统性。蒙台梭利的数学教育教具中，帮助幼儿认识数字的数棒、纺锤棒以及帮助儿童学习“十进制”的固定串珠是比较能够体现其数学教具设计思想的。[①]

图9-6 固定串珠

以固定串珠(见右图)为例,它是由珠子组成的固定数目的串珠。单个的珠子代表个位数,10个珠子串成一排的串珠用来代表10,10个×10个的珠子组成的正方形代表100,而将10个百位正方形叠在一起所组成的立方体则代表1000。这套教具用来帮助儿童熟悉十进位所使用的单位(个、十、百、千)以及它们之间的进位关系,直观地演示每一单位是它前面单位的十倍。[②]这个教具还能够通过不同数量的珠子所组成的“点”(单个珠子)“线”(十个珠子)“面”(一百个珠子)“体”(一千个珠子),帮助儿童初步认识“点”“线”“正方形”“正方体”等概念,从而为儿童今后学习平面几何和立体几何建立基础。

学习研究

科学活动材料的探究性

请结合你对科学活动材料需具备探究性的理解,以小班阶段溶解为主题,谈谈材料的选择。

① 黄瑾:《学前儿童数学教育与活动指导》(第3版),华东师范出版社2014年版,第41页。
② 张莅颖:《蒙台梭利教育思想与实践》,河北教育出版社2006年版,第247页。

第三节 材料的投放

所谓材料投放，指的是教师根据儿童发展和教育需要，有目的有意识地按照一定的依据对材料进行投放，主要包括对材料数量、材料结构和材料种类搭配的考虑。材料的投放是幼儿科学教育活动中的一个关键环节，其关系到幼儿能否通过操作科学材料获得最大化发展。

一、学前儿童科学教育活动中材料的呈现方式

（一）开放式呈现

开放式呈现是当前幼儿园科学教育活动中最常见的材料呈现方式，幼儿园全园性的科学室、养殖区，班级的科学区、自然角的各种材料都是一种开放性呈现方式的具体表现。以开放的方式呈现的材料，使得幼儿有更大的自由选择和自主操作的可能性，能满足不同能力幼儿的需要。幼儿可以根据自己的意愿和兴趣，选择自己喜欢和乐于操作的各种材料。同时，面对同样的材料，幼儿的操作、改变、组合方式可能是很不相同的，幼儿所发现和感受到的事物的特点和关系也是不同的。

值得注意的是，以开放的方式投放的材料也应该是经过教师仔细研究、斟酌和选择的，而非随意投放。教师应对幼儿的基本能力做到心中有数，并对幼儿在操作各种材料中可能出现的情况，如遇到的问题和困难等有充分的设想，以便幼儿需要时给予适宜的支持、帮助和引导。

（二）主题或任务式呈现

教师常常也会采用一种有“主题”和“任务”的投放材料的做法。教师在组织幼儿的技术设计和制作活动中，常用有主题的投放材料的方式。例如，做汽车、做弹簧玩具等活动，教师在固定的科学发现区和自然角里的材料之外，按主体材料、辅助材料和主要工具三大类，为幼儿提供完成某一主题所需要的各种材料，让幼儿从中进行选择完成相应的操作与探索。

教师也可以给幼儿提出某个具体问题或任务，让幼儿选择一定范围内的材料尝试着解决问题。在这种情况下，教师为幼儿提供的材料分为两部分：构成问题或任务的材料和解决问题或完成任务所需要的材料。这些材料能为幼儿解决问题提供暗示和线索。[①]正如上文提到的《小车跑起来》，教师给幼儿提供成型的各类玩具汽车若干，便于幼儿玩要和观摩汽车基本结构和特点，并给幼儿提供了牙膏盒、硬纸板、矿泉水瓶盖、棍子、橡皮泥等，让幼儿在教师提供的材料中建构会滚动的小汽车。

同时，此种方式也往往配合相应的课程出现。例如，教师在集体教学活动中和幼儿认识了风的产生与风速，教师在科学区里配合课程投放了不同颜色的纸、小木棍、双面胶等材料，引导幼儿进行风车的制作，进而发展幼儿的操作能力，巩固科学经验。

（三）问题情境式呈现

所谓问题情境式，指的是根据科学教育的目标，将材料构成一个问题情境呈现在孩子面前，引发幼儿的主动探究。例如，究竟是土植还是水植的豆芽长得更快？不同的材料其下降的速度一样吗？等等。教师围绕某个问题或情境进行材料的呈现，引发幼儿的思考，并通过操作材料去解决相应的问题，有利于激发幼儿的探究兴趣，发展幼儿的科学思维。

（四）分层呈现

分层呈现方式的核心是教师有效的引导。教师将最终的科学教育目标解构成为一个个小目标，并有序地改变或增加材料的投放，引导幼儿从简单到复杂地操作材料，由少到多地丰富相应的科学经验。

用树叶吹泡泡（小班）

（1）第一层材料，教师为幼儿投放：一盆泡泡水、吸管、漏勺、纸、树叶。

教师提问：这些材料哪些可以吹出泡泡？

幼儿通过操作会发现：有洞洞的材料可以吹出泡泡。

（2）第二层材料，教师在此基础上继续投放打孔器、剪刀、胶布。

---

① 刘占兰：《幼儿科学教育》，北京师范大学出版社2000年版，第225页。

教师提问，我们如何让不能吹出泡泡的材料可以吹出泡泡？

幼儿通过操作会发现，可以通过打洞、卷的方式改变本没有洞的材料，进而出吹泡泡。

二、学前儿童科学教育活动材料投放的基本原则

（一）注重材料投放的充足性

为了保证幼儿探究活动的顺利开展，教师应投放足够的材料，避免参加活动的幼儿因为材料的不足而出现影响探究学习过程的行为及结果。那么何为“足够”呢？所谓足够，并非要求每一种材料的数目都必须与班里幼儿的人数相等这么简单。虽然这样能够确保每个幼儿都拥有自己的探究材料，但是这需要大量的资金投入，也会对教师的投放和管理造成麻烦，同时，也不利于幼儿探究中合作互助的发展。那么材料的充足如何实现呢，这里需要教师在材料投放时明确两种不同性质的材料，即关键性材料与辅助性材料。在探索过程中起关键性作用的材料必须每人至少一份，起辅助性作用的材料可以以小组为单位进行投放。例如，在小组6人探究物体的吸水现象时，辅助性材料——水一盆足矣，但关键性的材料——能吸水和不能吸水的材料必须数量充足，可投放6～8种，这样，每个幼儿都有材料可以尝试，而共用一盆水又便于他们互换材料，合作探索。①

（二）注重材料投放的多样性

多样性的材料是幼儿自主学习的前提，也是幼儿获取丰富科学经验的基础。教师在材料投放的过程中，需关注材料的多样性，其中包括活动材料应涉及多方面的探究学习研究内容，如班级内部的区域可以从科学实验、动植物、人与自然关系等内容出发进行材料的投放（如右图）。②

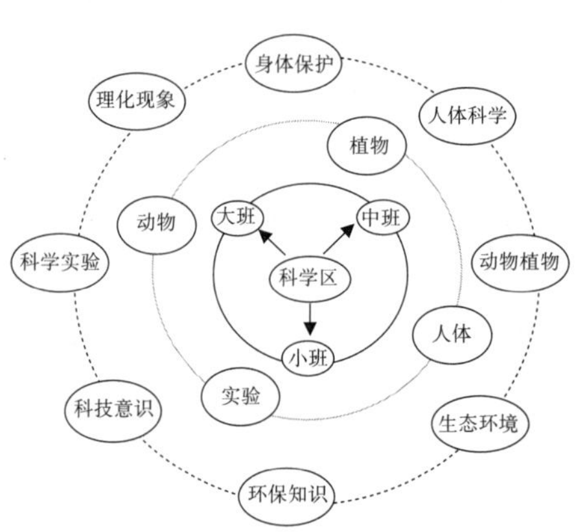

图9-7　科学区思维导图

① 夏力：《学前儿童科学教育活动指导》（第三版），复旦大学出版社2014年版，第138页。

② 王微力，霍力岩：《幼儿园科学区材料设计与评价》，中国轻工业出版社2018年版，第10页。

同时，也强调在同一探究学习内容中，教师亦应该投放多样性的材料，以满足不同幼儿对材料的需求，丰富幼儿的相关经验。例如，在探究水溶性的问题上，教师可以为幼儿提供盐、糖、沙子、油、洗洁精、搅拌棒等，既可以让幼儿感受哪些材料溶于水，哪些材料不溶于水，又可以探究如何让一些不溶于水的材料与水相溶，这样的材料可以满足不同孩子的需要，丰富幼儿的科学经验。

（三）注重材料投放的结构性与多功能性

上节提到，材料的结构性指的是材料在使用时能揭示自然现象间的某种关系。教师在材料投放时应关注材料的结构性问题。再以提供磁力的材料为例，假设教师在投放过程当中仅仅是投放了磁铁能够吸引的物质，而没有投放其他磁铁不能吸引的材料，那么可能会对幼儿的探究造成误导，让幼儿误以为磁铁能吸引任何物体。因此，教师在材料投放过程中必须要着重关注材料的结构性问题。

教师在进行材料投放时还需考虑材料的多功能性。多功能性体现了材料的内在教育容量，具体表现在同种操作材料要有不同的操作方法，能让幼儿自由地用自己的方式操作、改变、组合它们，材料有比较广的操作余地，使幼儿能用许多方法进行研究探索，并获得不同的发现。以探究磁力材料为例，教师在投放时需关注材料操作的可能性，如可以利用磁铁与回形针、铁钉等探究磁体的特性，也可以利用这些材料引导其关注磁化现象。

（四）注重材料投放的层次性

材料的层次性是指要为幼儿提供符合不同层次需要的材料，以便于不同水平的幼儿按照自己的需要进行选择。不同年龄的孩子发展水平不一，相同年龄阶段的孩子也存在着能力水平的差异，因此，在科学教育活动中，教师应该关注不同能力水平孩子的需求，允许幼儿个体在操作同一份材料时所表现出来的速度、精确度上的差异，在材料投放的过程中做到有层次，帮助不同能力水平的幼儿进行适合自己的科学探索。

在材料投放中做到具有层次性，需要教师认真分析每一份材料的难易等级和幼儿的个体差异，把同一份材料划分成难易不同的若干个等级进行投放，并通过不同层次材料的提示和引导，使具有不同认知和操作水平的幼儿均得到发展。例如，在“小灯泡亮起来”的一组材料中，教师为幼儿提供了多根电线、多节电池、多个小灯泡、两头有塑料绝缘层的电池、金属片、木片、塑料片等,那么这组材料就有了较强的层次性。第一层,幼儿只需用电线将电池的正负两极同时连接在小灯泡上,小灯泡就亮了;第二层,幼儿发现两头有绝缘层的电池无论如何也不使小灯泡发光,必须把绝缘层去掉;第三层,在电池两端垫上金属片,一样可以使小灯泡发光,但如果垫上木片、塑料片等却不能达到目的,说明金属片可以导电,而木片、塑料片却是绝缘材料。这三层之间难度依次加深,幼儿可以根据自己的现有水平,在多层次的材料中选择适合自己的层次进行操作,同时比其现有水平稍高的层次又为幼儿提供了最近发展区,从而让幼儿不断得到发展。①

(五)注重材料投放的序列性与滚动性

序列性表现在基于幼儿认知的水平,材料投放的内容应由浅入深;基于幼儿动作发展的特点,操作方法应由简到繁;基于幼儿注意力稳定和兴趣的持续特点,操作时间应由少到多。以探究沉浮为例,一开始教师投入的材料为积木块、硬币、乒乓球、小石子、木片、干净的鸡蛋壳等,引导幼儿探究哪些东西会沉下去、哪些东西会浮起来。随着幼儿探究的发展,教师在此基础上投入了泡沫、橡皮泥、剪刀等,引导幼儿进一步探究如何使沉下去的物体浮起来,又如何使浮在水面上的物体沉下去,这样的材料投放体现明显的序列性。

此外,随着幼儿探究水平的不断发展,幼儿的探究兴趣往往会随着对材料的不断熟悉而逐步降低,幼儿的探究有了新的需要,这时候就需要教师对材料进行滚动性更新。有滚动性的材料表现在投放每批新材料时,要逐步减少原有的材料,或者是将同一品种的材料合并,使之既给一部分孩子以第二次操作的机会,也给部分孩子选择新材料的机会 ,或者将同类材料合并,使材料的难度有所提高。

三、教师在科学材料提供中的作用

在这一章里,我们反复强调了材料对孩子探究的重要性,也提出材料选择与投放的原则。既然材料这么重要,教师是不是可以放手不管了呢?当然不是!教师仍然要"管"。而这里的"管"指的是教师给幼儿提供学习的材料,并创设良好的探究氛围,支

① 夏力:《学前儿童科学教育活动指导》(第三版),复旦大学出版社2014年版,第138页。

持、引导幼儿与材料相互作用。

(一)选择材料

教师进行材料选择与投放的第一步,是要了解幼儿当前的发展水平与兴趣特点,明确教育活动的目标与内容,并在此基础上明确材料所反映的事物之间的关系以及相应的科学概念。只有这样,教师才能为幼儿的探究选择适宜的材料。

(二)重视材料投放,加强对材料投放的预备性操作

教师对材料投放的重视在很大程度上影响着材料投放的效果。教师首先需关注幼儿的需要,明确幼儿探究的主体地位,可以与幼儿一起讨论、设计、准备所需的探究材料。其次,在投放前,应重视材料投放的预备性操作,如了解材料是否安全、材料是否紧扣活动主题、材料是否具有可探究性和可操作性,通过反复操作确保材料的稳定性和操作结果的准确性,并且对材料投放预备性实验中出现的问题进行及时反思和修正。

(三)支持、引发幼儿与材料相互作用

在幼儿进行探究时,教师虽然不用过多地进行讲述、讲解,但也需要时刻关注幼儿的探究过程。教师作为幼儿探究活动的支持者、引导者与合作者,在幼儿探究过程中,应留心观察和耐心倾听。留心观察每一个幼儿有意义的行动,观察幼儿的进步及遇到的困难、幼儿行为上的变化和独创性;倾听那些遇到问题、需要支持和鼓励的幼儿的对话,并做出反应,具体方法如下。

1.教师隐性示范与启发

当幼儿面对新材料无所适从、当幼儿活动有所停顿或有放弃、当幼儿对材料不感兴趣时,教师可以找时机介入,引导幼儿产生对操作的兴趣,并适当做出隐性示范、启发幼儿与材料互动、积极探索。例如科学角的电池、电线和灯泡等材料无人问津,教师引导说:“我给你们变个魔术,电池、电线和灯泡连接起来会使灯泡亮起来,你们看!这究竟是怎么回事呢,谁想试试?”教师的隐形示范与启发引发了许多幼儿的探究兴趣。

2.适时、适度地引导与介入

实践中我们发现,提问引导过早,会让幼儿失去主动探究的机会,引导过迟则会让幼儿放弃探究。因此,教师的引导需要适时适度。同时,教师应尊重幼儿的自主探究,

在幼儿探究中,教师避免以不必要的询问和评论打断幼儿的思路和操作过程,但不意味着教师撒手不管。当幼儿的探究行为或结果希望得到成人的认可时、当幼儿发生困难,如发生纠纷或活动有停顿或放弃现象时,教师应及时察觉并合理介入。

3.选择恰当的时机参与幼儿的活动

教师是幼儿探究的合作者,教师应留意幼儿在探究过程中的操作情况,针对出现的问题,选择合适的时机适当参与幼儿的活动,与孩子们一起探究、操作、发现、讨论、解决问题,成为幼儿学习活动的支持者、合作者、引导者。如幼儿正在进行的三只小猪建房子活动,幼儿对建构房子一筹莫展时,教师以合作者的身份进入活动中,和幼儿一起去思考房子的结构,一起设计并讨论房子的样式,并利用手中材料进行建构。

本章小结

本章重点讨论了学前儿童科学活动中环境与材料支持的问题,明确了环境与材料支持的要点与策略,核心内容总结如下。

1.安全的、鼓励幼儿探究的心理氛围是使学前儿童科学教育成为引导幼儿主动探究的前提和基本条件。教师须尊重和接纳每一个幼儿的观点、兴趣、探索及发现;正确认识幼儿认知水平,给予幼儿出错的权利;了解幼儿行为的真实意图;挖掘每一个幼儿探究活动的独特价值,鼓励和支持其探究行为;给予每一个幼儿以激励性的评价和具体的反馈,为幼儿营造一种安全的氛围与环境。

2.在学前儿童科学教育活动中,材料是幼儿学习与探究的重要介质,是教师实现教育目标与内容的重要载体。在学前儿童科学教育活动中,材料的准备与选择需要符合幼儿的年龄特征与能力,符合科学性、生活性、探究性、互动性、多元性、安全性的特点。

3.当前学前儿童科学教育常见的材料呈现方式主要包括开放式、主题或任务式、问题情境式与分层呈现的方式。在材料投放的过程中,需以充足性、多样性、结构性、层次性、序列性及滚动性为原则,帮助幼儿在与材料的互动中不断发展。

思考与实训

1.简述教师可从哪些方面为幼儿营造安全的心理环境。

2.以"光"为主题,为中班班级科学区选择合适的探究材料。

3.请到幼儿园了解当前学前儿童科学教育材料投放的现状。

专题探讨

在日常生活当中，我们常常能听到家长的抱怨："我家孩子皮得很，老喜欢动这个玩那个，把家里搞得乱七八糟，他爷爷的收音机差点被他拆了！""你们老师为什么这么多事情，今天要搞条鱼，明天要带盆花……"同时，我们也听到老师的诉苦，家长不理解教师的工作，不关心幼儿的发展。

为什么会出现这种情况？我们可以如何促进学前儿童科学教育中的家园合作？

第十章 学前儿童科学教育的评价

学习目标

- 理解教育评价及学前儿童科学教育评价的内涵。
- 了解学前儿童科学教育评价的意义。
- 明确学前儿童科学教育评价的内容。
- 了解学前儿童科学教育评价的基本过程。
- 运用学前儿童科学教育活动评价的方法。

学习重难点

- 重点:学前儿童科学教育的方法。
- 难点:学前儿童科学教育评价的内涵。

案例破冰

评价就是考试吗?

评价与考试有哪些区别与联系?

学前儿童科学教育的评价有哪些特点?

教育是有计划有目的地培养人的活动。学前儿童科学教育是依据学前儿童科学教育目标而开展的一系列教育活动,而检验教育活动是否达到预期目标的教育评价必不可少。长期以来,教育评价受到人们的广泛关注,教育评价事关教育发展方向,有什么样的评价指挥棒,就有什么样的办学导向。因此,理解并熟练运用各种方法对学前儿童科学教育进行评价，并以评促学、以评促教、以评促改是幼儿园教师及管理者的必备素养。本章先从理论上介绍学前儿童科学教育评价的内涵与意义，再介绍学前儿童科学教育评价的内容及具体的维度，最后介绍学前儿童科学教育评价的过程与方法。

第一节 学前儿童科学教育评价的内涵与意义

一、学前儿童科学教育评价的内涵

(一)什么是教育评价

《汉语大字典》将“评”解释为“评议;评定”之义,将“价(價)”解释为“价格;价值”。《辞海》将“评价”解释为“评论价值的高低”。有学者提出“评价,特别是自觉的、有意识的评价,包含着对一定价值关系可能后果的预见、判断。”[①]可见,评价与价值密不可分,它是评价主体在对评价客体本质属性等认识的基础之上,对评价客体多大程度上符合评价主体目标需求而做出判断的活动。

教育评价即是对教育活动做出的评价。教育评价是以教育目标为评判依据,通过多种途径和方法收集反映教育活动过程及结果的信息,对教育活动的过程及结果在多大程度上实现了教育目标做出判断的过程。教育评价实质上包含三个过程:评价主体价值的确立、对评价客体的认识、比对进而得出结论并运用结论。所谓评价主体价值的确立,是指评价主体在评价开始之前,已经确立了一定的需求,往往体现为教育的目的。所谓对价值客体的认识,即通过多种途径和方法收集反映教育活动过程及结果的信息。所谓比对进而得出结论并运用结论,即将收集到的反映客体的信息与主体的目标需求进行比较,进而回答“是否满足主体的需求、多大程度上满足了主体的需求”的问题,并根据结论进一步促进教育活动。

可见,评价主体的价值取向直接影响着评价的结果,进而“指挥”着教育的全过程。在过去的一段时间里,我国的教育评价存在着一些不合理的地方。为扭转不科学的教育评价导向,坚决克服唯分数、唯升学、唯文凭、唯论文、唯帽子的顽瘴痼疾,提高教育治理能力和水平,加快推进教育现代化、建设教育强国、办好人民满意的教育,2020年10月中共中央、国务院印发了《深化新时代教育评价改革总体方案》,方案指出要系统

① 李德顺:《价值论——一种主体性的研究》(第3版),中国人民大学出版社1987年版,第250-251页。

推进教育评价改革，“努力培养担当民族复兴大任的时代新人，培养德智体美劳全面发展的社会主义建设者和接班人”。此外，方案还提出要“完善幼儿园评价”，指出“幼儿园教师评价突出保教实践，把以游戏为基本活动促进儿童主动学习和全面发展的能力作为关键指标，纳入学前教育专业人才培养标准、幼儿教师职后培训重要内容”。

（二）什么是学前儿童科学教育评价

学前儿童科学教育评价即是以学前儿童科学教育为客体所开展的评价。具体而言，学前儿童科学教育评价是根据学前儿童科学教育目标，运用科学合理的评价方式与方法收集能反映学前儿童科学教育客观事实的信息，对学前儿童科学教育的全过程及结果进行测定和评判，以做出是否达成学前儿童科学教育预期目标的价值判断。在学前儿童科学教育中，我们需要对教育活动的目标、内容、方法、环境等是否合理做出评判；还需要在科学教育活动过程中观察孩子的探究兴趣、观察力、解决问题能力等，以判断学前儿童的能力和水平。

改革开放以来，我国学前教育事业取得了长足的发展，适龄幼儿的入园机会不断扩大，幼儿园的保教质量逐步提高。[①]新世纪的到来，学前教育又迎来了前所未有的发展机遇，《国家中长期教育改革和发展规划纲要（2010～2020年）》提出“把提高质量作为教育改革发展的核心任务”。据此，我国研制并于2012年出台了《3～6岁儿童学习与发展指南》（以下简称《指南》），《指南》从健康、语言、社会、科学、艺术五个领域描述了幼儿的学习与发展，每个领域按照幼儿学习与发展最基本、最重要的内容划分为若干方面，每个方面由学校与发展目标和教育建议两部分组成。此外，《指南》还要求关注幼儿学习与发展的整体性、尊重幼儿发展的个体差异、理解幼儿的学习方式和特点、重视幼儿的学习品质。因此，学前儿童科学教育的评价应以为幼儿后续学习和终身发展奠定良好素养基础为最终目标，倡导评价主体的多元化、评价内容的多元化、评价方法的多元化，避免“片面化”“一刀切”的评价。

① 李季湄、冯晓霞：《〈3-6岁儿童学习与发展指南〉解读》，人民教育出版社2013年版，第2页。

二、学前儿童科学教育评价的意义

虽然教育评价的本质在于价值判断，但教育评价的目的却不在价值判断本身，价值判断的最终目的是促进教育的完善，实现教育目标的达成。因此，学前儿童教育评价的作用与意义主要表现在以下几个方面。

（1）指引作用。教育评价具有指引和激励的作用。如前所述，教育评价如指挥棒，教育评价包含着教育的预期目标，能使教育组织者明确教育的目标，了解社会及国家对教育的期望，从而更准确地组织教育活动，以提升教育目标的达成。倘若没有教育评价，幼儿园管理者、幼儿教师将面临目标不清、道路不明的问题，学前儿童科学教育组织与开展的随意性会更大，成效难以得到保证。

（2）诊断作用。诊断作用表现为教育评价能够诊断教育活动的优劣和幼儿在学习和发展上的表现、存在的问题和困难。教育评价能够帮助教育管理者判断教育活动是否实现了教育的预定目标、多大程度上实现了预期的目标。教育评价还能够帮助教师发现幼儿的学习和发展的困难所在，找到幼儿学习和困难的原因，从而为教师采取有效的补救措施提供有益信息。例如，在STEM活动《我是小小设计师——船只的设计与制作》中，通过幼儿行为评价分析表（表10-1）观察并记录幼儿的行为表现，判断幼儿几个方面能力的发展水平，从而调整教育活动，以取得预期的教育效果。

表10-1 《我是小小设计师——船只的设计与制作》幼儿行为评价分析表

探究过程	探究技能	幼儿行为	评价分析
提出问题	参与、注意、好奇、提问：用纸船比赛的方式进行探索，并提出问题指引下一步的行动	※看一看、摸一摸、比一比，尝试用不同材质的纸船放在水里进行探索 ※聚焦到可以回答的具体问题：怎么样才能使所有人都能参与到船只的比赛中？纸船放在水里容易烂，还可以用什么材料来做船才能玩得比较久？	能在参与情境导入活动后提出简单问题
设计船只	设计能力：尝试用简单线条勾勒船只的设计	幼儿用各种各样的形状、颜色、线条来表现自己设想的船只	设计图清晰
船只功能	语言表达能力：用语言交流想法的能力	※回答关于船只功能的直接问题：你的船只可以坐多少个人？可能会装什么货物？ ※对自己船只的功能有更加详细的描述和想法	作品能实现大部分功能，但无法完全实现设想

续表

探究过程	探究技能	幼儿行为	评价分析
试航改进	观察记录能力：通过观察记录并能用语言描述交流关于船只试航的经验和信息	※用绘制船只试航记录图的方式表现船只试航出现的特征 ※使用不同材质的材料，尝试能让船只在水里平稳航行，并能转载货物	有清晰的证据表明在测试后对作品做出修改
	合作能力：分享材料，任务和想法；合作完成船只的创作	※单独创作船只的有一人 ※5个小组一起参与船只的创作，并商议和讨论制作计划	分工合理，组内沟通及时顺畅

(3)调节作用。教育评价并非教育活动之后才进行，而是伴随着教育活动的始终。在教育活动中，教育评价能够及时反馈教育的效果，它使教师能够根据幼儿反馈的信息对原来的教育教学设计做出必要的、适当的、及时的调整，以取得最优的教育教学效果。例如在进行《按数取物》的数学活动中，教师观察到大多数幼儿并没有完成教师提出的“按数取物”任务，此时教师需要调整活动的进度，再一次重复叙述要领或者使用另外的方法让幼儿掌握“按数取物”的要领；当观察到幼儿达到了教师预期的目标之后，教育活动的下一个步骤才应该被允许，否则教师的教育活动只是完成了既定的步骤而没有取得预期的目标。

(4)发展作用。教育评价对学生发展的促进作用，不只是表现在激发学生的学习动机方面，它对学生个性品质和自我意识的发展也有重要影响。[①]教师对幼儿的评价使幼儿能够正确认识自我，发展自我。教师的赞许能使幼儿从肯定的方面看待自己，增强自信心，提高自我意识；教师指出幼儿的不足及存在的问题，也可以让幼儿认识到自身的不足，进而弥补不足，不断发展自我。这也进一步说明，教育评价的客观性对幼儿的发展至关重要。教师不应一味地去满足幼儿的情绪需要而表扬幼儿，客观公正的评价，在幼儿出现不良表现时的及时提醒和纠正才能利于幼儿的发展。

(5)管理作用。宏观上看，教育评价可为社会了解教育提供可靠的信息，是社会、管理部门及家长了解教育状况的依据，如我国成立教育部基础教育质量监测中心对我国的基础教育质量进行监测，并向社会发布监测报告。中观上，教育管理部门对管辖的幼儿园进行评价以掌握了解不同幼儿园的现状，才能提供更有针对性的指导和帮

① 余文森：《新课程背景下的公共教育学教程》，高等教育出版社2009年版，第275页。

助。微观上,教师在教育活动中可以对学前儿童进行纵向和横向的鉴定和诊断,了解哪些幼儿发展较好、哪些幼儿发展较慢,并根据掌握了解的情况设计教育活动,使不同的幼儿在教育活动中都能够得到在属于自己最近发展区内的发展和提升,从而落实因材施教的理念,提升教育活动管理的实效。

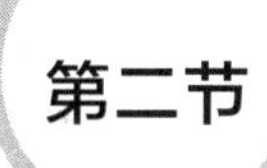

第二节　学前儿童科学教育评价的内容与维度

上一节我们提到，学前儿童科学教育评价即是以学前儿童科学教育为客体所开展的评价。但客体的存在是立体的、丰富的，因此教育评价的开展还需要进一步明确对客体的哪些方面的评价，也就是需要明确评价的内容和维度。从时间的纵轴上看，学前儿童科学教育活动包含着学前儿童科学教育的前期准备、教育活动、教育结果等方面。前期准备、教育活动、教育结果任何一个时间点的横切面又包含着丰富的内容，如学前儿童科学教育的结果包含幼儿的探究兴趣、探究能力、对周围事物和现象的认识等方面。因此，了解学前儿童科学教育的内容维度是开展学前儿童科学教育评价的基础。一般而言，对学前儿童科学教育的评价主要分为对学前儿童科学教育过程的评价和对学前儿童科学教育结果的评价，前者是针对学前儿童科学教育活动本身的评价，后者是对学前儿童发展的评价。

一、对教育活动本身的评价

对学前儿童科学教育活动各要素的评价即是对活动本身的评价，主要包括对学前儿童科学教育活动目标、内容、途径与方法、设计与实施、环境与材料等方面的评价。

(一) 对学前儿童科学教育活动目标的评价

教育是有计划、有目的地培养人的活动，教育目标为教育活动指明了方向，是教育活动开展的重要依据。对学前儿童科学教育活动目标的评价应从以下几方面进行评判。

第一，活动目标是否与学前儿童发展的总目标相统一。学前儿童科学教育活动目标的制定需要以学前儿童发展的总目标为依据，总目标的分解形成各阶段、各维度、各活动的分目标，各活动的分目标支撑和实现中心目标的达成。因此，对学前儿童科学教育活动目标的评价不得不考量其与学前儿童发展的总目标的统一性。《幼儿园教育指导纲要(试行)》从健康、语言、社会、科学、艺术等五个领域提出幼儿园的目标，其中科学领域的目标包括“对周围的事物、现象感兴趣，有好奇心和求知欲”“能运用各种感官，动手动脑，探究问题”“能用适当的方式表达、交流探索的过程和结果”“能从生活和游戏中感受事物的数量关系并体验到数学的重要和有趣”“爱护动植物，关心周围环境，亲近大自然，珍惜自然资源，有初步的环保意识”。《指南》分别从五大领域提出了3～6岁学前幼儿发展的目标。其中科学领域分别从科学探究和数学认知两方面提出目标，科学探究的目标包括“亲近自然，喜欢探究”“具有初步的探究能力”及“在探究中认识周围事物和现象”，数学认知的目标包括“初步感知生活中数学有用和有趣”“感知和理解数、量及数量关系”及“感知形状与空间关系”。学前儿童科学教育活动的目标应与《纲要》及《指南》提出的总目标相统一，支撑与达成学前幼儿发展的总目标。

第二，活动目标的构成维度是否合理。个体发展的多元性以及教育目标的多维性已被广泛认可，《纲要》指出“五个领域的内容相互渗透，从不同的角度促进幼儿情感、态度、能力、知识、技能等方面的发展”，为学前儿童科学教育目标的评价指明了“多维性”的方向。目前国际上较成熟的科学学业测评主要有PISA和TIMSS，PISA测评的框架由情景、能力、知识、态度四个指标构成；TIMSS测评的框架由内容维度和认知维度、科学探究（2015年后称为科学实践）三个指标构成。[①]我国于2017年颁布实施的《义务教育小学科学课程标准》也提出小学科学课程标准应包含“科学知识”“科学探究”“科学态度”“科学、技术、社会与环境”四方面。因此，学前儿童科学教育活动目标的设定应包括情感、态度、能力、知识、技能等方面。

第三，活动目标是否符合幼儿的发展水平和已有经验。苏联心理学家维果茨基(Lev Vygotsky，1896-1934)的“最近发展区理论”即“儿童独立解决问题的实际发展水平与在成人指导下或在有能力的同伴合作中解决问题的潜在发展水平之间的差距”为儿童的学习指明了学习的区域范围，如果教育活动目标在儿童的最近发展区里，教育的效果将是最大的。在学前儿童的教育活动中，超越学前儿童认知水平的教育往往是徒劳的，甚至会伤害儿童的自信心，如当学前幼儿还没有理解数的意义，教师花再多的精力和时间希望儿童完成“按数取物”都是徒劳的。因此，学前儿童科学教育目标的好坏应考虑幼儿发展的水平和已有经验。同时，学前幼儿科学教育的集体活动还应充分考

① 黄健毅：《国际基础教育科学学业测评的新趋向——基于PISA与TIMSS的比较研究》，载《中小学教师培训》2017年第9期。

虑班集体中的差异性，充分考虑所有幼儿的实际水平的发展需求，做到因材施教。

第四，活动目标是否有利于幼儿的终身学习和发展。《纲要》提出“幼儿园教育是基础教育的重要组成部分，是我国学校教育和终身教育的奠基阶段。城乡各类幼儿园都应从实际出发，因地制宜地实施素质教育，为幼儿一生的发展打好基础。”《指南》也要求为幼儿后续学习和终身发展奠定良好素质基础。学前儿童科学教育的目标应遵循《纲要》和《指南》的一贯要求，为幼儿认识客观世界打下认知、态度、方法和技能的基础。要避免只把掌握科学知识作为最终的目标，尤其是牺牲对科学的兴趣为代价的科学知识的掌握。应该注重幼儿通过亲身的探究经历产生对科学的浓厚兴趣，培养幼儿乐于探究、勇于探究的科学精神，并在探究中掌握科学方法，从而为幼儿的终身学习和发展奠定良好的基础。

第五，活动目标是否明确、可行。学前儿童科学教育活动的目标指引着学前儿童科学教育活动的全过程，是学前儿童科学教育活动内容、途径与方法、设计与实施、环境与材料等的依据。因此学前儿童科学教育活动的目标是否明确、是否可行是其评价的考量要素之一，过于宽泛、可操作性不强的目标直接影响着学前儿童科学教育活动的进展。如以“认识我们周围的动植物”作为一次具体活动的活动目标就显得过于宽泛，可行性也较低。

（二）对学前儿童科学教育活动内容的评价

教育内容是教育目标实现的载体，是学前儿童科学教育活动设计与实施的主要依据，没有适合的内容作为支撑的教育将无法实现教育预期目标。依据《指南》的主要精神，刘占兰和周欣老师将幼儿对周围事物和现象的认识主要概括了七个方面的主要内容：常见的动植物、常见的物体、常见的物理现象、天气与季节变化、科技产品、环境及其与人们生活的关系、数学认知。每一次教育活动的组织都应在这七个方面进行选编，而对选编的教育内容的评价主要从以下几方面进行。

第一，活动内容是否与活动目标一致。如上所述，科学教育所涉及的内容、范围十分广泛，涉及客观世界的方方面面。学前儿童科学教育活动内容是学前儿童科学教育活动的细化和具体化，学前儿童科学教育活动内容的选择要以学前儿童科学教育活动的目标为根本依据，所以对活动内容评价应首先考量是否与活动目标一致，活动内容应有利于支撑活动目标的实现。

第二,活动内容是否具有科学性。教育内容指根据教育目的和目标选择出来的知识、经验等,在学校教育中,教育内容主要体现在教科书上。[1]在学前儿童科学教育中,大多没有现成的教科书可供使用,需要幼儿园教师们自行选编,而可选择的知识与经验五花八门,因此,对学前儿童科学教育活动内容科学性的评价显得尤为重要。内容的科学性是指所选择的知识、经验符合客观事实,能正确反映客观事物,不违背科学的原理。如水的浮力的科学活动中,认为沉于水中的物体没有受到浮力的作用是违背了科学性的。又如人类对大自然的肆意开发并不是显示人类的力量,而是人类对大自然的破坏。

第三,活动内容是否贴近幼儿的生活。按照皮亚杰的认知发展阶段理论,学前幼儿处于前运算阶段,该阶段的特征之一便是幼儿不能进行抽象的思维运算。而到了具体运算阶段,儿童的分类和理解概念的能力都有明显的提高,才能够进行类群集运算和系列化群集运算。在学前阶段,幼儿的概念是未成熟的,但又需要为其概念的形成奠定基础,因此,幼儿的经验显得尤为重要,经验性的知识才是幼儿能够获得的最有价值的知识。所以我们选择的内容应该来源于幼儿的生活,着眼于帮助幼儿获得有关周围事物及其关系的经验。

第四,活动的内容是否便于幼儿参与探究。儿童有着与生俱来的好奇心和探究欲,探究不仅是幼儿科学教育的目标,也是幼儿科学学习的重要途径。学前儿童科学教育活动的内容应该尽可能为幼儿提供直接参与探究的机会,让幼儿在参与式探究的过程中动手、动脑、动口,积累关键的经验,不断发展思维能力。在孩子们探究光的活动中,可以借助影子的游戏让幼儿探究光的作用。

(三)对学前儿童科学教育活动途径与方法的评价

学前儿童科学教育的途径包括主题探究式科学活动、区角科学活动、日常生活中的科学活动、户外科学活动、科学游戏活动等,方法包括观察法、实验法、操作法、游戏法。《指南》中也要求“引导幼儿通过观察、比较、操作、实验等方法,学习发现问题、分析问题、解决问题”。众多的途径和方法中,究竟选择哪种途径和方法才更为合理?我们

① 郑金洲:《教育通论》,华东师范大学出版社2000年版,第13页。

需要从以下几个方面进行评判。

第一,途径和方法是否适合幼儿的年龄特点。从认知的角度来看,学前幼儿处于前运算阶段,语言的出现和发展使得该阶段的孩子能逐渐运用表象符号来代替外界事物,开始出现表象或形象图式。然而,该阶段的孩子仍没有形成抽象的逻辑概念,仍没有完全摆脱感知动作的方式,仍需要看、听、触、摸、尝、嗅等方式探索周围的世界。因此,学前儿童科学教育活动途径和方法的选择需要基于对形象具体事物的感知,还需要向抽象的表象和形式图式过渡。如数学活动中,可以采用点数实物、摸出相应数量的物品,还听听小猫叫几声、学小兔子跳几跳等方法理解数字"1,2,3,4,5",并尝试让幼儿去理解数与数之间的关系。

第二,途径和方法是否做到因地制宜。我国地域辽阔,各地幼儿园的环境与资源各有特点,学前幼儿科学教育活动的途径与方法要根据幼儿园的环境和设备条件来选择。如,西南民族地区的幼儿园可充分利用幼儿园周边的资源选择合适的途径与方法,在春天可开展户外科学观察活动;城市地区的幼儿园可进行垃圾分类的探究实践活动。

第三,活动途径与方法是否体现幼儿的主体性。从本质上讲,科学探究是个体通过自主的调查和研究来认识和解释自然的活动,它是一种主动建构的活动。在科学探究活动中,能否调动幼儿探究的主动性是影响科学探究活动成败的关键。幼儿是活动的主体,在科学教育活动的途径和方法选择中应该选用能充分调动幼儿活动的积极性、主动性、创造性的途径和方法,让幼儿做活动的小主人,让他们在活动中探索方法,体验快乐、丰富经验,并产生爱科学的情感。

(四)对学前儿童科学教育活动设计与实施的评价

第一,活动的设计与实施是否符合幼儿学习的进阶。科学活动的特点在于逻辑的严谨性,层层递进,环环相扣。活动中的每个步骤之间应该存在着密切的联系,前一个步骤要为后一个步骤做铺整、打基础。一堂好的科学探究活动课,不仅要有幼儿感兴趣的内容,还应该结合探究内容,设计符合幼儿学习进阶的环节和步骤。

第二,活动的设计与实施是否体现教师与幼儿之间的互动。考察近代科学发展的历程,不难看出问题的提出在其发展过程中的重要性——问题是科学研究的真正灵魂,问题是科学研究的起点,并贯穿科学研究的始终。而问题的产生和解决依靠教师与幼儿的互动。幼儿科学探究问题的来源可以概括为两方面:一是幼儿自身提出的问题,二是教师对幼儿提出、要求幼儿回答的问题。虽然我们鼓励幼儿大胆提出问题,但不可否认幼儿自身的提问在一定程度上还依赖于教师的引导和教师提问的诱发。然而,当前幼儿教师在开展科学探究活动时普遍缺少提问策略,在幼儿园的调研中发现,幼儿教师的提问存在提问的目的不明确、缺乏整体设计等弊端。这已影响到幼儿科学探究活动教育目标的实现。

第三,活动的设计与实施是否接纳和尊重儿童的个体差异。虽然当前的幼儿园按照年龄段分班,但同一年龄段的幼儿也有着千差万别的差异,他们有着完全不一样的生活和学习经历,因此幼儿们不可能都处于同一发展水平,每个儿童都有自己独特的价值,自己的发展优势和兴趣特点。因此,学前儿童科学教育活动中要注意活动的开放性,如采用集体、小组、个别活动相结合的形式,让每个孩子都可以通过适合自己的方法去探索、去发现。

(五)对学前儿童科学教育活动环境与材料的评价

第一,活动的环境与材料是否贴近幼儿生活。《指南》提出亲近自然、认识周围事物与现象是进行幼儿科学教育的重要目标,自然资源和实际生活自然就成了幼儿科学教育的主要资源。《纲要》中亦指出,环境是重要的教育资源,应通过环境的创设和利用,有效地促进幼儿的发展。幼儿园的自然物质环境是最生动、最直观的教育课堂,具体包括幼儿园中各种自然条件的总和,如花草、树木、阳光、雨露、沙石和虫鸟等都是幼儿园科学教育活动可以直接利用的资源。幼儿在主动学习中,几乎对任何动态的环境都感兴趣,他们会自发地运用各种感官参与其中,通过眼看、耳听、口尝、手摸,了解各种事物的特性,他们在与幼儿园自然物质环境的接触中,会生发出许多的问题。不仅如此,幼儿园之外的大自然,如公园、动物园、植物园、农场等,以及幼儿在幼儿园的一日生活、在家庭与社区生活中所接触的事物和现象都可以成为科学探究中教师为幼儿提供的有效材料。幼儿园以外的大自然具有更全面、更宽广的特点,还可以弥补幼儿园环境中人为创造带来脱离大自然的缺陷。而幼儿园内的一日生活、家庭与社会的日常生活可以让幼儿接触和了解人类社会的科技产品、常见的物理与化学现象、常见的物体和材料，这些同样是科学探究材料的重要来源之一。值得注意的是，所有客体材料作用的发挥都依赖于幼儿与客体材料的互动，依赖于幼儿对客体材料的真正应用。不然，再多的材料呈现于幼儿面前，也不会形成有助于幼儿发展的刺激。因此，幼儿有意义地使用材料显得格外重要。奥苏泊尔根据学习材料与学习者原有知识结构的关系，将学习分为意义学习和机械学习，并且特别重视意义学习。幼儿的意义学习离不开其对客体材料的理解，因此教师所提供的材料必须是有意义的。

第二，活动的环境与材料是否为幼儿提供可操作的机会。心理学家皮亚杰提出动作是感知的源泉和思维的基础，婴儿通过对物体的抓取、摆弄等动作来获得关于物体的知识，从而认识物体。幼儿在进入形式运算之前，其逻辑符号尚未形成，需要操作客体以完善客体在大脑中的反映来形成逻辑符号，为形式运算的开展打下坚实基础。因此，为幼儿提供可供操作的适宜的客体材料成为促进幼儿发展的重要环节。客体材料既可以引发幼儿的主动探究，又可以让幼儿逐步完善其脑中的“世界”图式。例如在“寻找影子的秘密”主题活动中，笔者尝试解决因教师准备材料困难而使幼儿科学探究主动性缺失的问题，合理利用自然资源——阳光，形成了一次科学探究活动。在这次活动中，教师打破了空间的限制，将幼儿带到室外探索新知，还与游戏结合，让幼儿在开心玩要的同时，了解到科学就在身边。利用自然资源生成的科学探究活动，能够激发幼儿的探究热情和兴趣，从而有效促进幼儿科学探究主动性的发挥。再如，幼儿对日常生活中的水充满了好奇心，且都特别喜欢玩水，教师就可以通过杯子、保鲜袋、水盆等工具来帮助幼儿探索和认识水的特性，还可以通过烧水壶、冰箱等家用电器让幼儿探索和认识水的三态变化：液体、气体和固体。

二、对幼儿发展的评价

除了对学前儿童科学教育活动本身的评价以外，还需要对学前幼儿发展进行评价，前者是对活动过程的评价，后者是对活动结果的评价。那什么是对幼儿发展的评价？对幼儿发展的评价是以幼儿为对象的评价，也就是对幼儿的发展状况进行评价。对幼儿发展进行评价又有什么作用？通过评价，我们可以了解幼儿的发展状况，并对幼儿发展做出某种判断，以便更好地改进我们的教学，促进幼儿的发展。对幼儿在科学学习方面获得的发展进行评价主要从科学精神和品质、科学探究能力和科学知识三个方面进行评价。

(一)科学精神和品质

科学是一个立体的概念,包含着丰富的内容。从静态的结果上看,科学对应于"知识",是人们在长期的探索中逐渐形成的关于自然界、社会和思维的知识体系。从动态的过程上看,科学对应于"求知的过程",是人们探索自然界、社会和思维过程中形成的一套行之有效的方法。在日常用语中,常以"科学"指代"科学精神",如科学的方法,实意为具有"科学精神"的方法。

而科学精神是科学主体(科学家)在长期的科学活动中积淀而成的意识形态,这种意识形态以"求真"为核心,表现为"质疑""实证"和"开明"。刘占兰教授提出科学精神和品质评价的指标应包括如下几点。[①]

1.明显的探究兴趣

(1)有自己真正感兴趣的事物。

(2)对于不知道的东西,想通过自己的动手探究来搞清楚。

(3)不断探究未被指定的东西。

2.创造精神

(1)创造新活动(新的玩法,新的内容)。

(2)为探究解决问题,表现出某种首创精神(如以不寻常的和建设性的方式使用设备、材料,建议或尝试新的实验)。

(3)根据观察和探究,描述和形成新的结论。

3.乐于思考

(1)不断思考、揣摩。

(2)当其他幼儿已经报告了自己的结果时,还能专心探究,推迟做出判断。

(3)能反思,将新的发现与预想的结果进行比较。

4.求实与批判精神

(1)使用证据作为结论和解释的理由,不为权威的想法所左右。

---

① 刘占兰:《学前儿童科学教育》(第2版),北京师范大学出版社2008年版,第260页。

(2)敢于依据证据改变自己的想法。

(3)指出实验和操作中矛盾的地方。

(4)为达到深入理解的目的,敢向一般的观点和解释提出反问。

5.吸收精神

(1)认可、倾听同伴的不同想法。

(2)接纳和吸收同伴的合理意见,修正或完善自己的想法和做法。

(3)能尝试使用别人的想法和做法解决问题(按自己的想法完成后,试试同伴的想法和做法)。

(4)在必要时能寻求帮助。

6.坚持性

(1)不怕明显的失败而不断尝试。

(2)尽管别人早已做完,仍坚持做完整个活动或操作。

(3)对自己感兴趣的东西能坚持很长时间(几天、几星期、几个月)。

7.独立性

(1)有自己的看法。

(2)自己能做的事情尽量自己探索,适当地拒绝帮助。

(二)科学探究能力

科学探究是科学教育的核心。尽管不同领域的研究者是从不同的视角来认识和理解探究的,但彼此的理解间存在着共同之处,即问题是探究得以产生的最基本前提,也是探究的核心。[①]简言之,探究的实质就是发现问题并解决问题的过程。学前幼儿的科学探究能力就是幼儿发现科学问题并解决该问题的能力。刘占兰教授提出科学精神和品质评价的指标应包括如下几点(水平由低到高)。[②]

1.好奇心、发现问题和提出问题的能力

(1)用行动表现出好奇心和疑问。

(2)能提出有关的问题。

① 陈琴、庞丽娟:《科学探究:本质、特征与过程的思考》,载《教育科学》2005年第1期。
② 刘占兰:《学前儿童科学教育》(第2版),北京师范大学出版社2008年版,第260页。

(3)能进行有关的猜想和预言。

2.对材料的操作、工具的使用

(1)探究和操作材料与使用工具时犹豫不决。

(2)探究和操作材料与使用工具的方法有限,有很大的试误性。

(3)能用比较适宜于解决问题或发现关系的方式操作材料和使用工具。

(4)能寻找独特的方法去发现各种关系。

(5)能寻求教师没有提供的材料和工具。

3.探究的倾向性和深度

(1)稍微操作几下就完了,或根本没操作起来。

(2)探究一阵材料又去搞别的了。

(3)能保持平稳的探究进程。

(4)能热切而专心地深入探究材料。

(5)对感兴趣的活动能提出下一个活动的建议,连续不断地深入探究。

4.记录和统计有关的信息

(1)用简单的图画记录自己观察和探究的事物。

(2)能用图画的方法记录事物的特征和变化过程。

(3)能用简单的图表(符号、表格、图表、曲线)收集和记录有关的信息,即汇集数据。

(4)能用简单的计算、图表等方式对观察和探究的结果做简单的统计整理。

(5)能使用自己的记录和统计来说明结果,形成解释。

5.发现关系的能力

(1)发现某个物体的特征。

(2)发现差别明显的两个物体的不同点。

(3)发现相近物体的共同点。

(4)依据一定的标准,对物体进行比较和分类。

(5)发现事物间的因果关系。

6.表达与交流

(1)叙述自己所做、所发现、所想的事情,并与预先的猜想相比较。

(2)敢于报告自己的做法、发现和想法。

(3)能清楚地表达自己的观察和发现。

(4)能清楚地表达自己的观察与操作所发现的关系。

(5)能清楚地说明自己的观察和操作的程序与相应的发现。

(6)能有条理地描述事物间的相互作用及关系。

(7)能对他人的发言做出自己的反应(不是附和老师的话),提出新问题、新想法。

(三)科学知识经验

科学知识虽说是学前儿童科学教育的目标之一,但对概念尚未形成的学前幼儿而言,让他们掌握科学知识是操之过急的,因此用科学知识经验来表述也许更恰当。幼儿对事物及其关系的认识不是靠记忆,而是靠一些具体的、特定的材料进行科学探索,他们通过反复的操作、思考,去体验、去感悟,因此,他们所获得的知识经验不可能是真正意义上的科学概念,我们应该强调帮助他们获得经验性的知识。[①]教师和家长对科学知识经验的评价可以参考和借鉴《指南》中的目标,“在探究中认识周围事物和现象”,“感知和理解数、量和数量关系”,“感知形状和空间关系”,并根据不同年龄段的细项目标来进行,以此来了解幼儿个体学习和发展的状况。但统一的测评利大于弊,不应该提倡,以免为了达成科学知识的目标而牺牲了科学精神和态度以及科学探究能力的发展。

① 夏力:《学前儿童科学教育活动指导》(第三版),复旦大学出版社2014年版,第193页。

第三节　学前儿童科学教育评价的过程与方法

一、学前儿童科学教育活动评价的过程

一个完整的教育评价过程大致可以分为三个过程：评价的准备、评价的实施、结果的处理，每一个过程又包含各自的一些工作内容。

（一）评价的准备

1.确定评价的目的

评价包含着一定的价值判断，因此评价活动的开展，离不开明确的评价目的。在学前儿童科学教育评价开始之前，首要的任务就是要确定评价的目的，根据目的才能顺势开展余下的活动。一般而言，评价学前儿童科学教育活动的目的主要有两个方面，一是了解学前幼儿的发展水平，二是了解科学教育的优劣。但应该要注意，不管是了解学前幼儿的发展水平还是了解科学教育的优劣，目标应该最终指向于教育的改进和促进幼儿的发展，避免甄别性太强的评价。

2.确定评价的主体

评价的主体即是由谁来评价，即评价的组织者、实施者和结果的应用者。当前，教育的评价已由过去的单一主体发展成了多元主体，学前科学教育的评价主体包括教育管理部门、学前教育机构、教师同行、学前幼儿、家长、社会第三方评价机构等。应依据评价的目的来确定评价的主体，不同的评价目的需要不同的评价主体来组织和实施评价。

3.确定评价的内容

评价的内容的确定是评价活动必不可少的环节，评价内容的确定需要根据评价目的来确定。学前儿童科学教育的评价内容在上一节中已做过说明，评价主体在确定评价目的之后，应结合学前儿童科学教育评价内容的维度来确定本次评价的详细内容。如，在对教师的科学教育活动本身的评价中，评价主体需要建构以目标、内容、途径与

方法、设计与实施、环境与材料为主要维度的评价内容体系。

4.确定评价的方法

评价方法是评价具体操作的指导，学前儿童科学教育活动的评价方法主要包括观察法、访谈法、作品分析法、测查法。评价方法需要根据评价的目的、内容和对象来确定。如旨在了解教师科学教育活动观的评价主要采用访谈法或测查法，对幼儿探究能力的评价主要采用观察法。

5.确定评价的对象

评价的对象包括人、事、物。其中人包括学前幼儿、幼儿教师，以及家长、学前教育机构的管理者等；事主要指学前儿童科学教育活动本身；物主要指在学前儿童科学教育活动中涉及的物品，如学前儿童科学教育活动中用到的材料。

6.编制评价的工具

为了便于评价的实施，在教育的过程中需要提前准备好评价的工具。正如考试开始前需要命好题、印刷试卷，在学前儿童科学教育活动评价中同样也需要提前准备好评价工具，评价工具就如你在测量身高时的尺子。评价工具的编制需要根据评价目的、评价内容一步一步往下细分，根据评价的指标体系编制而成。如，使用观察法评价幼儿的探究能力时，需要编制好观察记录表。

（二）评价的实施

1.解释评价的基本情况

为了得到评价对象的理解和支持，得到客观真实的材料与结果，在评价正式开始之前，需要评价的组织者向评价对象介绍、解释评价的基本情况。如，对教师进行的访谈评价，需要先向教师对象介绍评价的目的和基本内容，向教师对象强调评价仅用于了解真实的学前儿童科学教育情况，以便更好地促进学前儿童科学教育，对其工作不会产生任何影响。又如，对幼儿的评价需要先向教师说明本次评价的目的和用途，以免对教师及幼儿带来焦虑。

2.实施评价并收集评价资料

在完成评价的解释说明之后，就可以实施评价，并收集评价的资料。实施以及收集材料是评价的最核心最关键的环节，评价是否得到客观真实的结果，往往取决于这个环节的工作。评价的实施者和资料收集者要保持科学、客观的态度,不要添加任何主观的意向和干预的行为,以免影响评价的结果;还要高度地集中注意力,收集到全面的评价信息,如在观察幼儿的行为时,如果观察者的注意力不集中,很可能会漏掉幼儿的一些关键性表现。

(三)结果的处理

1.分析得出评价结果

在收集获得评价资料之后,需要及时对评价资料进行认真、准确的分析。当然,不同的评价方法,收集到的资料会不一样,整理分析资料的具体方法也不一样。如问卷的测查法需要进行量化的统计并用数据表示结果,访谈法需要对访谈收集回来的资料进行编码、分类、归纳以总结出结论。

2.评价结果的讨论及应用

评价的结果出来之后,应对结果进行一定的讨论。讨论可以进行纵横两方面的比较,纵向上,比较评价对象上一次评价的结果,看评价对象在该时间段内有无发展,发展的速度如何;横向上,与同等水平的评价对象之间进行比较,看看同年龄段的其他学前幼儿的表现如何,以了解幼儿的发展水平。此外,还可以根据评价的结果调整教育活动,以促进学前儿童科学教育活动及幼儿的发展。

二、学前儿童科学教育活动评价的方法

(一)观察法

教育评价中的观察法是评价人员运用自己的感觉器官或借助一定的科学仪器有目的、有计划地观察调查对象,记录观察结果,以得出评价结果的整个过程。根据不同的标准,观察法可以做如下的分类:根据观察者是否借助观察仪器,可以分为直接观察和间接观察;根据观察者是否直接参与观察对象的活动,可以分为参与观察和非参与观察;根据观察内容是否有系统的设计或一定的结构要求,可分为结构式观察和非结构式观察;根据对观察对象及其行为表现的取样方式,可分为时间取样和事件取样观察;根据观察者观察的环境,可分为自然观察和模拟观察,自然观察者在自然的环境中

(如对幼儿在完成真实任务时的观察)进行的观察即是自然观察。①

客观有效的观察,以获得真实可靠的信息,以完成评价,需要做到以下几点:一是观察有明确的目的,而不是随意观察;二是有计划地进行,事先需要提前编制好观察提纲和观察记录表等观察工具;三是观察者理解并能正确使用观察工具。一般而言,观察法的实施主要包括以下步骤:制订观察计划,明确观察目的和内容,确定观察方式、观察设备和记录手段;根据观察目的和人力、经费确定观察对象,包括范围和数量;对观察人员进行培训,使观察者理解并能正确使用观察工具;进入观察环境并进行观察和记录;整理观察记录并进行整理分析以得出评价的结果。其中观察工具贯穿着各个步骤,观察记录表的编制是观察法实施中的难点之一。观察记录表的编制需要根据评价的目的和评价的内容,建构观察的指标体系,再根据指标体系分解并编制成可观测、可操作的工具。如在对教师活动中语言使用的评价中,可以编制如下的观察记录表。

幼儿教师学前科学教育活动中言语类型观察记录表

教师: 班级: 幼儿人数: 观察时间:

活动名称	活动过程观察记录	言语类型	出现次数	占比
		指令式言语		
		提问式言语		
		陈述式言语		
		反馈式言语		

(二)访谈法

访谈法是评价者通过与评价对象面谈来了解情况、收集资料,以得到评价结果的评价方法。根据问题和过程的标准化程度,可以把访谈分为结构式访谈、半结构式访谈和非结构式访谈。但要注意的是,非结构式访谈并非完全随意地进行访谈,只是在确定的访谈目的和大致的访谈内容之下,比较自由地进行访谈。这足以看出访谈提纲的重要性,因此在访谈评价中,访谈提纲同样起着重要的作用。此外,访谈法的效果受到访谈者素质和技巧的影响极大,需要访谈者态度谦和友好、聆听并适时追问、结合整体理解对象的回答。

在对教师使用教学方法的评价访谈中,评价者首先问教师"您在组织学前科学课

① 温忠麟:《教育研究方法基础》(第3版),高等教育出版社2017年版,第89-90页。

教育活动时,主要采用什么方法进行?”当老师做出回答之后,可以追问“您是怎么看待这些方法的?您认为这些方法对幼儿的发展有哪些帮助?”还可以继续追问“除了这些方法之外,还有哪些方法?您又是怎么看待这些方法的?”C教师说:“虽然知道让幼儿自己动手操作获得亲身体验更好,但是幼儿多,要准备太多的材料。幼儿园工作烦琐,往往没有那么多时间去准备,所以最后会准备一些科学知识传授给他们,上课的效果不是很理想。”访谈中不仅能了解幼儿教师在进行学前儿童科学教育活动的方法,同时还能了解其使用该方法的真正原因。

(三)作品分析法

所谓作品分析法是根据学前儿童的各种作品,分析幼儿发展的水平,或检测教育教学活动的效果。[①]作品分析法非常便于收集反映幼儿水平的资料,在教育教学活动中教师非常方便就可以拿到幼儿的作品,且有足够多的时间来分析、比较,使得评价客观而真实。值得注意的是,作品分析法仅能反映出当前的水平,因此在使用作品分析法时,尽量对幼儿的多个作品进行分析,以得到真实客观的破解结果。如下面图10-1的作品中,我们可以清楚地看到作画的幼儿对“水的循环”有较清晰的认识,知道大自然中大海受到阳光的日晒形成水蒸气,水蒸气随着云朵飘浮到高原遇到冷空气,形成雨滴,雨水聚集形成小溪,小溪汇合成江河,再流入大海中。

图10-1　大班幼儿“水的循环”绘图

① 夏力:《学前儿童科学教育活动指导》(第三版),复旦大学出版社2014年版,第196页。

(四)测查法

所谓测查法就是通过事先准备好的问题或任务测查评价对象的真实水平。测查法需要统一的题目或任务,以及规范的测试程序,可以在短时间内收集到大量的信息。但测查法需要注意结果的使用范围,尤其不能仅从一次测查中去说明幼儿的发展水平。同时还需要测查的规范性,一般而言,测查法需要编制测查问卷或任务书、准备测试材料、进行测试并做好相关记录、根据评价标准进行评分。如下是某幼儿园大班面积守恒能力的测查题。①

某幼儿园大班幼儿面积守恒能力的测查题

测查对象:大班幼儿30名

测查材料:三个面积相等的正方形,分别按图10-2所示分成四等分。

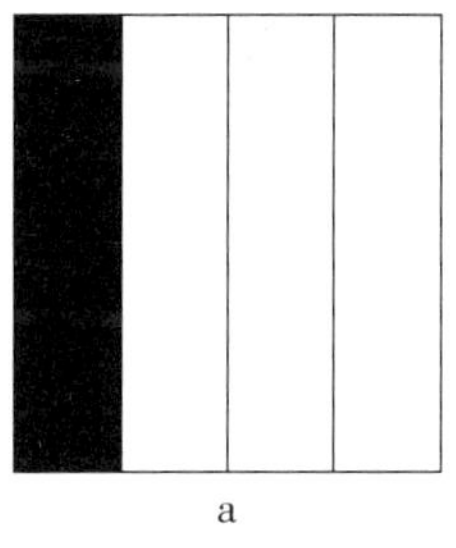
a

b

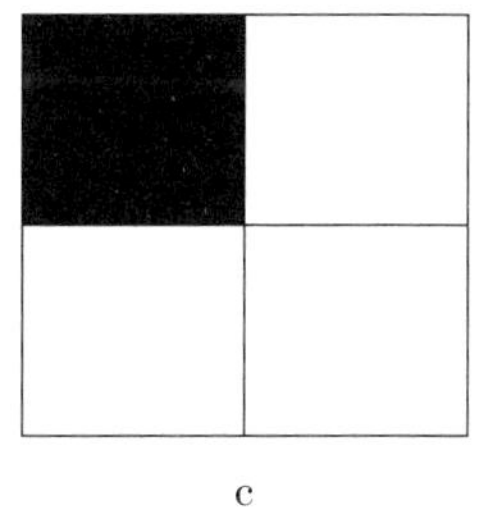
c

图10-2 面积等分图

测查题目及指导语:

(1)教师向幼儿同时出示图10-2(a)、图10-2(b)和图10-2(c)。让幼儿动手比一比并提问:“这三个图形是不是一样大?”

(2)提问:“请你们看一看,三个图中的阴影部分是不是一样大呢?为什么?”

评分标准:

(1)幼儿判断不一样大,表明幼儿不具备理解面积守恒的能力。

(2)根据幼儿对“一样大”陈述的理由,将幼儿的回答分为两级水平:

一级水平,幼儿不能正确陈述理由;

二级水平,幼儿能准确陈述理由。

① 夏力:《学前儿童科学教育活动指导》(第三版),复旦大学出版社2014年版,第197页。

本章小结

本章在介绍评价本质的基础上，介绍了教育评价和学前儿童科学教育评价的内涵，进而阐述了学前儿童科学教育评价的意义。了解学前儿童科学教育的内容维度是开展学前儿童科学教育评价的基础。对学前儿童科学教育的评价主要分为对学前儿童科学教育过程的评价和对学前儿童科学教育结果的评价，前者是针对学前儿童科学教育活动本身的评价，后者是对学前儿童发展的评价。教育评价过程大致可以分为评价的准备、评价的实施、结果的处理三个过程。操作上，主要包含观察法、访谈法、作品分析法和测查法。

思考与实训

1. 结合实例说明学前儿童科学教育评价的价值。
2. 请到幼儿园调研该园对幼儿教师科学教育活动评价的方法。
3. 请尝试编制一个可用于评价幼儿探究能力的观察表。

专题探讨

新时代我们需要怎样的评价？

部分参考文献

[1]张俊:《幼儿园科学教育》,人民教育出版社2004年版。

[2]洪秀敏:《学前儿童科学教育》,北京大学出版社2015年版。

[3]李槐青、彭琦凡:《幼儿科学教育·科学》,北京师范大学出版社2013年版。

[4]黄人颂:《学前教育学》,人民教育出版社1989年版。

[5]刘敏钰:《学前儿童科学教育》,科学出版社2018年版。

[6]李维金:《学前儿童科学教育》(第二版),科学出版社2012年版。

[7]教育部基础教育司:《〈幼儿园教育指导纲要(试行)〉解读》,江苏教育出版社 2002年版。

[8]刘占兰:《学前儿童科学教育》,北京师范大学出版社2008年版。

[9]施燕:《学前儿童科学教育与活动指导》,华东师范大学出版社2014年版。

[10]刘大椿等:《一般科学哲学史》,中央编译出版社2016年版。

[11]吴国盛:《科学的历程》,北京大学出版社2002年版。

[12]廖伯琴:《科学教育学》,科学出版社2013年版。

[13]但菲、冯璐:《儿童发展》,高等教育出版社2016年版。

[14]皮连生:《教育心理学》,上海教育出版社2004年版。

[15]李季湄、冯晓霞:《〈3-6岁儿童学习与发展指南〉解读》,人民教育出版社2013年版。

[16][瑞士]让·皮亚杰:《儿童的心理发展》,傅统先译,上海出版社1982年版。

[17][美]约翰·杜威:《我们怎样思维·经验与教育》,姜文闵译,人民教育出版社2005年版。

[18]唐小为、丁邦平:《"科学探究"缘何变身"科学实践"?——解读美国科学教育框架理念的首位关键词之变》,载《教育研究》2012年第11期。

[19]彭聃龄:《普通心理学》(修订版),北京师范大学出版社2004年版。

[20]罗婉文:《试论皮亚杰的活动教学理论对活动课程建设的启示》,载《广西师范大学学报(哲学社会科学版)》1999年第2期。

[21]夏力:《学前儿童科学教育活动指导》(第三版),复旦大学出版社2014年版。

[22]周采、杨汉麟:《外国学前教育史》,北京师范大学出版社1999年版。

[23]丘静:《英国学前教育课程评价及启示》,载《现代中小学教育》2016年第10期。

[24]赵梦雅、武翠红:《英国学前教育的再出发——基于2017年〈早期基础阶段法定框架〉的分析》,载《外国教育研究》2019年第4期。

[25]黄瑾:《学前儿童数学教育与活动指导》(第3版),华东师范大学出版社2014年版。

[26][美]大卫·杰纳·马丁:《建构儿童的科学——探究过程导向的科学教育》,杨彩霞等译,北京师范大学出版社2006年版。

[27]彭小元:《幼儿科学教育与活动指导》,江苏教育出版社2013年版。

[28][美]艾利森·戈波尼克等:《摇篮里的科学家:心智、大脑和儿童学习》,袁爱玲等译,华东师范大学出版社2004年版。

[29]杨磊:《幼儿园科学区角活动的调查分析——以江苏省某科学教育特色幼儿园为例》,载《陕西学前师范学院学报》2016年第10期。

[30]施燕等:《学前儿童科学学习与发展核心经验》,南京师范大学出版社2021年版。

[31]王凤新:《幼儿园主题式科学探究课程》,中国农业出版社2020年版。

[32]郦燕君:《学前儿童科学教育》,高等教育出版社2011年版。

[33]韦倩倩、陈时见:《幼儿园STEM教育的基本特征与实施策略》,载《河北师范大学学报(教育科学版)》2021年第6期。

[34]杨柳玉、杨晓萍:《学前儿童STEM教育:构成要素、理念及本土化》,载《陕西学前师范学院学报》2021年第7期。

[35]王春林:《基于项目活动的幼儿STEM课程实施的行动研究》,华中师范大学2019年。

附录 | 动手做科学小实验

1. 彩色摩天轮

● 实验材料

碟子一个、彩虹糖一包、清水一碗

图11-1　科学小实验1材料图

● 实验步骤

(1)将彩虹糖紧挨着摆放在碟子里。

(2)将清水慢慢倒入碟子里,让清水没过彩虹糖的半腰。

(3)等待片刻,观察碟子的现象。

● 科学原理

彩虹糖接触水之后,其色素溶于水,水的密度增大而向密度小的区域四处扩散,但旁边的密度同样较大,碟子中央的密度较小,于是有色素的水慢慢向碟子中央扩散,形成彩虹摩天轮现象。

● 观看精彩操作视频与现象请扫二维码。

2. 牛奶上作画

● 实验材料

牛奶一盒、碟子一个、洗洁精、棉签若干、液体色素。

图11-2　科学小实验2材料图

● 实验步骤

(1)将牛奶倒入碟子中。

(2)将不同颜料的色素滴入牛奶中。

(3)用棉签蘸洗洁精,并点入浮在牛奶上的色素中央。

(4)观察牛奶上的画。

● 科学原理

液体色素的密度小于牛奶,色素滴入牛奶中会飘浮在牛奶的上面。洗洁精含有表面活性剂,可破坏液体表面的张力,被扰动的牛奶带动色素翻滚运动,进而绘制出美丽的图案。

● 观看精彩操作视频与现象请扫二维码。

3. 彩虹雨

- 实验材料

透明玻璃杯一个,食用油半碗、3种颜料色素、搅拌棒一根、清水。

图11-3　科学小实验材料图

- 实验步骤

(1)将三种色素滴到油里(5-8滴),并用搅拌棒搅拌。

(2)将有色素的油倒入装有清水的杯子里。

(3)观察杯子里的颜色变化。

- 科学原理

色素的密度大于水的密度,油的密度小于水的密度,油里的色素会慢慢从油里分离出来而沉入杯子底部,形成彩虹雨的现象。

- 观看精彩操作视频与现象请扫二维码。

4. 会变色的水

• 实验材料

维生素C片、碘伏消毒液一瓶、透明杯子两个、清水两杯。

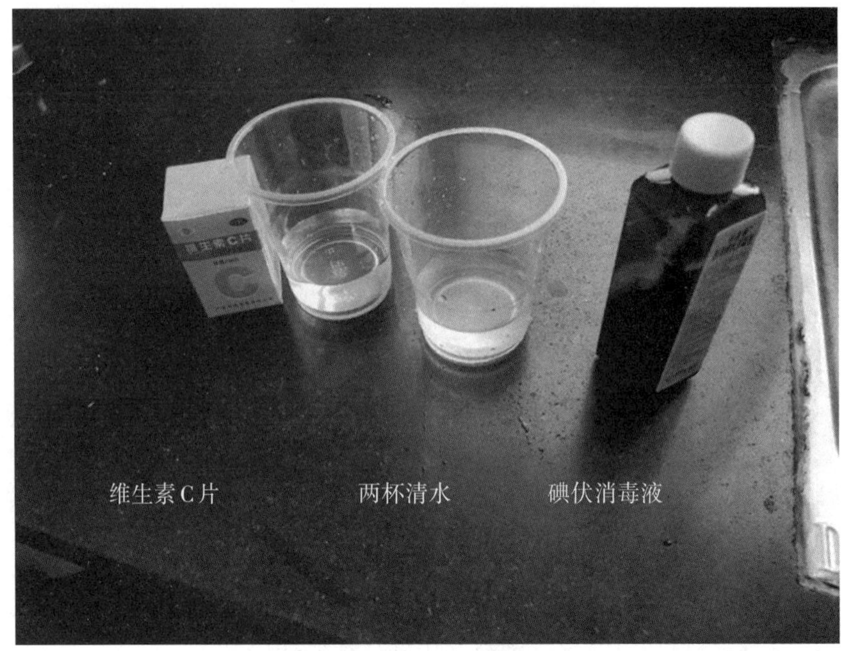

图11-4 科学小实验4材料图

• 实验步骤

(1)将两片维生素C碾成粉末,溶于小半杯水中。

(2)将碘伏消毒液倒入清水中。

(3)将溶有维生素C的清水倒入碘伏水中。

(4)观察碘伏水颜色的变化。

• 科学原理

碘伏与维生素C发生化学反应,使得碘伏水变色。

• 观看精彩操作视频与现象请扫二维码。

5.会跳舞的葡萄干

- 实验材料

一瓶雪碧、葡萄干若干、一个透明的玻璃杯、一杯清水。

图11-5　科学小实验5材料图

- 实验步骤

(1)将雪碧倒入玻璃杯中。

(2)将葡萄干(10颗左右)放入杯子中。

(3)观察葡萄干。

- 科学原理

雪碧是碳酸饮料,含有二氧化碳气体,气体与葡萄干接触后形成许多气泡;附着于葡萄干表面的气泡使得葡萄干受到更大浮力的作用,葡萄干便飘浮起来;气泡破裂使得葡萄干受力不断改变,于是出现了葡萄干在杯中跳舞的现象。

- 观看精彩操作视频与现象请扫二维码。

6.让鸡蛋游泳

● 实验材料

鸡蛋两个、透明的杯子两个、食盐一包、筷子一双、清水。

图11-6　科学小实验6材料图

● 实验步骤

(1)用两个杯子盛八分满的清水。

(2)将食盐倒入一个杯子中,并用筷子搅拌,直到食盐基本不能溶解。

(3)将鸡蛋放入没有食盐的杯子中,发现其沉入水底,再将其捞出。

(4)将鸡蛋放入放有食盐的杯子中,发现其飘浮于水中。

● 科学原理

清水的密度小于鸡蛋,鸡蛋放入清水中会沉入水底。盐水的密度大于鸡蛋,鸡蛋放入盐水中会漂浮。

● 观看精彩操作视频与现象请扫二维码。

7. 纸桥

● 实验材料

A4纸一张、硬币若干、纸筒两个。

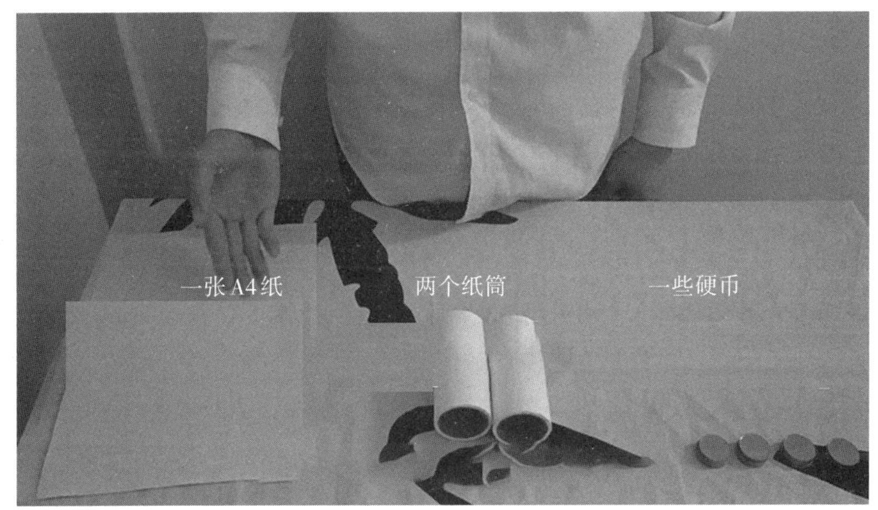

图11-7　科学小实验7材料图

● 实验步骤

(1)在平整的桌面上摆放好两个纸筒,纸筒的距离小于纸张的长度。

(2)将硬币一枚一枚地轻轻放置于纸上,数一数当放到第几枚硬币时纸桥塌陷。

(3)将A4纸折叠成波浪形,再摆放于纸筒上;将硬币一枚一枚地轻轻放置于纸上,数一数当放到第几枚硬币时纸桥塌陷。

(4)对比两次硬币的数量,看看哪次更多。

● 观看精彩操作视频与现象请扫二维码。

8. 花朵盛开

● 实验材料：

一碗清水、一张彩色卡纸、一把剪刀。

图11-8　科学小实验8材料图

● 实验步骤：

(1)用剪刀将卡纸剪成带有花瓣的小花朵。

(2)将小花朵的花瓣折叠成未开的花蕾。

(3)用碗装好清水，并把折叠好的花蕾放入清水中(花蕾朝上)。

(4)观察花瓣。

● 科学原理

卡纸中含有大量的植物纤维，当水渗入纸张的纤维之后，纤维会膨胀，使得卡纸会沿着折痕张开，于是就出现了类似花开的效果。

● 观看精彩操作视频与现象请扫二维码。

9.水往高处走

● 实验材料

一个碟子、一支蜡烛、清水、打火机、颜料、矿泉水瓶。

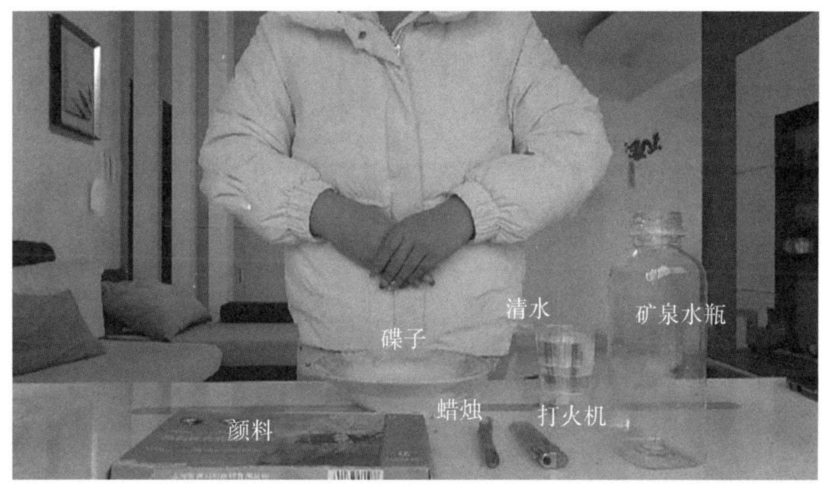

图11-9　科学小实验9材料图

● 实验步骤

(1)将蜡烛固定在碟子的中央。

(2)将加有颜料的水倒入碟子中。

(3)用打火机点燃蜡烛。

(4)将矿泉水瓶的瓶口对准蜡烛,倒扣于蜡烛上,且瓶口没入水中放到碟子上。

(5)观察碟子中水的位置,以及矿泉水瓶中水的位置。

● 科学原理

蜡烛燃烧消耗了矿泉水瓶子中的氧气,使得瓶子中的气压低于外面的大气压,于是碟子外面的大气压将水压入矿泉水瓶内。瓶子内的氧气耗尽,蜡烛熄灭。

● 观看精彩操作视频与现象请扫二维码。

10. 会吹气球的瓶子

● 实验材料

小苏打一包、白醋一瓶、矿泉水瓶一个、气球一个。

图11-10　科学小实验10材料图

● 实验步骤

(1)将白醋倒入矿泉水中,五分满即可。

(2)将小苏打倒入气球中。

(3)将装有小苏打的气球的口扣于装有白醋的矿泉水瓶子上,注意不要弄破气球。

(4)将气球里的小苏打倒入瓶子中。

(5)观察气球。

● 科学原理

小苏打和白醋混合发生反应,产生大量的二氧化碳气体,气体使气球变大。

● 观看精彩操作视频与现象请扫二维码。

11.自制喷泉

● 实验材料

气球一个、带盖子的矿泉水瓶一个、细吸管一根、清水一盆、橙色颜料、透明胶一卷、小刀一把。

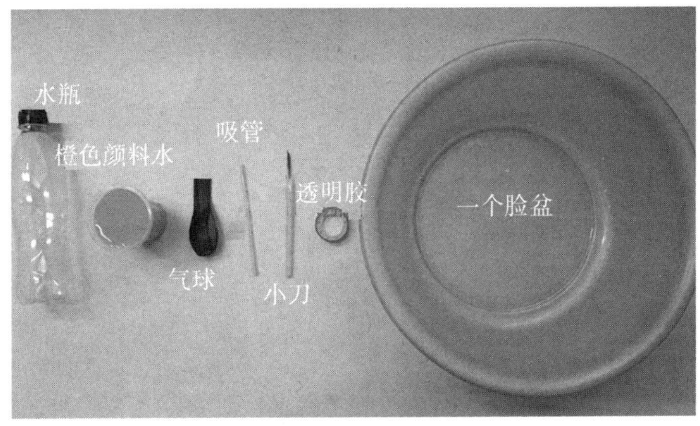

图11-11　科学小实验11材料图

● 实验步骤

(1)用小刀在矿泉水瓶的下半部侧边开一个小孔。

(2)将气球放入矿泉水瓶中,用气球的口套住瓶口。

(3)将气球吹大,并用透明胶贴住瓶子的小孔。

(4)将放有颜料的水倒入气球内。

(5)用小刀在盖子上开一个小孔,并将吸管插入小孔内。

(6)用盖子盖住矿泉水瓶口,撕开瓶子上的透明胶。

(7)观察吸管喷出的水。

● 科学原理

当透明胶贴住小孔之后,气球有一定的收缩,瓶子内的压强减小,气球内的空气压强要大于瓶子内的空气压强。当撕开透明胶之后,瓶子外面的压强大于瓶子内的,空气进入瓶子内与气球的收缩一起将水挤出,形成喷泉。

● 观看精彩操作视频与现象请扫二维码。

12.站立的硬币

● 实验材料

尺子一把、矿泉水瓶两个、磁铁、水杯一个、硬币4枚。

图11-12　科学小实验12材料图

● 实验步骤

(1)将两个矿泉水瓶摆放好,尺子架在矿泉水瓶上。

(2)将磁铁固定在尺子的中央。

(3)杯子倒扣放于两瓶矿泉水之间。

(4)在杯子的底部依次将硬币叠加放好。

(5)观察站起来的硬币,还可以动手让硬币转动起来。

● 科学原理

硬币靠近磁铁后,受到磁铁的吸引力,使得硬币轻松叠加而站起来。

● 观看精彩操作视频与现象请扫二维码。

13.蜡烛跷跷板

● 实验材料

蜡烛一根、小刀一把、牙签一根、一样高的杯子两个。

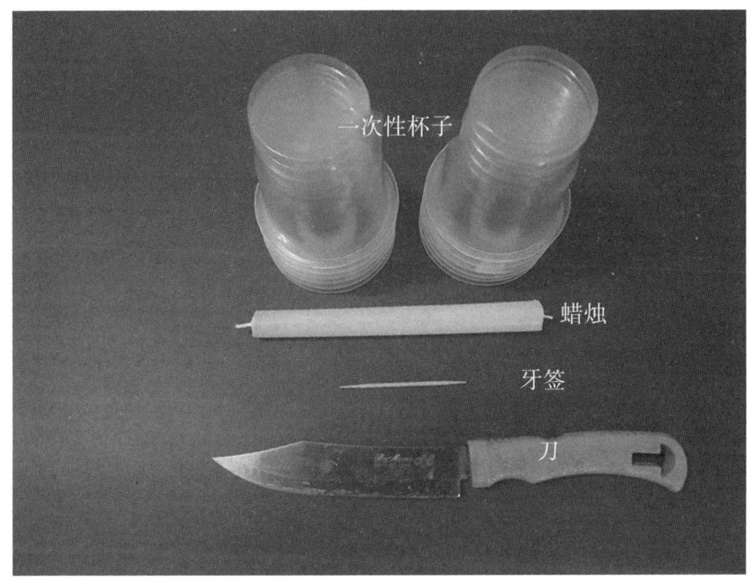

图11-13　科学小实验13材料图

● 实验步骤

(1)将蜡烛没有露出芯线的一端消掉,露出芯线。

(2)用牙签穿过蜡烛的中间,使得两端一样长。

(3)将牙签架于杯子上,并让蜡烛两端平衡。

(4)点燃两端的蜡烛。

(5)观察蜡烛的平衡。

● 科学原理

蜡烛燃烧使得蜡烛熔化形成烛液,烛液滴下使蜡烛的一端变轻而翘起,另一端接着滴下烛液,形成周而复始的跷跷板。

● 观看精彩操作视频与现象请扫二维码。

14.易拉罐不倒翁

- 实验材料

空易拉罐一个、清水一碗。

图11-14 科学小实验14材料图

- 实验步骤

(1)将30毫升左右的水倒入易拉罐内。

(2)倾斜着摆放易拉罐于平整的桌面上。

(3)用手轻轻摆动易拉罐,观察易拉罐。

- 科学原理

上轻下重的物体重心较低,且易拉罐内的水可以流动,使得易拉罐不易摔倒。

- 观看精彩操作视频与现象请扫二维码。

15.会拐弯的水

● 实验材料

一个气球、一根牙签、一个一次性的碗、一碗清水、红色颜料。

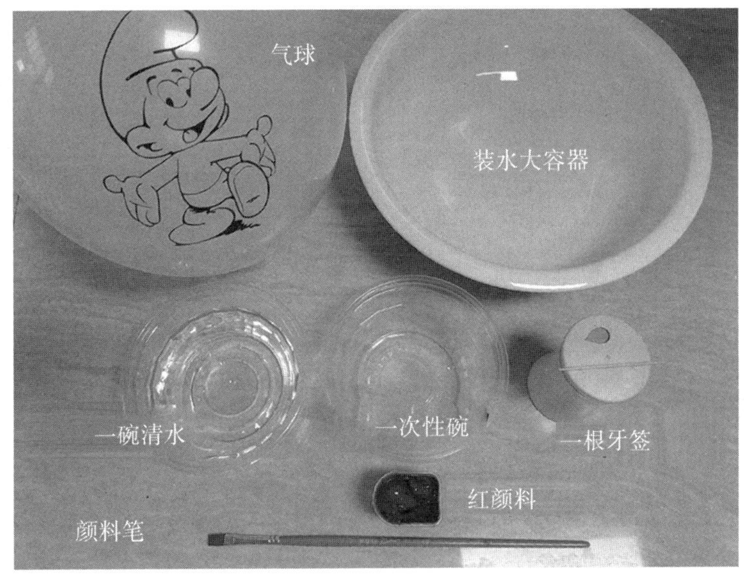

图11-15　科学小实验15材料图

● 实验步骤

(1)将气球吹大。

(2)用牙签在一次性碗的底部穿一个小孔。

(3)用一次性碗装满一碗水,让水从小孔垂直流下。

(4)把气球放到干燥的头发或毛衣上摩擦,慢慢靠近水柱。

(5)观察水柱的变化。

● 科学原理

气球与毛衣或头发摩擦后带上静电,靠近水柱时,将水吸引过来,使水珠发生偏移。

● 观看精彩操作视频与现象请扫二维码。

16.清水果冻

- 实验材料

杯口平滑的杯子一个、硬币若干枚、清水。

图11-16　科学小实验16材料图

- 实验步骤

(1)用杯子装满一杯清水。

(2)轻轻地将硬币一枚枚地放入水中,待硬币进到水中再放手。

(3)眼睛视线平于杯子边沿观察凸出的清水。

- 科学原理

将足够多的硬币投放入水中之后,水慢慢高于杯子的边沿,形成果冻的形状。其原因在于水的表面具有张力,类似于一张薄膜一样包住了水。

- 观看精彩操作视频与现象请扫二维码。

17. 倒挂金钟

● 实验材料

一个矿泉水瓶、一盆清水、一个乒乓球。

图11-17　科学小实验17材料图

● 实验步骤

(1)用矿泉水瓶装满水。

(2)将乒乓球压放于瓶口。

(3)用手压好乒乓球并将瓶子倒立。

(4)慢慢放开手,观察乒乓球和水是否会掉下。

● 科学原理

瓶子内没有空气,外面的大气压给乒乓球一个向上的压力,使得乒乓球的合力为零。

● 观看精彩操作视频与现象请扫二维码。

18. 神力气球

● 实验材料

气球一个、玻璃杯一个，打火机一个、纸巾一张。

图 11-18　科学小实验 18 材料图

● 实验步骤

(1)将气球吹大。

(2)纸片燃烧后放入杯子里。

(3)将气球压于杯口。

(4)待纸片熄灭后片刻，轻轻提起气球。

(5)观察杯子是否被气球提起。

● 科学原理

取一小块纸片在杯中燃烧会排出一部分空气，气球压于杯口纸片熄灭后，杯中空气冷却，杯中的气压会变小，将气球吸入杯子，气球也吸住了杯子。提起气球时也会提起杯子。

● 观看精彩操作视频与现象请扫二维码。

19. 纸片快艇

● 实验材料

卡纸一张，剪刀一把，洗洁精、棉签，一盘清水。

图11-19　科学小实验19材料图

● 实验步骤

(1)将卡纸剪成快艇状。

(2)将快艇放入水中。

(3)用棉签蘸洗洁精滴于快艇的尾部。

(4)观察快艇的动向。

● 科学原理

洗洁精属于表面活性剂，当滴于快艇尾部后，快艇尾部的水的表面迅速扩张，推动快艇往前移动。

● 观看精彩操作视频与现象请扫二维码。

20.神力牙签

● 实验材料

一根牙签、一个杯子、两个相同的叉子。

图11-20　科学小实验20材料图

● 实验步骤

(1)将两个叉子交叉在一起。

(2)将牙签放在叉子的中间位置处。

(3)将牙签放在杯口边沿处。

(4)轻轻松开手,观察叉子。

● 科学原理

重心沿垂线经过支点,合力矩为零,故能保持平衡。

● 观看精彩操作视频与现象请扫二维码。